I Saggi 438

Di Mario Sconcerti
nel catalogo Dalai *editore*
potete leggere:

Baggio vorrei che tu Cartesio e io...

Storia delle idee del calcio

Mario Sconcerti

Romolo

L'alba di Roma da riscrivere

Dalai *editore*
www.bcdeditore.it e-mail: info@bcdeditore.it

ISBN 978-88-6620-069-7

A Lancillotto
e Parsifal,
i cani
della mia vita

INDICE

ROMOLO OGGI

Tutti gli storici moderni dicono che Romolo non è mai esistito. Questo anche se un gruppo di archeologi guidato dal professor Andrea Carandini, dopo vent'anni di scavi, ha provato che a Roma, nel tempo di Romolo, c'era qualcosa di molto simile a quello si diceva fosse il suo mondo. Romolo non esiste ma fa comunque la storia. Tutti sono convinti sia stato il fondatore di Roma, è scritto benissimo sui libri di testo delle elementari. È questo che mi ha spinto a indagare: la straordinaria differenza che c'è fra il poco che si sa di Romolo e il tanto che gli si attribuisce. Romolo ha fondato l'Occidente, ha creato un mondo di fatti e di pensieri che è andato ben oltre il mondo greco. Non c'è niente ancora oggi nel diritto, nelle materie sacre e religiose, nell'organizzazione politica e militare, nell'architettura, nell'equilibrio sociale, perfino nel rapporto uomo-donna, che non derivi almeno in parte dalle cose che Romolo fccc. Un mondo nuovo apparve e sottomise gli altri, resistendo per secoli ai nuovi mondi che generava.

Ho pensato fosse giusto raccontare il vero e il falso di Romolo, partendo dalle origini greche della saga, fino all'ultimo giorno in cui Romolo fonda con la sua morte una religione. Ma soprattutto ho pensato fosse giusto capire per intero la fantastica storia che avvolge l'alba di Roma, mitologia pura che alla fine, a forza di magia, costruisce la realtà.

Quello che segue è dunque semplicemente un racconto, un lungo viaggio attraverso la fantasia del mito e dentro i paradossi e le bugie che hanno creato la diversità di Romolo e della sua città. La differenza, vedrete, balzerà agli occhi, fino a farci chiedere se davvero un uomo mai esistito può aver fatto tante cose così importanti.

E sarà una bellissima domanda.

1

C'ERA UNA VOLTA

C'è stato un tempo, due milioni di anni fa, in cui il Tevere non riusciva ad arrivare nel Lazio. Moriva prima, si fermava in Toscana, vicino Cetona, e là cadeva nel Tirreno. Non poteva fare di più. Da almeno un milione di anni, buona parte del Lazio e della Toscana erano coperte dal mare. La costa nel Lazio cominciava all'altezza dei monti Sabini, la conca di Rieti era interamente sommersa dalle acque. A nord di Roma si vedeva solo la cima del Vulcano Sabatino, quello del lago di Bracciano, allora alto quasi millecinquecento metri. A sud restavano fuori dalle acque i Castelli con il Vulcano Laziale, alto duemila metri, i cui crateri hanno poi creato tutti i laghi che nella zona esistono ancora. Più giù, verso i confini con la Campania, si poteva vedere solo il promontorio del Circeo, il resto era sotto il mare.

Era un paradiso selvaggio e primitivo. C'erano boschi fittissimi e grandi silenzi interrotti solo dal rumore sordo dei vulcani, che continuavano per la loro strada e decidevano alla fine quella di tutti.

C'erano moltissimi animali richiamati dall'abbondanza d'acqua. Il clima tendeva al freddo e all'umido, molti animali avevano pellicce e vivevano a latitudini che poi avrebbero abbandonato. C'erano elefanti e rinoceronti, e oche e anatre, molto belle nelle loro piume. Poi le marmotte di palude. Non c'era rumore di uomo a toccare questa natura immensa che stava cercando se stessa. Solo fenomeni naturali, grandi temporali, formidabili tempeste di mare, eruzioni devastanti, come se tutto fosse stato condannato a essere enorme o a non essere.

Il tempo passò dentro questa fantastica officina cancellando tutto e sempre ricominciando. Sembrava che questa parte di mondo avesse ormai trovato un equilibrio, quando settecentomila anni fa i due grandi vulcani si riaccesero e cambiarono per sempre il territorio. Il Sabatino e il Vulcano Laziale, il cui cratere principale era appena sotto Rocca di Papa, buttarono fuori talmente tanti detriti e tanta lava da coprire le acque e arrivare lentamente a sbarrare il corso dei fiumi. Il Tevere a nord, il Nera, l'Aniene, il Paglia dalla parte di Orvieto, tutti fiumi allora indipendenti che sfociavano direttamente nel mare, senza essere gli affluenti di nessuno. Tutto tracimò, tutto si mescolò. Tutto finì per essere sommerso dall'acqua. Andò formandosi un lago sterminato che dalla Valdichiana metteva dentro di sé uno spazio che arrivava fino a oltre metà del Lazio attuale. Un lago grande quanto una regione.

Oggi è difficile rendersi conto della potenza di questi fenomeni. Lo è ancora di più rendersi conto del tipo di tempo che trascorreva tra un fenomeno e l'altro. I pochi anni in cui viviamo la nostra vita non sarebbero stati neppure una goccia per quello strano divenire. Il tempo era così lento che quasi non esisteva. Siamo abituati a veder nascere e morire migliaia di cose durante il corso di una sola vita. Allora succedeva tutto senza che mai cambiasse niente. La stessa zolla di terra era rivoltata per migliaia di anni senza che sembrasse mai essersi mossa.

Le piogge torrenziali delle montagne appenniniche dettero via via sempre più forza al Tevere, che alla fine trovò la sua strada. Spaccò il grande lago che lo bloccava, costrinse l'Aniene e gli altri fiumi a fargli da affluenti e con le loro acque puntò con forza verso sud. Passò oltre il luogo in cui sarebbe nata Roma, andò molto più giù. Trovò il mare solo verso Anzio, molto più a sud di adesso, ancora gonfio di acqua ma ormai sfinito dalla lunga pianura.

Era poi arrivato il freddo, centomila anni fa, ormai praticamente ieri. Un freddo che sembrava eterno. Il mare si abbassò di oltre cento metri. Emersero terre sconosciute che cominciarono a dare forma alla terra di oggi. Per capire la forza di questi cambiamenti, basta dire che se il mare tornasse adesso indietro di quegli stessi metri, Roma verrebbe sommersa e non ci sarebbe più vita almeno fino a Lunghezza, primo casello sull'autostrada verso L'Aquila.

Ci sono voluti altri novantamila anni perché il Tevere trovasse la sua strada definitiva. Altre eruzioni, soprattutto dai Castelli, ne hanno riportato a nord il corso fino a dargli il sentiero attuale. Quando Roma cominciò a nascere, lo sbocco sul mare arrivava all'altezza di Acilia, una decina di chilometri prima di Fiumicino. La grande quantità di detriti vulcanici continuò a insabbiare tutto. Il fiume conquistò qualche altro chilometro alla terra, diventò quello di adesso e decise che era tempo di prepararsi a ricevere Roma.

L'Isola Tiberina

Non ci sarebbe mai stata Roma senza il Tevere e non ci sarebbe mai stata Roma senza l'Isola Tiberina. L'Isola tagliava in due la forza del fiume, era l'unico punto verso la foce che rendesse possibile un guado. Costruire ponti non era facile. Bisognava arrangiarsi. L'Isola Tiberina era in mezzo ai colli di Roma, il Palatino, l'Aventino, il Campidoglio. Era di fronte alla vallata che sarebbe diventata il Foro, accanto alla grande palude del Velabro, allora appena sei metri sopra il livello del mare. Questo significava che ogni autunno e ogni primavera le piogge portavano il Tevere a uscire dal proprio letto e a coprire la pianura con un grande mantello d'acqua. A rendere la terra inagibile e fertile.

L'Isola era il punto di transito ideale per chi dall'Etruria doveva scendere a commerciare con la Campania. Ed erano veramente tanti. Venivano dalla Tuscia ma anche dalla Francia, da tutto il nord Europa. Veio, grande capitale etrusca a venti chilometri da dove venne fondata Roma, per secoli molto più estesa di Roma stessa, doveva la sua potenza solo a questo: alla gestione dei traffici commerciali tra il Centro e il Sud attraverso il passaggio del Tevere. Veio prima e Roma poi non furono in fondo che questo: delle straordinarie strettoie, degli imbuti attraverso cui far circolare le merci in mondi che non si conoscevano. Quello etrusco, quello latino e quello greco.

Non c'era tecnologia, allora il corso del Tevere divideva l'Italia in due. Chi voleva evitarlo doveva passare dal mare, ma c'erano ancora più pericoli perché le coste sotto Roma erano paludose e infestate dalla malaria. Non c'era attracco sicuro.

In sostanza, a contribuire in maniera determinante alla costruzione di Roma è stato quasi soltanto questo: che davanti all'Isola Tiberina ci fosse il miglior guado del Tevere per centinaia di chilometri. E quando gli uomini devono prendere qualcosa, non c'è dubbio che sappiano scegliere la parte e l'occasione migliore.

Quella di cui abbiamo parlato finora è storia e non riguarda Romolo. Attribuisce la nascita di Roma alla posizione di una palude o a un guado facile del fiume. Ma ancora non parla delle situazioni politiche che hanno riempito di uomini i colli intorno al Tevere e la pianura sotto ai colli. Si tratta di una lunga corsa, spettacolare e misteriosa, che ognuno racconta secondo proprie visioni. Chi scrive ne ha confrontate molte e se n'è fatto delle ragioni. Roma nasce perché vuole nascere, perché porta dentro la sua gente qualcosa di straordinariamente nuovo, chiunque fosse questa gente. Ha dei principi opposti alle altre città. Non respinge, accetta tutti. Non ha abitanti, ha sopravvissuti. Tutta gente che scappa: ladri, banditi, uomini violenti buttati fuori dalle loro città.

Questa è la prima grande invenzione di Romolo. Il diritto di asilo. Chi arriva nella nuova città torna integro davanti alla legge ma paga doppio se sbaglia di nuovo. Roma è il confine delle grandi occasioni. O la cogli, o ti perdi. Se entri dentro il suo perimetro sei un suo cittadino, e questo ti pulisce da tutto. Trovi, alla lettera, una nuova vita. Nessuno vuole sapere cosa hai fatto prima di arrivare nella nuova città, tutti vogliono sapere quello che vuoi fare adesso. La legge è dura ma dà una speranza. La legge della nuova frontiera non ammette debolezze, solo esecuzioni. Un vero far west su una piccola terra, così da crescere subito, da trovare subito i propri capi e i propri scopi. Proprio questo fa grande Roma un minuto dopo la sua fondazione. Aver trasformato in cittadini grati dei delinquenti comuni. E avere idee chiare su come impiegare l'energia giovane, dissacrata e pura che da questi giovani banditi promana.

Quasi tutti gli storici dicono che non c'è stata una fondazione come quella immaginata dalla leggenda di Romolo. Un aratro che designa un confine, poi chi sta dentro è romano e chi sta fuori è un nemico. Gli storici hanno quasi certamente ragione. Perché sarebbero storici, altrimenti? Non collimano tempi, non stanno insieme nozioni vendute come favole. Non c'è una sola prova storica che Roma sia nata secondo tradizione, che siano esistiti Romolo e i Curiazi, oppure Orazio Coclite che difende da solo il ponte sul fiume. Però ci sono tracce, motivi, sentimenti, ritrovamenti archeologici che datano la vita sul Palatino intorno all'ottavo secolo avanti Cristo, cioè negli anni che la leggenda dedica a Romolo. Forse non c'è stato Romolo, forse non c'è stata fondazione in un solo giorno, un solo giro di buoi attaccati ad un aratro. Roma è certamente nata nei decenni, forse nei secoli, mettendo insieme gente con esigenze diverse, proveniente da posti diversi. Era la tradizione etrusca che prevedeva un momento fondante, come una specie di cerimonia. Ma forse Roma è stata diversa, era su una terra di nessuno che doveva diventare sua. Semplicemente, quando la città finalmente si è affermata, ha cominciato a doversi costruire un passato, e si è appoggiata alle tradizioni più forti che aveva. Leggende in cui dietro ogni città c'è un eroe che le dà il nome. Sono più di sessanta nel mondo greco gli eroi fondatori che danno nome alla città. Quasi sicuramente per Roma è successa la stessa cosa. La storia di Romolo e Remo è stata raccontata dai romani ai romani per secoli come una grande fiction televisiva che spiegava se stessa. Erano millenni in cui comandava la parola, non c'era altra forma di comunicazione. Valeva quello che si diceva e si tramandava. Arrivata intorno alle guerre puniche, diventata una grande potenza internazionale, ebbe voglia di raccontare se stessa. Il primo giornalista-storico di lingua latina fu Fabio Pittore, che visse alla fine del terzo secolo avanti Cristo. Fino ad allora avevano parlato di Roma solo autori greci. Cominciava la sua strada una grande impresa eroica che costruiva il passato, preparava il futuro, e giustificava tutte le ambizioni del presente. La leggenda di Romolo è questo: il bisogno di pensarsi come vorremmo essere. E l'essercelo raccontati per secoli fino a diventare letteratura.

Il mondo al tempo di Romolo

Cos'è l'Italia quando Romolo pensa di costruire una città partendo dal colle Palatino e dal guado dell'isola Tiberina? Di più, che cos'è il mondo? Proviamo a capire.

Siamo a meno di tremila anni fa, sotto l'ultimo millennio prima di Cristo. Ormai gli uomini sono formichine che lasciano tracce dovunque. Ci sono già stati i sumeri, hanno inventato una loro scrittura, definita cuneiforme. Una specie di lunga variante su una serie di I appuntite.

Ma è la prima scrittura del mondo. Avete idea di cosa significhi poter scrivere? Significa poter raccontare se stessi. Dimostrare che siamo vissuti. Tramandare. Discutere. Progredire. Prendersi il proprio passato e fissare delle regole. Dare inizio all'eternità.

La storia dell'uomo comincia dai sumeri. E non a caso Abramo – unico patriarca di tutte e tre le religioni che credono in un solo dio, quella ebraica, quella cristiana e quella islamica – è un sumero della grande città di Ur.

L'Egitto

L'Egitto è da millenni la società più progredita. Si occupa con competenza e talento di oroscopi e trapanazione del cranio. Cura la carie dei denti, rende immortali le spoglie dei suoi gerarchi. Una terra ricchissima che si divide tra il potere dei faraoni e quello dei sacerdoti.

Fra il Tigri e l'Eufrate vivono i medi e gli assiri, popoli giovani e guerrieri che non vanno per il sottile. Ai bugiardi e ai traditori tagliano il pene, le labbra, gli orecchi, le dita. E per finire spargono in faccia asfalto bollente. Siamo all'inizio dell'anno mille. La terra è dei sacerdoti e della nobiltà, compreso naturalmente il re. C'è un'economia terriera evoluta, come dimostrano gli aratri tecnicamente molto perfezionati. Si diffonde altrove l'impero assiro di Assurbanilpal, intorno agli inizi dell'Ottocento avanti Cristo. Assurbanilpal è un re crudele. Inventa la cavalleria e infligge gravissime punizioni corporali a chi resiste. Un re fortissimo, che entra nella zona dell'età romana con grande forza. Quando Romolo gira con il suo aratro di bronzo, Semiramide, bellissima regina assira, regna nella sua parte di mondo in attesa che il figlio diventi maggiorenne, rendendo magnifica Babilonia, costruendo i suoi giardini pensili, una delle dodici meraviglie del mondo. Ma esattamente negli anni in cui Romolo fonda la sua città, in medio oriente, Tiglatpileser fonda il primo vero impero assiro. Conquista Damasco e Gaza, nella Siria settentrionale, e diventa re di Babilonia con il nome di Pulu, nel 729.

La Palestina

In Palestina, nel nono secolo, viene distrutto il vecchio culto di Baal, il regno di Israele diventa tributario degli Assiri. Cento anni dopo, nel 722, viene distrutta Samaria dopo un assedio di tre mesi. Gli ebrei vengono deportati a centinaia di migliaia in Media e Mesopotamia. Israele diventa una provincia assira. Nascono i samaritani.

Quando ancora Romolo è vivo, molto più a ovest, cioè verso il 725, il re ebreo Ezechia tenta di liberarsi dal giogo degli assiri. Ma il re Sennacherib soggioga di nuovo il regno di Giuda e batte gli egiziani che lo aiutavano.

I fenici e un anticipo di Enea

Nell'814 i fenici fondano Cartagine. Stando alle date ufficiali sono 61 anni prima di Roma. Con la Fenicia assoggettata dagli assiri, i guerrieri e i commercianti cercano spazio verso Occidente. Ma la leggenda dice che hanno già contro gli dei perché è scritto nel destino che Cartagine sarà l'avversario più duro di Roma mentre è Roma la prescelta. Questa è la ragione per cui Enea viene allontanato da Didone, regina di quella terra. Enea non può avere due destini opposti: è stato scelto per rendere grande Roma, non può lasciare che un amore fermi la sua strada.

Va da sé che i sentimenti (e il sesso, nella fattispecie) contano poco. Enea ha l'aspetto nobile del guerriero visionario. Bello, ma non potente. Un guerriero importante, non il migliore. A che serve, a Roma, un eroe che non salva la sua città e le sopravvive? Non ci sono sue imprese lungo la guerra di Troia, guerra che non gli piace e non lo convince dal punto di vista ideologico. Farebbe volentieri a meno di combatterla. Quando affronta eroi veri in battaglia, spera sempre arrivi qualche dio a nasconderlo dentro una nuvola, come fece sua madre Afrodite quando venne aggredito da Achille.

Enea non è figlio di Marte, è figlio della dea dell'amore, la più passionale e fragile fra le dee. Rispettata perché capace di portare dovunque il turbamento, l'unica cosa che nemmeno gli altri dei sanno gestire e da cui vengono spesso travolti. Enea conosce questa sua diversità silenziosa. Ogni volta che è in difficoltà, qualunque dio stia per schiacciarlo, interviene a salvarlo qualche altro dio, oscurandolo. Non dandogli forza, non dandogli fascino, non facendolo diventare indipendente e forte, invincibile. Solo facendolo scomparire, così che il duello non possa fisicamente andare avanti per mancanza di avversario. Dove la mancanza è lui stesso. Insomma, Enea è molto bello, perfino un eroe nel senso ampio della parola, nel senso del coraggio e della lealtà generosa, ma non è un vincitore.

I cinesi

In Cina si è avanti con il tempo. Nel 779 avanti Cristo la dinastia è quella degli Chou orientali. Gli unni sono alle porte, l'impero non sa trovare risposte, i feudatari si ribellano e cercano un modo di tenere a bada la potenza degli hsiung nu, l'insieme di popoli che in Europa, molto tempo dopo, verrà guidato da Attila.

Si afferma il confucianesimo, non un modo di pensare ma un modo di vivere, pura filosofia pratica. I cinesi non hanno nemmeno un termine che traduca la nostra parola, *filosofia*. Siamo in un oceano del pensiero assolutamente parallelo, ma diverso. L'occidente cercherà risposte universali: chi sono, come riesco a capire la realtà, perché devo morire. I cinesi cercano il modo di passare la vita al meglio, senza danni. Non ci sono dei, ci sono norme di comportamento.

I persiani e i greci

In Persia, Sargon II sconfigge il regno dei medi e diventa imperatore. In Grecia finisce intorno all'anno mille l'egemonia di Micene. La guerra di Troia, che fu una guerra tra greci, essendo Troia una città greca che aveva solo diverse attrattive commerciali, è collocata nella prima metà del

Dodicesimo secolo. Ma l'idea di un sentimento politico comune nasce a metà dell'Ottavo secolo, appunto in piena fondazione mitica di Roma, grazie all'incremento dell'artigianato, al commercio, soprattutto marittimo, all'aumento della popolazione e alla necessità di trovarle spazio. La Grecia è già un impero chiaro e spiegato quando Roma muove i primi passi. Il segreto di Roma è cercarsi avversari diversi, come avesse avuto fin da subito la coscienza che le città greche, belle e sapienti, sempre una contro l'altra, andavano evitate, affrontate solo alla fine, dopo che fosse stata conclusa la conquista dell'Italia. E soprattutto dopo che si fossero sfinite a vicenda.

Gli etruschi

Ci sono infine gli etruschi. Stanno subito a nord della campagna romana. Non sono uno stato, sono una confederazione di dodici grandi città indipendenti. Tutte hanno come capo un re chiamato lucomone. La grande civiltà commerciale etrusca è la prima a cercare un guado per passare il Tevere, la prima a pensare di fondare una città dove poi è sorta Roma. Sono gli etruschi che commerciano con la Campania e devono per forza passare dai territori dei latini. Gli etruschi avvolgeranno per secoli i romani nelle loro cultura e nelle loro tradizioni. Sono etruschi molti simboli che Romolo impone nella città, come i fasci, la porpora, gli àuguri. Di questo torneremo a parlare molto presto.

2

ROMOLO È ESISTITO?

Quasi tutti gli storici dicono che Romolo non è mai esistito, ma questo, ai fini della storia che Romolo racconta, ha poca importanza. La maggior parte di noi crede in cose che non esistono. Hanno solo un buon motivo per esserci, ma non esistono. Cose importanti, fondamentali. Pensiamo alle religioni. Sono tante, hanno vissuto e vivono da secoli, ma Dio, al massimo, è uno solo. Se una religione è vera, sono false le altre. Però sono ugualmente vere perché sono in molti a credervi. Hanno un buon motivo per esistere. Rispondono a un esigenza. Queste non le rende vere, ma le rende sempre plausibili. Direi di più: le rende augurabili. Si crede profondamente a qualcosa che ci farebbe piacere esistesse davvero.

Romolo è la stessa cosa: una buona idea. D'altra parte, in quel tempo, ventotto secoli fa, i sabini avevano un eroe fondatore che si chiamava Sabes. I siculi avevano Siculo. I feaci avevano Feace. I latini Latino e via dicendo. C'è sempre stato un capo che ha dato il suo nome al suo popolo. La diversità di Roma nasce fin dall'inizio. Quasi certamente i romani hanno prima fatto Roma e poi pensato a Romolo. Si lotta una vita per nobilitare la propria nascita. E si cerca di nobilitarla solo quando si ha qualcosa da perdere.

Probabilmente, già poco dopo l'inizio della sua vera storia, Roma aveva bisogno di un passato. Era diventata la città più importante della regione. Aveva un grande futuro e uno straordinario presente. Non poteva essere un caso. Né il suo nome poteva davvero venire (come tutti dicevano) dall'etrusco *ruma,* cioè significare mammella. Una grande città non può chiamarsi *mammella*, anche se questa è la base della sua storia (la lupa, il latte, i gemelli eccetera).

Roma aveva bisogno di un passato che giustificasse i suoi successi, che le desse una buona ragione per inventarsi. E l'ha cercato partendo dal nome, Roma. Qualcuno doveva averglielo dato. E doveva essere qualcuno molto importante per poter aggiungere nobiltà alla forza.

Se di solito i popoli e le città prendevano nome dal proprio eroe, perché non cercare un eroe con il nome di una città? Perché non partire da quello, da un eponimo che desse una spiegazione a tutto, qualcuno e qualcosa che mettessero a posto tutti gli angoli del tempo? Se la leggenda diventa un'esigenza, non toglie bellezza al racconto. Aumenta solo la voglia di saperne di più. Quindi, ricapitoliamo, esisteva una città che si chiamava Roma. Bisognava solo fare il ragionamento inverso. Non dal nome del fondatore al nome della città, ma dal nome della città quello del fondatore. *Romolus* voleva dire romano, ma si poteva essere romani solo se esisteva già una città con il nome di Roma. Questa è la differenza fra il mito e la storia. La leggenda di Romolo riassume in pochi attimi cinque secoli di cambiamenti, passaggi e movimenti epocali, transumanze di popoli nel centro di una terra che nasceva fertile e fatale per il transito massiccio d'acqua portato dal grande fiume Tibur, il fiume protagonista che fa da sfondo a tutto. E che nessuno prova mai nemmeno a superare.

Il Tevere fa da confine, a nord del fiume c'è un paese, a sud un altro. Il popolo che riesce a costruire un ponte sulle piene del Tevere è come se mandasse un'astronave sulla Luna. Il Tevere non ha argini, è un mare che si muove, corre sopra se stesso. Si moltiplica con le prime piogge e diventa inarrestabile dopo le tempeste. Per questo l'unica che gli tiene testa è l'isola che lo spezza in due, la Tiberina. Per questo lì nasce la vita, lentamente, secolo dopo secolo, come la piallatura di una pietra carsica.

Lupa o prostituta?

Sulla storia di Roma antica c'è una serie di equivoci, così tanti e così grandi da far pensare che non si siano mai voluti chiarire, che restare a mezz'aria fra la realtà e la leggenda fosse il destino migliore. Cominciamo dalla lupa. Cosa vuole dire veramente?

Acca Laurentia, moglie di Faustolo, è probabilmente una prostituta. Una lupa che porta gli uomini per mestiere nel suo *lupanare*. Ma le prostitute non sono un errore della società arcaica, ne sono un pilastro. Le donne sono un bene prezioso, raramente possono essere fedeli a un solo uomo. Non è possibile, nessuno può permetterselo. Troppo precaria la vita di tutti. Metà delle donne nell'età di Romolo muore di parto quando ha quattordici-quindici anni. Gli uomini vivono il doppio ma combattono, vanno a caccia, muoiono di ferite che s'infettano. Le morti precoci delle donne li lasciano presto soli. Fanno sempre figli con ragazze più giovani, ma questo aumenta il problema, non lo risolve.

Questa specie di rarità dà potere alla donna dentro un mondo completamente maschile. Molti storici importanti (uno per tutti lo svizzero Bachofen) sono convinti ci sia stato nel rapporto di coppia un lungo periodo di matriarcato. Si passò da legami sessuali indiscriminati a un periodo, anche lungo, in cui comandò la donna, in quanto madre dei propri figli, soprattutto maschi. I maschi cioè comandano, ma il loro riferimento è femminile.

Questa parte di evoluzione sessuale è molto interessante. L'uomo non nasce solo, ma con sua madre. Il resto dei rapporti di coppia, per milioni di anni, è occasionale. Si vive anche insieme, ma senza legami. Il legame è un concetto culturale ancora troppo complesso per quei tempi. Il vero legame sessuale è tra madre e figlio e viceversa.

Il matrimonio

Il matrimonio nasce con la ricchezza. C'è bisogno di un contratto per stabilire se e come dividersi i beni. Non è un segno di amore. Quando Roma nascerà, per molti secoli non ammetterà matrimoni tra patrizi e plebei. Il matrimonio di per se stesso era un legame sconosciuto anche tra plebei e plebei. Non era previsto che i servi avessero famiglia. Ne avevano già una, quella del loro signore. Cosa chiedevano di più? Così i figli nati da genitori plebei andavano tutti a stare con le madri, il ventre molle della produttività romana. La femmina era la mano della vita, ma quello che la vita faceva, produceva in guerra, soldi ed eroi, era solo maschile.

Questo tipo di rapporto, dice Bachofen, si mantenne anche più tardi ed è alla base di un libertinaggio erotico dagli sviluppi molteplici che ben presto degenerò nei più diversi tipi di prostituzione.

Con il matrimonio, cioè con l'arrivo di un sentimento della *ricchezza*, di una proprietà da difendere, l'uomo prende in mano il rapporto di coppia. Il matrimonio è la fine ufficiale dell'erotismo romano. Solo che di questo erotismo non c'era mai stato un inizio, solo momenti.

La patria potestà

La prima regola fondante della Roma antica è la patria potestà. Il capo famiglia decide tutto e ha letteralmente diritto di vita e di morte su moglie e figli. Le donne sono troppo poche per poter diventare soggetto politico. Vanno trattate come ricompensa da spartire. Il vero grande destino delle donne è il dover gestire o subire l'ossessione dell'uomo per il sesso.

Il sesso nella miniera

C'è un libro appena uscito in Cile che racconta il dramma dei trentatré minatori rimasti per due mesi sepolti nella loro miniera settecento metri sotto terra. Un solo giornalista era stato ammesso ad assistere alle operazioni di salvataggio, estremamente sofisticate e complesse. Quel giornalista ha raccontato poi che il primo problema dei minatori era ugualmente semplice ed essenziale come all'epoca della fondazione di Roma. Sotto terra i minatori sentivano prima di tutto una grande smania sessuale. Venivano mandati loro ansiolitici e antidepressivi, ma i minatori rispondevano chiedendo bambole gonfiabili. La loro vera urgenza era una donna, sia pure finta.

Si decise di non mandare le bambole, non per evitare il ridicolo, perché del ridicolo non c'era in quella drammatica situazione da avere nessuna paura, ma perché si temeva che ognuno avrebbe difeso la propria bambola come un focolare, una nuova famiglia. E non bisognava assolutamente creare occasioni di scontro.

Si scelse così di mandare verso il centro della terra un robusto pacco pieno di riviste pornografiche. Facendo da solo, ogni minatore avrebbe evitato il confronto con gli altri, la privacy di ciascuno sarebbe stata salvaguardata, e non ci sarebbero stati complessi di colpa. In sostanza, due mesi sotto terra non provocavano claustrofobia, ma crisi sessuali. La natura è elementare, chiede poche cose, e sempre le stesse.

Il regno delle prostitute

Tremila anni fa nei dintorni di Roma accadeva più o meno la stessa cosa. Le donne avevano dei padroni, ma ce n'erano altre che avevano il compito di soddisfare molti uomini nel medesimo tempo. Non era un bisogno normale delle donne. Lo era degli uomini. In un'epoca in cui si ammazzavano animali molti più grossi di noi per mangiarli e sopravvivere, anni in cui la caccia era la prima simulazione della guerra, non si poteva perdere troppo tempo a essere gelosi. Era un'attività gregaria. Le donne erano poche, dovevano cercare di essere di tutti. La famiglia diventava sempre tribù. Era già una legge chiara, un sacrificio accettato per incrementare la vita. Dentro la stessa *gens*, la stessa famiglia, la stessa tribù, ci si accoppiava come si poteva e conveniva. Fuori anche. Per questo le prostitute erano tante in rapporto alla popolazione totale.

Il pene di Marte

Acca Laurentia, moglie di Faustolo, pastore del gregge del re di Alba Longa, ha già dodici figli quando Faustolo le porta i due gemelli. Probabilmente quei figli hanno padri diversi, ma non è quello il problema. Il concetto di peccato è un concetto cristiano ed è di là da venire, al tempo dei gemelli. Il problema è che l'ultimo figlio di Acca Laurentia è morto e lei si sente infinitamente triste, con il seno gonfio di latte inutile. Una madre sprecata. Quando Faustolo vede i servi del re portare verso la morte i gemelli, li supplica di darli a lui per la sua donna. Erano una compensazione, le avrebbero restituito la maternità.

D'altra parte, in modo opposto, è altrettanto simbolica la leggenda di Rea Silvia, vestale, cioè consacrata alla verginità, bellissima, che viene vista dal dio Marte e d'improvviso ne incontra il pene, non il dio in carne e ossa o nella sua trascendenza fatale, ma solo il suo membro che esce dalle fiamme del fuoco sacro e che poi, dopo l'uso, verrà nascosto nel tempio stesso di Vesta sotto una mattonella apposita. E là venerato.

Adesso è molto difficile crederlo ma, se ci pensate bene, gli uomini di qualunque religione hanno sempre creduto a cose simili in ogni parte del mondo, in qualunque epoca. Nel Vangelo appaiono sempre gli arcangeli a dire nel sogno ai protagonisti le cose scomode che Dio vuole dir loro, compresa la gravidanza di Maria, non molto lontana dalla figura stessa di Rea Silvia. Sono molte le religioni in cui Dio nasce da atti non compiuti, da donne rimaste vergini. Nel terzo secolo dopo Cristo, uno dei primi grandi padri della Chiesa, Origene, difendeva se stesso e la vita di Gesù, proprio attraverso la leggenda di Romolo. Ai romani che si dicevano assolutamente increduli davanti alla verginità di Maria e alla reincarnazione di Gesù dopo la morte, Origene, esausto, gridava: «Perché proprio voi non credete, voi che avete creduto per mille anni alla gravidanza di Rea Silvia e alla resurrezione di Romolo?» E lo diceva perché subiva quelle verità. «Voi dite che tutto il Cristianesimo è impossibile, ma avete accettato Romolo. Perché allora non accettate anche Gesù?»

Il pene di cenere

Origene dimenticava un secondo e ultimo caso straordinario nella religione romana, quello di Servio Tullio. Come Romolo, anche Servio Tullio nacque dalla congiunzione carnale e improvvisa del dio Marte (o un dio dei Lari, cioè della famiglia) con una donna particolare. Ocrisia, sua madre, era una domestica che lavorava nella casa di Tarquinio Prisco, quarto re di Roma. Più esattamente era l'addetta al focolare domestico. Il fuoco era un bene prezioso e non andava mai fatto spegnere. C'erano grandi bracieri sotto i focolari, la cui fiamma andava continuamente alimentata. Ocrisia di mestiere faceva questo, era addetta al mantenimento del fuoco sacro nella casa del re di Roma. Lo stesso mestiere esatto di Rea Silva e delle altre vestali nel loro tempio: dovevano tenere sempre acceso il fuoco, che fosse quello di Vesta o dei Lari familiari.

Una sera, mentre Ocrisia stava lavorando intorno al fuoco, dalla fiamma uscì un membro che la leggenda (diciamolo pure) definisce enorme. Era fatto di cenere e aveva un disegno inequivocabile. Il pene nato dal niente nella casa del re di Roma si fermò a mezz'aria davanti a Ocrisia quasi guardandola, comunque senza dare adito a dubbi sulle sue intenzioni. Ocrisia cadde in deliquio, il membro entrò dentro di lei e naturalmente la ingravidò. Ne nacque Servo Tullio, per questo e per le sue capacità di re detto il secondo Romolo, cioè il nuovo fondatore di Roma.

Mito e storia

Può sembrare un ritornello, in realtà nella storia di Roma le apparizioni di questo genere impudico finiscono praticamente qui e sono sempre a carico dello stesso dio, un Marte erotico e vagabondo, potentissimo, finalmente fuori dalla parte seriosa e bellica della mitologia greca. Due soli casi di fecondazione nel rapporto fra un dio e una vergine. Una per Romolo e una per Servio Tullio. Che fu a sua volta un grande re e modernizzò la vecchia organizzazione data da Romolo alla città. Due Romolo, in sostanza, due gravidanze straordinarie. Il mito si confonde di nuovo con la storia.

Quello che vogliono dirci questi fatti straordinari è che esistono pochissime donne che possono generare dei. E li generano quando gli uomini hanno esattamente bisogno di quegli dei. Finito il bisogno, finiscono anche i miracoli. Roma diventò anzi molto diversa dai greci e dagli etruschi nella sua cultura religiosa. Si tornò a parlare di nascite particolari solo seicento anni dopo a proposito di Ottaviano Augusto, il fondatore dell'impero, uno dei più grandi romani della storia, che infatti non per niente sentì il bisogno di darsi origini divine.

Su queste leggende resta pura e semplice la bellezza della storia. Quello che fa eterna una leggenda non è il miracolo che racconta, e nemmeno la scienza che vuole affermare, bensì la bellezza del sogno che propone e quella della narrazione. L'uomo tramanda se stesso in questo modo spettacolare e poetico. La storia resta non perché è accaduta davvero ma perché qualcuno la rende universale. Dall'epoca delle epoche, si compra solo quello che ci piace, non quello che davvero esiste.

3

DALL'ANNO ZERO: LE ORIGINI DEL MONDO

Cominciamo allora dall'anno zero, quando non esistono ancora né storia né leggenda. Cercheremo poi di capire come sia nato il romanzo di Romolo e se sia stato vero. Tutto comincia con Evandro, un re greco che viene dall'Arcadia, nel nord del Peloponneso, aiuta i troiani nella prima parte della guerra con gli achei, poi parte alla ricerca di un'altra terra. Se dobbiamo datare la guerra di Troia intorno al 1185 avanti Cristo, Evandro è di quel tempo, dieci anni più dieci anni meno. Non ha urgenze, ha idee chiare. Lascia la Grecia, passa la Sicilia, risale la costa calabra, quella campana e arriva nel Lazio. Trova la foce del Tevere, è molto grande, navigabile. Decide di proseguire verso l'interno. Dopo una breve pianura, comincia una terra di colline piene di boschi e di paludi, un grande verde silenzioso. Si guarda intorno. Sulla sua nave, dal suo equipaggio, sente il silenzio delle sorprese. C'è un colle più dolce e più ripido degli altri. Non una vera collina, quasi una curva della terra che rende il posto facile da difendere. Una buona casa.

La collina è alta appena una cinquantina di metri, circondata dalle acque, delle paludi e da altri colli che fanno da barriera naturale. Il fiume arriva proprio alle pendici.

Il resto è foresta fitta, piena di animali che Evandro non ha mai visto. Un buon posto per vivere.

Evandro in greco significa *uomo buono*, portatore di cose favorevoli. Sente che le sue decisioni hanno il vento degli dei alle spalle. Ferma la nave, scende nella palude davanti al colle che ha scelto e dice ai suoi che il viaggio è finito. Su quel colle nascerà una città che si chiamerà Pallantea, dal nome del figlio di Evandro, Pallanteo. E dalla città prenderà nome anche il colle: Palatino.

Inizio di verità

Il colle su cui Roma nascerà è dunque già abitato quattrocento anni prima della fondazione storica della città, il 21 aprile del 753. Questo è un inizio di verità importante, uno spazio trovato a forza dalla realtà dentro la leggenda. Evandro entra dentro un mondo favoloso di storie e divinità sconosciute, di animali e uomini con tre teste che sono dei a loro volta. Un mondo dove tutto è possibile, dove non ci sono ancora una fede né una gerarchia. Un paradiso in attesa di essere popolato, dove l'uomo migliore diventa dio solo per il rimpianto che lascia. Per le tradizioni che crea. Comincia così, lentamente, la costruzione di Roma.

La regione in cui Evandro è sbarcato si chiama Latium. Viene dal latino *latere*, che significa nascondersi, rifugiarsi. *Latuerat* vuol dire alla lettera *era nascosto.* Da qui *Latium.* Chi si nasconde in questi boschi e perché? Ecco la prima sorpresa. Chi fugge, chi si nasconde, è un grande dio. Addirittura il padre di Giove. I latini lo chiamano Saturno, i greci Crono. La sua storia è lunga, piena della crudeltà dei grandi rivolgimenti mitici.

L'inizio: Oceano

Omero scrive che Oceano è «l'origine degli dei e di tutto». In questo racconto, che probabilmente esiste già prima che gli elleni arrivino in Grecia, l'acqua viene riconosciuta come fonte della vita. Oceano è un grande fiume ed è anche un dio, tutti i fiumi all'inizio del tempo erano dei. Portano la vita, la creano, i loro corsi d'acqua si moltiplicano l'uno con l'altro. Per questo le ragazze, prima di sposarsi, si bagnano nelle acque dei fiumi. Perché il dio di quel fiume sia il capostipite della famiglia che sta per cominciare.

Oceano è il fiume più grande, ha una forza generatrice straordinaria. Tutto sembra davvero nascere da lui, il mare, i laghi, le sorgenti. Quando la sua opera di moltiplicazione finisce, quando non ha più niente da creare, Oceano si chiude ai confini del mondo rifluendo dentro se stesso. Avrà da Zeus, il nuovo padrone, il compito di scorrere all'infinito intorno al mondo. Nasce da se stesso e muore dentro se stesso, come una circonferenza di acque. Diventa il confine. Oltre Oceano c'è il regno dei morti. Al di qua, la vita.

Oceano ha una compagna. Si chiama Teti, senza di lei Oceano non potrebbe procreare e il mondo finirebbe prima ancora di cominciare. Insieme fanno tremila figli, i fiumi, e tremila figlie, le Oceanine. Poi si fermano. Si proibiscono di continuare ad avere figli. Sembra che la fine della necessità di procreare rompa l'armonia che c'era sempre stata fra Oceano e Teti. Diventano una coppia astiosa che non sa più cosa chiedersi. Ma il mondo non era infinito, doveva rispondere a un modello. Se due immortali avessero continuato all'infinito a fare figli, qualunque equilibrio si sarebbe spezzato e la Terra sarebbe crollata sotto il loro stesso peso.

Straordinario notare due cose: la chiara somiglianza di Oceano-Teti con il mito di Adamo ed Eva. E la chiarezza con cui già molte migliaia di anni fa, in un pianeta praticamente deserto, veniva compresa l'importanza del controllo delle nascite.

L'altra ipotesi, la Notte

Ci sono altre due ipotesi formulate dai greci sull'origine del mondo. La prima è interessantissima, decisamente poetica. La seconda è quella che ha avuto più successo. La prima deriva direttamente dall'ispirazione di Orfeo e dei suoi seguaci, misteriosa e oscura, ma estremamente affascinante. In principio, secondo la storia, esisteva la Notte, in greco Nyx. La Notte era una dea solitaria e rancorosa di cui anche Zeus aveva in qualche modo paura. La leggenda la disegna come un uccello dalle grandi ali nere. La Notte venne fecondata dal vento che corse sopra il suo corpo per tutta la durata dell'oscurità. Al mattino Nyx aveva generato un uovo d'argento che depose nell'immenso grembo del buio. Per la prima volta da una figura femminile nasce un uovo, ma non è chiaramente un uovo normale. Ne uscì fuori Eros, il figlio del vento con le ali d'oro, il più bello degli dei e degli uomini, così bello che nessuno aveva mai visto qualcosa di simile. Eros è l'anello di congiunzione tra gli dei e gli uomini, una specie di empatia perenne che riconcilia con qualunque tortura. La smania che riconduce tutto al desiderio primitivo di scomparire dentro il ventre della donna, la bellezza che conclude subito il suo giro perché subito perfetta.

Eros, appena nato, si muove e spiega l'involucro da cui è nato. L'uovo d'argento è il mondo. Nella metà alta ha una concavità, cioè il vuoto, il niente, nella lingua originale greca, il *chaos*.

Chaos non ha ancora il significato che gli diamo noi, cioè confusione, perdita di qualunque regola e organizzazione. Chaos era il vuoto, lo *spalancarsi* del vuoto sulle cose che erano invece nella seconda metà dell'uovo d'argento. Nella seconda parte c'erano infatti la Terra e il Cielo che finalmente si accoppiavano e davano regola all'universo. Veniva glorificata l'opera seduttrice di Eros che spinge all'unione la Terra e il Cielo, dalla cui energia comincia tutto. Oceano e Teti altro non sono che i loro figli da cui ricomincia la storia così come la sappiamo già.

Anche in questo caso è difficile sottrarsi all'incredibile fascino del mito. La vita che diventa l'effetto dello spalancarsi del vuoto, un abisso davanti al quale tutti siamo condannati a vivere e a cercare la nostra strada migliore. E alla fine di questo ingorgo incredibile, Oceano e Teti, la prima normalità, il primo ordine delle cose. Tutto ricomincia sempre da Oceano e Teti, ma la madre resta ancora la Notte.

La terza ipotesi

Risale a Esiodo, ancora un poeta. Come se le uniche parole, le sole costruzioni possibili sull'impossibile, in mancanza della scienza, potessero arrivare solo dall'immaginazione della poesia. Esiodo ribalta la concezione della sostanza originale. Non più Oceano, quindi non più l'acqua, ma la pura terra, cioè Gea: Esiodo è un contadino che da ragazzo pascolava le pecore sul monte Elicona, ha bisogno di rimanere agganciato alla terra. Per lui Chaos esiste ma non è un dio, è solo un vuoto da riempire. Per riuscirci si affida alla Grande Madre Terra, a Gea (Gaia) dall'ampio seno che ha dentro di sé tutte le altre divinità. In sostanza, è la madre di tutto e di tutti. Ancora oggi, esistono nel mondo pochi ma rumorosi seguaci di Gea. Attribuiscono alla Terra una propria vita particolare, come fosse una creatura fra le creature che le vivono sopra. Di nuovo, la madre di tutto.

Accanto a Gea, Esiodo pone Eros: tutto gira sempre intorno a questo Dio bellissimo e seduttore, è lui che dà un senso all'abbandono, che riconcilia con tutte le realtà della terra. I filoni a questo punto diventano due. Uno che segue il lato oscuro della forza e che da Chaos fa discendere Erebo, il Buio, e Nyx, la Notte. I loro amplessi generano Etere, la luce del cielo, ed Emera, il giorno.

L'altro filone fa capo naturalmente a Gea, che genera e si accoppia con Urano, il grande Cielo stellato. Ogni sera Urano (il cielo della notte serena) scende sulla terra, cioè su Gea, e la avvolge completamente. Una sovrapposizione sensuale e mistica ma anche estremamente realistica. Terra e Cielo stellato sono consapevoli di essere uno parte dell'altro, ineluttabilmente, qualunque cosa siano portati a fare. Per la prima volta nel mondo e nel tempo, il destino, cioè quello che siamo chiamati a fare, prende il sopravvento su tutto quello che vorremmo fare.

Da Gea nascono le Grandi Montagne e infine il Ponto, cioè l'immensità del Mare. Ma senza Urano. Gea si serve di Urano ed Eros come compagni, non come padri. Esiodo è chiaro: «Essa creò tutto questo da sola, senza accoppiarsi con nessuno».

Torna ancora straordinaria la vicinanza con i miti delle altre grandi religioni. Gea partorisce vergine, senza lo sperma del maschio. Questo era lo schema ideologico anche migliaia di anni prima che Cristo nascesse. Così come faranno Rea Silvia per generare Romolo e Ocrisia per Servio Tullio.

Gea/Gaia, la Terra

Con Urano, Gea partorì invece i Titani, di cui fanno parte per Esiodo anche Oceano e Teti, chiudendo quindi il cerchio delle due diverse versioni. Partorì inoltre tre ciclopi, giganti con un solo occhio in mezzo alla fronte, i cui nomi, Sterope-Bronte-Arge, significano fulmine-tuonosplendore. E infine i tre Ecatonchiri, figure mostruose con cento braccia e cinquanta teste.

Il più giovane dei sei titani si chiama Crono, figlio di Urano, che significa il Cielo, e di Gaia, la Terra, altro nome di Gea. Pensateci bene: Urano più Gaia fanno l'unione del Cielo con la Terra, cioè l'Umanità, la Storia. Infatti Urano non è solo marito di Gaia, ma anche il figlio. Perché tutto sulla Terra nasce dalla Terra. Gaia genera le Montagne e subito dopo il Ponto, cioè tutto il Mare che divide i continenti. Siamo all'alba del pianeta, ma quello che il Cielo non sa ancora è che nel tempo, nel mondo, non può che comandare la Terra. Perché sulla Terra si vive, si lavora, si costruisce. Mentre nel cielo quasi sempre si muore e tutto resta miracoloso. Gaia è la grande madre: è Gaia che moltiplica la vita, non Urano. Gaia è l'elemento primordiale da cui nasce tutto il resto, gli dei e gli uomini.

Secondo Esiodo, Gaia nasce per seconda nell'universo, subito dopo Chaos. Per terzo nasce Eros, cioè l'amore. Può sembrare normale o straordinario, ma oggi più che mai una delle teorie alla base della conoscenza è la Teoria del Caos, cioè di un'organizzazione confusa dell'universo che tende a salvare soltanto se stessa e per di più in modo casuale. Un lampo di luce in una notte che si richiude continuamente. Ancora oggi il culto di Gaia, cioè della Terra, dell'esistenza, non della forma, è l'altra metà del nostro sapere. Mentre Eros, l'amore, è senza dubbio la base di qualunque esistenza.

Il rapporto di Gaia con Urano (il Cielo) è monotono.

Fanno decine di figli, devono popolare il pianeta. Ma Urano, come tutti i fondatori di una specie, ha paura del futuro. Ha troppo interesse al presente per concepirne uno. Vede in ogni figlio un avversario, così li rinchiude uno per uno nel cuore della terra. Li nasconde, li copre, li annulla con la forza e la sostanza della loro stessa madre.

Un'abitudine crudele, quella di Crono, che non può durare. Gea non può permetterlo. Non c'è una madre che accetti di vedere rinchiusi nel cuore del mondo i propri figli, chiunque siano, anche se lei stessa è il mondo. Gaia chiede loro aiuto, li supplica, vuole che si ribellino a Urano, ma nessuno la segue. Eppure è Gaia ad averne fatto degli dei: è stata la sua unione con Urano ad aver inventato la divinità, non viceversa. Ma chi è diventato un dio non ha voglia di mettersi in discussione. Tutti i sei figli Titani rifiutano a Gaia il loro aiuto.

Reagisce soltanto Crono, l'unico che accetta di aiutare la madre. Gea tira fuori dal profondo della terra, cioè di se stessa, un nuovo formidabile metallo, l'acciaio, e con quello costruisce una falce piena di denti aguzzi. Poi spiega al figlio il suo piano. Lei aspetterà come ogni sera che Urano entri nella sua stanza e la cerchi per fare l'amore. Lei farà finta di accettare, ma quando Urano sarà nudo e fragile, proprio a quel punto dovranno intervenire Crono e la falce che sua madre gli ha dato.

Urano si avvicina al grande letto matrimoniale sicuro dei propri passi, giocando all'amore come tante altre notti. Quando sta per possedere Gea si accorge dell'agguato di Crono, che con la mano sinistra lo alza dal corpo della madre e con la destra, con un colpo secco del falcetto, gli taglia i testicoli.

Proprio così, la mitologia non ha riservatezze. Non solo, ma il sangue della ferita di Urano cadde dal cielo sulla terra e generò in continuazione nuovi piccoli dei. Fu così che nacquero le Erinni, le Ninfe dei frassini, i Giganti e qualunque altra divinità legata agli alberi e alle foreste.

Gaia non si fermò per questo. Liberati i propri figli, ma sentendo ancora non compiuta la sua missione di Grande Madre, si unì a un altro dei suoi figli, Ponto, cioè il flutto, l'acqua, il mare. Gaia sentiva di dover portare a termine il proprio compito. Lei era la Creazione, non c'era vita sulla terra che non passasse attraverso di lei. L'errore di Urano era stato quello di proteggersi soffocando altra vita. Per questo Gaia aveva deciso di andare avanti senza di lui. Gaia comprendeva Urano, non gli portava rancore. Urano seguiva solo la sua natura. Si vive e si muore a vicenda, ognuno condannando l'altro. Gaia voleva solo fare la sua parte di madre. Lei era la natura, lei doveva dare la vita e la morte. Urano era stato un mezzo, non uno scopo.

Da questo meraviglioso incastro esce fuori un vero dominio di Gaia, cioè un autentico matriarcato. Nel Mito comanda la Madre. Comanda chi porta la vita a rischio della propria. Ancora oggi il culto di Gaia-Gea è il culto della Terra come divinità universale, come essere vivente a se stante, fuori dalle religioni e le civiltà. Una grande madre che deve sopravvivere a se stessa per far vivere i propri figli.

Dall'unione di Gaia con il Mare, nacquero cinque altre divinità. E Crono diventò il padrone del mondo.

Crono (cioè il Saturno dei latini) non fu però un grande re. E aggiungerei che gli dei non sono nemmeno tutti buoni. Sono spesso esseri che cercano il potere e il privilegio ad ogni costo. Uccidono per questo. Torturano, tradiscono. Non scandalizziamoci. Il Dio del Vecchio Testamento ha annegato l'intera umanità salvando solo Noè e la sua arca. Ha ucciso tutti i primi figli maschi egiziani, ha cancellato città intere come Sodoma e Gomorra.

Crono dunque si ricordò di quello che gli avevano predetto suo padre e sua madre, Urano e Gaia: sarà uno dei tuoi figli a prendere il tuo posto. Così, con la solita irruenza sanguinaria, cercò di mettere al sicuro il proprio privilegio. Se doveva essere un figlio a cacciarlo, bastava uccidere tutti gli altri figli.

C'era un problema, anche i suoi figli erano immortali. Crono pensò molto alla questione, poi ebbe un'idea lugubre e geniale. Mangiò tutti i figli che aveva e via via quelli che nascevano, così non ne avrebbe mai avuto uno capace di succedergli. I figli avrebbero continuato a vivere, ma dentro la sua pancia immortale, senza pericolo per il suo regno sul tempo e sul mondo. La sua donna era Rea, una delle sue sorelle. La quale cominciò presto a disperarsi nel vedere tutti i propri figli divorati dalle fauci divine del marito. Come disperata era stata Gaia nel vedere i propri figli imprigionati nel cuore della terra.

Così, quando Rea si accorse di essere di nuovo incinta, decise di scappare. Fuggì a Creta e partorì segretamente il piccolo Zeus, mentre Crono la cercava in tutto il resto del mondo. Rea sapeva di non poter rimanere nascosta per molto tempo. Giocò allora il tutto per tutto. Prese una grossa pietra e l'avvolse di panni fino a farla sembrare una creatura. Poi si presentò pentita a Crono dandogli tutto l'involucro. Crono, soddisfatto dalla resa incondizionata della donna, non capì l'inganno. Mangiò la pietra convinto di aver mangiato il piccolo Zeus. E questo segnò l'inizio della sua sventura.

Zeus

La vendetta di Zeus cominciò molti anni dopo ma non si fermò. Aiutato da Meti, uno dei sei Titani, riempì Crono di un veleno che lo costrinse a vomitare tutti i figli che nel tempo aveva ingurgitato. Va da sé che i figli, tutti dei, non potevano morire, qualunque cosa accadesse. Erano sopravvissuti anche allo stomaco del padre, ma ora dovevano salvarsi dalla sua collera. Crono non avrebbe mai permesso che un solo figlio suo vivesse libero.

Riuniti i fratelli, Zeus li guidò così nella guerra definitiva contro il padre. I Titani scelsero però di rimanere con Crono nonostante li avesse sempre tenuti incatenati. Questo rese la guerra estremamente difficile, sanguinosa e sempre equilibrata. Una guerra fra dei. Chi doveva scegliere il Destino? Dopo dieci anni, avvolto nei dubbi, Zeus si rivolse a un oracolo della terra per capire se quella guerra tra famiglie poteva essere vinta. L'oracolo disse di sì ma a un patto. Che Zeus liberasse dal fondo del Tartaro i suoi ultimi fratelli, i più strani, i più lontani ma anche i più forti: i Ciclopi e gli Etaconchiri.

I ciclopi figli di Urano e Gaia erano giganti con un solo occhio e avevano grande forza ma anche molta abilità manuale. Erano artigiani formidabili, sono loro che per primi costruiscono i fulmini. Erano tre, abili e giganteschi, si chiamavano Bronte, Sterope e Arge. Nell'*Odissea* si parla del ciclope Polifemo, ma dobbiamo avere pazienza. Nel mito le differenze sono millimetriche. Polifemo faceva parte dei ciclopi che vivevano sulla costa meridionale italiana (Campi Flegrei) semplicemente allevando montoni. Non conoscevano il vino, erano molto più primitivi e stolti dei ciclopi di Zeus. Infatti Ulisse beffa Polifemo facendogli scoprire il vino.

Zeus andò a prendere i tre ciclopi nel Tartaro, dove Urano li aveva lasciati, prigionieri senza speranza. Il Tartaro era la regione più profonda della terra. Stava sotto l'Ade, il regno dei morti. Si diceva anzi che tra l'Ade e il Tartaro vi fosse una distanza uguale a quella fra il Cielo e la Terra.

Quando Zeus liberò i suoi fratelli sentì di aver compiuto il passo decisivo per vincere la guerra. Bronte, Sterope e Arge presto gli regalarono l'uso del Tuono, del Lampo e del Fulmine per la battaglia finalc contro i Titani. Fecero anche di più per altri dei. Costruirono un armatura per Ade che lo rese invisibile, e un arma invincibile, il tridente di Poseidone, che diventerà il simbolo stesso del Dio del Mare.

Zeus vinse così contro il suo vecchio padre e lo scaraventò giù dall'Olimpo. Ma Crono aveva mille vite. Liberato dalle catene e consapevole di avere ormai davanti un figlio più potente di lui, volle riconciliarsi con Zeus e iniziò una vita da re buono, fondando l'Età dell'oro, un'epoca dove le messi nascevano rigogliose e gli uomini vivevano come gli dei, senza una preoccupazione, senza dover lavorare per vivere perché tutto scorreva e arrivava naturalmente.

L'Età dell'oro

La rivalutazione di Crono è una debolezza umana successiva. Piacque agli uomini avere alle spalle un riferimento non ancora contaminato dalla loro cattiveria. Così diventò presto una regola che il mondo avesse avuto un inizio felice, dove tutto era armonia. Poi l'uomo inventò l'ambizione e prese a uccidere i suoi simili per essere il primo. Il tempo dell'oro veniva prima del Tempo vero e proprio, quindi cadeva nell'età di Crono, che il tempo vero lo inventò. Ecco come Crono è diventato il dio di questa valle dell'Eden.

L'Età dell'oro trovò uno straordinario divulgatore in Esiodo che la racconta ne *Le Opere e i giorni*. Esiodo scrive che in quel tempo gli uomini vivevano come gli dei, non dovevano lavorare, rimanevano sempre giovani e passavano le giornate in mezzo a feste e banchetti. Quando arrivava il tempo di morire, si addormentavano semplicemente, senza dolore.

Nella mitologia romana l'Età dell'oro è ripresa con avidità e ampiamente festeggiata nel calendario religioso. A Roma, Crono diventa Saturno, forse per il peso della parola *Sata* che nella lingua della nuova terra significava sementi. Qui l'Età dell'oro è appunto quella in cui Saturno, padre di Giove, arriva dall'Olimpo nella valle del Tevere e fonda sul colle del Campidoglio una città che si chiamerà Saturnia, regnando su tutta l'Italia, che allora si chiamava Ausonia.

A poche centinaia di passi ma dall'altra parte del fiume, c'era un'altra città. Era guidata da un grande re che si chiamava Giano. Era distesa su un colle che, da Giano, si chiamerà Gianicolo. Il nome di quella città era Roma. Da questo momento entriamo nella grande mitologia romana, comincia la vera costruzione del passato di Roma. Fatta a tavolino, attraverso gli usi e la fantasia della gente. Ma esclusivamente romana.

Come Saturno, anche Giano arrivò dalla Grecia, probabilmente dalla Tessaglia. Con la moglie Camisa fondò una piccola città molto ben fortificata sul colle Gianicolo, davanti all'isola Tiberina, sulla riva sinistra del fiume. Se Crono da vecchio aveva portato l'Età dell'oro in Grecia, Giano l'aveva portata nella sua nuova terra. Gli dei vivevano in armonia accanto agli uomini. La morte era solo un dolce sonno. Non esisteva la caccia perché non esisteva l'idea di uccidere. Non esistevano porte perché non c'erano ladri. Gli uomini mangiavano solo frutta e legumi. Non avevano padroni, tutto quello che cresceva nei campi apparteneva a tutti.

In questo clima di pace universale, Saturno (cioè il greco Crono) non può che ricevere grandi accoglienze quando passa il fiume e sale fino alla città di Giano. L'ospitalità è il primo piacere dei passeggeri dell'Età dell'oro. Giano gli offre di dividere con lui il regno e di guidare insieme quella che era diventata la loro gente. Saturno porta tutta la sua esperienza. Informa Giano sui modi migliori per ben governare gli uomini e la terra e gli insegna l'uso del famoso falcetto con cui aveva in gioventù tagliato i testicoli al padre Urano. Ora lo regala a Giano come oggetto di tecnologia avanzata nel lavoro della terra. Giano apprezza, l'acciaio era un metallo sconosciuto e, con la vicinanza di questo amico potente, accelera le riforme con cui vuole far progredire ulteriormente il mondo.

Inventa le monete. Inventa le navi cominciando a portare gente e merci dalla Tessaglia, la sua vecchia patria, verso l'Italia. Di questo suo amore per i trasporti c'è un riscontro storico. La prima moneta di Roma, quando fu inventato il denaro, aveva da una parte l'effigie di Giano e dall'altra quella di una nave.

Quando Giano morì divenne un dio. Era il destino degli uomini che si erano impossessati del loro tempo e lasciavano molte cose di sé di cui parlare. Giano fu anzi un grande dio, il più importante della religione romana arcaica. Gli furono attribuite moltissime competenze. All'inizio fu battezzato come dio del Sole, corrispettivo maschile di Diana dea della Luna. In realtà il Sole era il padre di tutte le cose: la sua luce porta energia, senza quella luce non ci sarebbe vita, non si vedrebbe nemmeno la Luna. Giano è l'equivalente di Zeus, come dice la radice stessa della parola dio, *divus*, la stessa di Zeus e del sanscrito Dyaus.

In generale Giano è il dio dei passaggi, dei limiti, dell'andare e del ritornare. La sua forza e la sua importanza stanno proprio in questo: Giano non diventa solo il dio delle cose, ma di un concetto, *il divenire*. E tutto passa, tutto diviene nel mondo. Il giorno, la notte, la vita, la morte, la pace, la guerra, perfino il denaro. Giano è l'essenza del mondo. Lo ritroveremo moltissime volte nella storia di Roma e in quella particolare di Romolo. Per il nostro racconto basta sapere della sua amicizia con Saturno. Perché è con Saturno che Roma si avvicina.

Ancora al tempo di Romolo, l'anno ha la stessa durata di quello di Saturno, 274 giorni, il tempo esatto di una gravidanza. Dal 15 marzo al 23 dicembre, questo è l'anno operativo della Roma antica che verso fine dicembre festeggia i Saturnalia. Festa del mondo alla rovescia, uno scherzo dell'anno che finisce dove i poveri fanno i ricchi e viceversa. Una specie di grande carnevale. Sono i giorni del paradosso generosamente concessi dai patrizi ai plebei perché il popolo si diverta e non protesti. Funziona per molti anni, non per sempre. I Saturnalia saranno presto fonte di duri scontri sociali. Ma non ancora all'epoca di Saturno né a quella di Pico, suo figlio, identificato dai mitografi nel picchio verde, l'uccello caro a Marte che insieme alla Lupa contribuisce a nutrire Romolo e Remo. Sempre Marte, il dio che resta per molto tempo il più importante ed è dovunque nella leggenda di Roma.

Pico e l'amore di Circe

Pico dunque è figlio di Saturno, bellissimo e sfortunato. Nasce quando tutto il Lazio vive il tempo dell'Età dell'oro. Pico cerca di essere semplicemente all'altezza del padre. Se Saturno regnava su Saturnia, Pico regna sugli aborigeni, i nativi laziali, il popolo originale delle terre che poi diventeranno latine. La città è Laurento, in fondo alla strada Laurentina, tra Ostia e Latina, forse nell'attuale Pratica di Mare, forse nel posto stesso in cui Enea fondò poi Lavinio. Comunque, continuando la lezione di Saturno, Pico cerca di insegnare alla sua gente il modo per rendere fertile la terra attraverso la concimazione. Da qui il sospetto che suo padre potrebbe non essere il dio Saturno, ma una divinità minore e più appropriata: Stercutus, il dio dello sterco, elemento decisivo nella concimazione, cui Pico fa erigere un sacello a Roma. Un sacello è un piccolo tempio, chiuso o aperto, una piccola superficie interamente dedicata a una divinità e all'idea che rappresenta.

La leggenda racconta che Pico era molto bello, aveva il fisico del guerriero ma anche la gentilezza del signore. Era giovane, amava cavalcare nelle foreste in grandi corse solitarie, verificare direttamente la condizione dei propri sudditi e giocare con loro alla guerra. Soprattutto amava sua moglie, la bellissima Canente, figlia di Giano, re di Roma, e di Venilia. Era un perfetto quadro da Età dell'oro che fu improvvisamente spezzato da un problema di sesso.

Pico, lo abbiamo detto, era molto affascinante. Molte dee, molte ninfe, gli avevano mostrato il loro amore senza che lui vacillasse. Era ancora perdutamente innamorato di Canente e non aveva pensieri che per lei. Questa fedeltà aumentava lo smacco e il livore delle dee che s'invaghivano di lui. Pico divenne per tutto quel mondo l'uomo da far cadere in tentazione. Meglio, nel peccato.

Un giorno, cavalcando, si perse nelle foreste a sud di Laurento fino a entrare nel territorio di una divinità potente e capricciosa, la maga Circe, la stessa che aveva tenuto prigioniero Ulisse trasformando in maiali tutti gli uomini del suo equipaggio. Circe era ancora molto seducente e pretendeva amore. Quando vide Pico nel bosco se ne innamorò pazzamente. Con i suoi trucchi lo attirò sempre più dentro la foresta e gli offrì il suo corpo. Pico non era un uomo di mondo come Ulisse. E non sapeva mentire. Rifiutò Circe e cominciò a disperarsi per la lontananza della sua Canente. Circe reagì come spesso fanno gli dei delusi, punendo chi causa il loro dolore. Colpì Pico con la sua magia e lo trasformò in un cinghiale. Poi cercò di nuovo di farsi amare. Sarebbe tornato un uomo se avesse accettato di rimanere con lei dimenticando Canente. Ma Pico rispose ancora di no. Furibonda, Circe stavolta lo trasformò in un picchio, un uccello che avrebbe continuato a sbattere il becco inutilmente contro un albero per tutta la vita.

Pico diventa così il Picchio, uno dei simboli sacri di Marte. Entra nel giovane Olimpo romano e contribuirà, con la lupa, qualche secolo dopo, a tenere in vita, nutrendoli, i figli di Marte e Rea Silvia, cioè Romolo e Remo.

Canente, disperata, cercò Pico attraverso spiagge e foreste senza trovarlo per sei giorni e sei notti. Finche si abbandonò esausta e si rassegnò al destino, dissolvendosi letteralmente nell'aria come nebbia della notte. Era stata innamorata e leggera, un piccolo ostacolo davanti agli egoismi degli dei. Fu sentita cantare un'ultima volta dalle sue ancelle, da tutto il suo popolo che le raccomandava di tornare. E poi fu vista sbiadire quasi improvvisamente sulle spiagge della riva del Tevere. Tornata al niente che era diventato Pico.

La complessità di Fauno

Una storia bella e terribile che andò avanti comunque. L'amore tra Pico e Canente aveva generato Fauno, un uomo, un dio, un enigma, il personaggio più complesso di tutta la mitologia romana. Il nome Fauno viene da *qui fauet*, colui che favorisce. Questo significa che fondamentalmente era considerato un dio buono.

Fauno è personaggio centrale nella storia pre-romana. È dovunque. Fauno è l'anello di congiunzione fra i due popoli del mito, troiani e latini. È il mistero che tutto conosce e che aiuta il destino a compiersi. Fauno è il dio del bosco, dei pastori, delle greggi, del verde, dell'aria che si respira, dei rumori misteriosi e paurosi delle foreste. Conosce il passato e il futuro. Fauno è bellissimo e fa impazzire le donne, ma si accoppia anche con gli animali. Quando nei greggi tori e montoni sono stanchi, è lui che si fa carico della bisogna. Fauno è passionale, a volte violento, avventuroso, ombroso, selvaggio. È gaudente e dispettoso. Sveglia di notte i pastori fingendo di essere una volpe, ma è anche *Lupercus*, cioè protettore dei lupi. Fauno è l'istinto che vuole essere accontentato. Nel tempo che passa, Fauno diventa tutto, re e dio, magnifico e storpio. La mescolanza finisce alla fine per trasformarlo nel figlio di Pico, padre a sua volta di Latino, il re che avrà molta importanza nella storia di Enea, quindi di Roma.

La leggenda dice che, durante il suo regno, Fauno salvò uno sconosciuto che stava naufragando e lo portò nella sua casa. Lo sconosciuto era Evandro. Ne nacque un'amicizia profonda, reciproca. Quando costruì la sua città sul Palatino, in risposta all'ospitalità avuta, Evandro consacrò una grande grotta a Pan Lycium, cioè Fauno. Era nella parte occidentale del colle, quasi all'inizio della salita. Si chiamò Lupercale. È in quella grotta che Romolo e Remo furono trovati dalla lupa che li allattò. E i Lupercali diventeranno la grande festa di Fauno. Quando, circa settecento anni, dopo Marco Antonio cercò di nominare Cesare re in pubblico, lo fece nel corso della sua carica di Lupercale, cioè sacerdote addetto alla festa. Il tempo passava, ma Fauno era ancora lì a dettare i tempi.

Evandro e Fauno, nelle due lingue originali, quella greca e quella latina, hanno suoni simili e significato quasi identico. La somiglianza favorì la mescolanza, è probabile che uno sia diventato l'altro, cioè un re greco che diventò latino e viceversa. Soprattutto un dio latino si identificò con uno straniero dando alla città che nacque il senso di un'unità divina.

Se Fauno accettò subito Evandro e gli propose alleanze, chi non ne voleva sapere era Erilo, il mostruoso re di Preneste. Erilo era come il Gerione di Eracle, aveva tre corpi e in più tre vite. Era molto vicino a essere immortale. Ma gli dei stavano dalla parte di Evandro, che infatti affrontò Erilo e lo vinse.

La vittoria di Evandro su Erilo ai piedi del Palatino riportò Fauno al suo ruolo divino. Produsse un miracolo. Fauno diventa altri da sé, si moltiplica. Nascono i Fauni. In epoca classica diventano divinità campestri, forestieri, gli equivalenti dei satiri greci. Siamo dentro forme di divinità latine, accoppiate a forme greche, ma fondamentalmente latine. I Fauni, come i satiri, hanno natura doppia, metà capre e metà uomini. Hanno volto umano, spesso corna, gambe e zoccoli di capra. Post scriptum: non cercate la logica, godetevi, se vi piace, la favola.

Il culto di Fauno ha comportato fin da subito la festa dei Lupercali, cioè la processione dei Luperci (mezzi *lupi* e mezzi *hirci*, capre), durante la quale giovani nudi correvano colpendo con strisce di pelle di capra le donne che incontravano. Si pensava che queste flagellazioni attirassero sulle vittime le attenzioni della dea della fecondità. Di sicuro erano molto spettacolari. La corsa folle lungo tutto il perimetro sacro della vecchia città, *il pomerio,* cioè il post murum, il filo di terra che era oltre la linea originale tracciata dall'aratro di Romolo.

Ma più spesso i Lupercali erano veri e propri eccessi di libertà che finivano con il riconoscimento di un giovane leader. Il migliore, il primo nella corsa, il più forte o il più bello. Comunque a lui si procuravano ferite a sangue sulla fronte per poi curarle subito dopo con il latte di capra. Un'iniziazione divina che partiva dalle esigenze primitive dei giovani uomini. Remo è il primo vincitore della corsa dei Lupercali. E la grotta deve ancora essere scoperta. Quasi certamente Augusto ha costruito la sua reggia esattamente là sopra. Chi scoprirà la grotta del Lupercale avrà compiuto automaticamente la più grande scoperta archeologica del tempo. Perché avrà scoperto dove sono stati salvati e nutriti Romolo e Remo.

L'intermezzo di Eracle

Anche Eracle arriva alla corte di Evandro sul Palatino. Questo ha contribuito a costruire una seconda versione della fondazione di Roma dove l'eroe fondatore non è più Enea, ma lo stesso Ercole. Per raccontarla servirebbe un altro libro. Io resto dalla parte di Enea. Questo non toglie che Ercole abbia compiuto imprese nei luoghi stessi in cui nacque la città. E non solo di natura guerriera.

Ercole arriva sul Palatino dopo una delle sue imprese più celebri, l'uccisione di Gerione al di là dell'Oceano, oltre il mondo dei Morti. Gerione aveva armenti stupendi, buoi e vacche di una bellezza irresistibile. Per averli, Ercole affronta e uccide Gerione. Viene poi a purificarsi dall'impresa nel Lazio e porta con sé la sua fantastica mandria. Ercole non cerca nuove guerre. È disteso sulla sabbia del Tevere a riposare mentre i suoi animali pascolano sereni vicino al foro Boario.

Il potentissimo Caco, ritenendosi quasi a ragione immortale, vista la bellezza di questi armenti, decise di rubarne almeno un po'. Ne prese quattro, i più belli, e sperò che Ercole non si accorgesse di niente. Per sentirsi sicuro fece uscire dalla loro tana i buoi camminando all'indietro, in modo che sembrasse stessero entrando.

Il trucco era importante, ma furono gli stessi buoi a svelarlo. Mentre Ercole, impazzito di furia, stava cercando quelli che mancavano, questi muggirono per farsi riconoscere. Nacque un duello all'ultimo sangue fra Caco ed Ercole. Caco aveva tre teste e tre vite. In più da ogni testa soffiava fuoco. Era un avversario quasi impossibile anche per Ercole. Soffiava fuoco dalle tre bocche e teneva lontano il figlio di Zeus. Sembra che Caco, salendo lungo la collina, avesse portato i buoi in una caverna e là li avesse rinchiusi con delle grandi pietre. Ercole fece saltare le pietre una a una, liberò i buoi e uccise Caco affrontandolo finalmente su un territorio libero da trappole. Poi sacrificò a Giove Inventore immolando tutti i nemici affrontati, buoi e Caco compresi.

Evandro lo ringraziò per aver liberato la sua terra da un bandito così potente e fondò in suo onore il culto dell'Ara Maxima, fra il Palatino e l'Aventino, dove si era sostenuta la lotta. Così Evandro portò avanti nel tempo Pallantea, la Roma prima di Roma, una piccola città ancora così piena di miti da rimanere sospesa tra leggenda e realtà.

Ci sono però delle prime conseguenze da trarre. Perché improvvisamente tutto converge sulla leggenda di Evandro, da Fauno ad Ercole? Cosa vuole dirci il mito? Credo che le risposte siano queste.

La leggenda:

1) rende miracoloso e per questo presto abitato il Palatino, che deriverebbe il suo nome proprio da Pallanteo il nome del figlio di Evandro e futuro nome della città. Da Pallanteo deriverebbe anche il termine Palatium, palazzo.

2) lega da subito i greci alla tradizione romana. Fino a Fabio Pittore, primo storico romano, che scrive al tempo delle guerre puniche (220-200 avanti Cristo), a parlare di Roma furono solo storici greci. Nella convinzione che Roma fosse nata come città greca, ipotesi definitivamente scartata.

3) prepara l'ingresso di Enea nella saga. Cosa fondamentale.

4

LA DIFFERENZA DI AFRODITE ED ENEA, UN EROE QUALUNQUE

Evandro vive circa sessant'anni prima della guerra di Troia, cioè oltre il 1200 avanti Cristo. Anni abbastanza oscuri, quasi solo di mito. La leggenda dice che Evandro in gioventù conobbe Anchise, eroe povero della guerra di Troia. Dove dominavano i re delle città greche e i figli di Priamo, re di Troia. Enea non era né l'uno né l'altro. Era nipote di Priamo, ma senza che ci fosse trasporto fra loro, né comunione di idee. Enea era stato anzi molto duro con la causa della guerra. Due popoli non avrebbero mai dovuto uccidersi per il rapimento di una donna. Aveva ragione Menelao a chiedere la moglie o la vendetta. Enea era un contadino pratico del monte Ida, ricco di greggi da pascolare, costretto a combattere per la città che gli era vicina e per la famiglia di sua moglie Creusa, figlia di Priamo.

Nessuno tra i poeti ricorda Enea nella guerra. Non compie imprese. Lotta per la sua città, ma non è convinto. Non crede alla giustizia di quella guerra. Non si può rubare la moglie a un marito come ha fatto Paride e pensare di avere ragione. È però figlio dell'amore della dea Afrodite con suo padre Anchise, che tutti raccontano bellissimo come il figlio. Questa almeno è una certezza. Tutti i testi, tutti i poeti, sono concordi nel dire che Anchise ed Enea erano due uomini estremamente affascinanti, capaci di grandi seduzioni su donne terrene e su dee curiose come Afrodite.

Lo straordinario mondo di Afrodite

Qui entriamo nel mondo straordinario e complesso della dea dell'amore. Quasi tutti gli dei dell'Olimpo dipendevano da Afrodite. Solo Zeus, Giunone ed Estia riuscivano a tenersi lontani dalla profonda carnalità che Afrodite spargeva intorno a sé. Sono veramente tanti i momenti in cui il mondo greco gira solo perché Afrodite lo vuole. Non è solo la dea dell'amore, è di più. È la padrona dei sentimenti, la dea della perdizione totale. È lei che porta oltre l'umano perché è la dea dello smemoramento. Come Chaos non significava confusione, ma lo spalancarsi del vuoto, l'abisso, l'improvviso trovarsi davanti al niente, così Afrodite è l'opposto. È la materia, la carne, la sostanza, è l'amore che appaga e che perde, ma è sempre un traguardo, una conquista. Quando passa Afrodite c'è una conseguenza, non passa invano. Ma il risultato è gestito soltanto da lei. Nessuno sa dove porterà l'amore, la passione, l'annientamento dei sensi. Afrodite è la promessa di uno struggimento, è la poesia del prima, non si occupa delle conseguenze. Cosa l'amore produca non è un suo problema. Appartiene alla ragione. Afrodite è pura passione, istinto comune, animale e umano, pura perdizione, dimenticanza.

Si vive per sapere, ricordare o dimenticare? I greci erano per il presente, i cristiani per il passato, i romani per quello che serviva. I greci adoravano Afrodite nei suoi templi, i romani ne costruivano di nuovi per avere un amore diverso, più fedele e controllabile. Afrodite non è una dea leggiadra, è il turbamento, il senso materiale della vita, è l'avanguardia delle sue tragedie. È l'amore che guida il ballo, il suo bisogno di essere esclusivo, il suo trionfo di colori, il suo dolore inevitabile. Afrodite è l'intelligenza di Zeus, la sua mano sugli uomini. Zeus non ha attributi, non ha caratteristiche. È immenso e fermo, con i suoi fulmini in mano. Non ha risposte, deve essere sempre esagerato negli interventi. Afrodite è l'inganno e la verità, Afrodite è la vita, il tutto e il peggio. Zeus può non esserci, Afrodite è condannata a vivere ogni minuto. È la dea dei nervi, del trionfo e della sconfitta. Del massimo e del minimo. Afrodite è l'eccesso che gli uomini vogliono essere ma hanno paura a vivere.

Afrodite nasce dai testicoli di Urano. Ricordate l'attacco col falcetto di Crono al proprio padre che aveva la cattiva abitudine di nascondere dentro di sé tutti i figli che Gea gli generava? Crono si ribella in nome della madre e di tutti i fratelli ingoiati dal grande Urano. Con la falce consegnatagli da Gea riesce a tagliare i testicoli del padre. Ma dove vanno a finire i divini genitali? Cadono nel mare. Per molto tempo, forse anni, si muovono quasi intorno a se stessi, causando una schiuma che li protegge e li caratterizza.

A questa schiuma venne dato un nome, *Aphros,* finchè da tutto questo ribollire di mare nacque una bellissima fanciulla. Nuotò prima verso l'isola Citera, poi prese decisamente la strada per Cipro. Qui arrivata, uscì dal mare e dove metteva piede cresceva un'erba giovane, come un favore del vento. La dea fu chiamata Afrodite perché nata dalla schiuma. Il suo destino di dea diversa, profondamente legata all'amore, fu deciso dall'aiuto e dalla collaborazione che le diedero gli dei Eros ed Imeros. Quest'ultimo era l'altra faccia di Eros, colui che rappresentava il desiderio, la pura voglia di possedere un altro essere umano. Afrodite fu forse l'unica dea spinta più dal bisogno fisico che dalla realtà mitica. Nasceva per rappresentare il bisbiglìo delle fanciulle, il loro rimanere sospese fra peccato e speranza. Ma sapeva diventare il male dell'anima più conclamato, la pura violenza sessuale o restare per sempre nell'anticamera di qualunque debolezza.

Questo la faceva temere da tutti gli dei, la sua ingestibilità. E spiega perché Zeus abbia preteso che fosse data in moglie prima a Efesto, il meno brillante fra gli dei, il claudicante Vulcano dei latini, il più tranquillo degli immortali; ma quasi per ricompensa naturale le sia stato dato per amante il grande Ares (Marte), il dio di qualunque passione.

Afrodite e Cipro

A Cipro, il suo vero quartier generale, Afrodite trovò le Ore che la vestirono e in sostanza la coprirono dalla sua nudità di donna uscita dal mare. Ma una dea nuda, per giunta bellissima, perfetta, non era prevista nell'Olimpo.

Non la gradiva nemmeno Temi, l'amante che aveva con Zeus concepito le Ore che adesso le facevano da schiave.

Afrodite spezza l'equilibrio dell'Olimpo più di ogni altro dio. Questa strana dea che nasce dalla schiuma del mare è capace di far nascere passioni incontrollabili. Le Ore sono però a loro volta esseri divini perché figlie di Zeus e Temi. Sappiamo da tempo che Zeus disperde il suo seme, non ha altri scopi. Ma Temi, nell'accoppiarsi con lui, che scopi perseguiva?

Le Ore sono tre ragazze che rappresentano tre virtù: Giustizia, Disciplina e Pace. Pensateci un momento, qualunque popolo riuscisse a maneggiare queste virtù fondamentali sarebbe immensamente davanti agli altri. Sarebbe destinato a governare. Proprio per questa loro vastità, i greci finirono per chiedere troppe cose alle Ore, che in realtà non potevano che essere divinità secondarie. È uno dei limiti del mito. Un sentimento inferiore domina improvvisamente la scena e la storia non sa più distinguere fra quello che è e quello che dovrebbe davvero essere. Il mito compie a volte straordinarie operazioni di marketing che niente hanno a che vedere con la realtà. Il mito e il marketing sono in fondo molto simili. Trasformano entrambi la realtà. L'intera storia dell'alba di Roma è di questo genere. Ne consegue che bisogna capire il senso della storia e quello della leggenda. Rendersi conto che qualunque verità diventa vera solo se è condivisa dalla maggioranza. Altrimenti è solo una bugia dei pochi.

Virgilio nell'Eneide trasforma il racconto di Enea in una vera e propria storia. Non è difficile capire perché

Virgilio scrive. Siamo al tempo di Augusto, nessuno insegue la poesia in quanto tale. La poesia è semplicemente una diversità, un eccesso. Virgilio con Orazio e Ovidio è uno dei giovani arditi romani che giocano a traversare il Tevere nuotando con un solo braccio, tentando di diventare subito leggenda. Bisogna immaginare questo circo di ragazzi come un piccolo popolo giovane sostenuto dall'imperatore che si aspetta da loro una cronaca grandiosa delle proprie gesta. L'informazione a Roma, come sette secoli prima ai tempi di Esiodo in Grecia, passa ancora attraverso la poesia. E i poeti per vivere devono avere chi paga le loro opere in anticipo. Non esistono librerie, non esistono libri. Si scrive dunque per compiacere qualcuno.

È un momento in cui tutti sentono nuove verità, ma non è mai chiaro quali. Cesare ha portato la modernità, Augusto ne è diventato l'esecutore perfetto, la vecchia Roma repubblicana sta morendo, la nuova ha bisogno di avere un inizio che la nobiliti. La chiave della realtà sembra a un passo, ma non arriva mai. Chi scrive non lo fa per necessità interiore, si scrive soprattutto per dare un parere, per uscire dalla mischia. E per avere una ricompensa dal padrone. L'errore è pagato come la verità, basta sia leggibile, credibile.

Virgilio scrive l'*Eneide*, riempie di nobiltà troiana una Roma arcaica che praticamente esiste solo per sentito dire e per premio riceve le terre della sua infanzia nel mantovano. È felice come un bambino quando Augusto gli consegna la chiave. Non c'è niente che avvenga per caso. Non esiste una stampa libera perché non esiste una stampa che si venda. Comandano gli editori mecenati, che sono poi coloro che devono godere del canto dei poeti. Ingenuamente ma non troppo, Virgilio è il migliore del gruppo, detta la linea, ma è chiaramente dentro l'equivoco. A metà strada nell'operazione si ritrova già ricchissimo.

Perché Enea?

Più curioso è semmai capire come la leggenda si arrenda al mito. Perché Virgilio e quell'epoca di intellettuali scelgono Enea come inizio nobile. Enea è un bellissimo personaggio dell'epopea acheo-troiana, ma è uno sconfitto, uno che fugge. Si dice sia un grande guerriero, ma nessuno ricorda un suo duello spettacolare. Quando Achille lo va ad attaccare sul Monte Ida, Enea si avvicina precipitosamente alla morte e viene salvato da una nuvola mandata lì da sua madre Afrodite. Non esattamente una fine gloriosa.

I suoi meriti sono essenzialmente tre. Ha sangue divino, è figlio di Afrodite, è un semidio. Cioè sempre la stessa cosa. Suo figlio Ascanio, che per i romani diventerà Iulo, fonderà Albalonga e una dinastia che nella leggenda si allungherà fino a Cesare. Da Iulo nascerà la gens Iulia. E Augusto è il figlio adottivo di Cesare, gli viene quindi data, attraverso Enea, origine divina.

Enea forse non è stato un eroe di prima grandezza, ma è stato l'unico che nel momento del panico ha pensato a salvare i propri familiari. È partito da Troia in fiamme con suo padre Anchise sulle spalle e suo figlio per mano. È un uomo per bene, con principi sani. Non darà cattive sorprese ha chi ha puntato su di lui per farne l'iniziatore di un impero. Ha le grandi virtù dell'uomo medio.

C'è infine una terza ragione. Forse Virgilio e Mecenate avrebbero preferito un eroe greco, un vincitore, come punto di partenza di Roma. Nelle discussioni tra amici poeti veniva spesso fuori il nome di Nettolemo, il figlio di Achille che finì per decidere la guerra di Troia. Ma Nettolemo e tutti gli altri eroi greci erano tutti tornati nelle loro città oppure erano scomparsi nei viaggi di ritorno. Non ci si poteva costruire niente. Serviva uno la cui vicenda potesse essere gestita, romanzata. Qualcuno che potesse arrivare alla foce del Tevere senza grandi timori di smentita.

Così nasce Enea nel mito di Roma. Ma c'è un altro straordinario modo in cui Enea viene concepito.

La dea dell'amore e il contadino

Ad Afrodite, Anchise era stato raccomandato da Zeus. Il grande padre degli dei era spesso preoccupato per la sua straordinaria bellezza e per la facilità con cui Afrodite la portava in giro per l'Olimpo. Gli dei erano più sensibili alla carne degli uomini proprio perché dei. E Afrodite era di una bellezza inaudita, portava dentro di sé la luce. Così Giove tendeva sempre a darle consigli che la tenessero occupata. Anchise era uno degli uomini più affascinanti del mondo. Che andasse dunque da Anchise.

Afrodite vide Anchise assorto sui suoi pascoli del monte Ida, ad est della città di Troia. Anchise era davvero bellissimo come diceva Zeus. Ma Zeus cercava di darle un marito, mentre Afrodite cercava un amante.

Afrodite non ha dubbi, capisce subito di essere innamorata di Anchise, ma ha bisogno di pensare una storia. Non può manifestarsi nel suo splendore, gli occhi di Anchise non reggerebbero. Né a una dea è dato giacere con i mortali. Torna dunque velocemente a Pafo, tra le Ore, le sue ragazze che sanno come truccarla per presentarla a qualunque amante seducente ma umana.

Quando torna sul Monte Ida, Afrodite è seguita da lupi e leoni, elefanti, decine di animali selvaggi richiamati dall'istinto dell'accoppiamento. C'è il vento caldo dell'afrore nell'aria mentre Afrodite sale verso i pascoli di Anchise sull'altura. Via via che la dea cammina, gli animali si appartano e si accoppiano, onorano la loro padrona, contribuiscono a rendere irripetibile il momento. Proviamo a immaginare questo Golgota alla rovescia, completamente pagano ma dedicato soltanto a uno spirito che diventa carne. Il desiderio della dea non può che essere il desiderio di tutti gli esseri viventi del monte. Il senso del suo piacere la segue e inonda quello che la circonda.

Vestita con trine d'oro Afrodite è bellissima, ma il suo vestito da umana è semplice come quello di una contadina. Sa di essere irresistibile per qualunque occhio umano. E lei vuole Anchise come nessun altro in quel momento. Il pensiero magico si è messo in moto. Anchise è già innamorato di questa creatura che gli è apparsa in fondo al sentiero. La vede così bella da dubitare che sia una donna. È forte il sospetto che sia una dea, anche se non pensa alla dea stessa dell'Amore.

Arrivata finalmente sulla cima del monte, davanti alla capanna di Anchise ancora chiusa, Afrodite liberò gli ultimi animali dall'impegno di annunciarla e diede loro il compito di amarsi. Poi entrò nella tenda dei pastori dove trovò Anchise da solo. Stava suonando il flauto, chiaramente imbarazzato.

Afrodite si presentò come una ragazza mortale. Aveva solo modificato il vestito che adesso era rosso con trine d'oro e metteva in particolare evidenza i suoi seni perfetti. Il povero Anchise cadde in ginocchio e avvampò subito d'amore. La salutò come fosse una dea senza sapere ancora chi fosse e promise altari e sacrifici. La pregò anzi di proteggere lui e i suoi familiari.

Afrodite s'inventò allora una lunghissima frottola per liberare Anchise da un'eccitazione dedicata alla dea e non alla donna, quindi solo dovuta. Gli disse che era una ragazza umana, figlia di un re della Frisia che conosceva la lingua dei troiani. Nei suoi giochi era abituata a danzare nel coro di Artemide insieme alle Ninfe. Lì era stata rapita da Ermes che la voleva ad ogni costo dare in sposa ad Anchise il troiano. Giocando con profonda civetteria la sua parte, Afrodite continuò dicendo che aveva pregato Ermes di fargli conoscere il suo sposo, ma che adesso questi, Anchise, non avrebbe dovuto toccarla, non prima almeno di averla presentata ai suoi genitori e ai suoi fratelli. Cioè alla sua futura famiglia. Afrodite, per essere del tutto convincente, disse che Anchise, da parte sua, avrebbe dovuto mandare un messo ai genitori di lei per specificare la dote. Solo dopo aver assolto tutti questi obblighi avrebbe potuto essere sua.

Era chiaramente un gioco erotico. Dicendo che non era una dea, Afrodite aveva in pratica detto ad Anchise che non c'erano limiti, potevano entrambi fare dei loro corpo quello che volevano a partire da subito. Infatti Anchise rispose eccitato: «Se tu sei una fanciulla mortale e per di più destinata a diventare mia sposa, nessun dio o nessun uomo può tenermi lontano da te. Anche se Apollo dovesse in seguito colpirmi a morte, io voglio amarti subito».

Nella capanna c'erano coperte di lana su cui erano stese pelli d'orsi e di leoni abbattuti dallo stesso Anchise. Afrodite lo seguì fino al letto sempre voltandosi indietro, come se Anchise stesse dolcemente approfittando della sua debolezza. Ma il gioco era alla fine, stava per cominciare l'amore. Anchise le tolse gli ornamenti, sciolse la cintura e la vide nuda. Nemmeno allora Afrodite gli disse di essere Afrodite. Solo quando la notte stava finendo e la prima luce entrava nella capanna, Afrodite svegliò Anchise che dormiva soddisfatto e si mostrò in tutto il suo splendore di dea.

Anchise restò atterrito, capì che aveva passato la notte con la dea dell'amore e questo lo terrorizzò. Si coprì gli occhi con le mani, nessun umano può guardare un dio negli occhi. Chiese scusa per averla amata e implorò salvezza. *Qui comincia la storia di Roma*. Afrodite dettò ad Anchise le sue condizioni. L'amore di quella notte avrebbe partorito un figlio. Ad Anchise sarebbe stato portato da una delle Ninfe come se fosse stato figlio di una di loro. Anchise non avrebbe mai dovuto dire a nessuno che aveva concepito quel figlio possedendo una dea, altrimenti sarebbe stato colpito da uno dei fulmini di Zeus. Quel figlio, che avrebbero chiamato Enea, avrebbe fondato una città destinata a comandare il mondo.

Tutto si realizzò. Enea arrivò nel Lazio, si mescolò ai latini, i suoi discendenti fondarono Albalonga e da Albalonga caddero su Roma. Ma Anchise, si dice, commise un errore inevitabile. Non mantenne la promessa del silenzio. In una sera di vino raccontò agli amici la sua notte d'amore con la dea. E Zeus gli scagliò addosso un fulmine che lo reso storpio. Secondo un'altra leggenda, Anchise perse la vista dopo aver visto la luce abbagliante della nudità di Afrodite. Ma Anchise comunque aveva avuto il suo premio celeste. E in fondo non era stato che un pretesto.

Le infedeltà di Afrodite

Afrodite è destinata all'equivoco. Il suo Amore, il bene che rappresenta, non è univoco. Ha molte sfumature. I greci amano spesso giacere con i fanciulli. Come può questo coniugarsi con la morale di un dio? I greci non si preoccupano di dare una risposta. L'amore tra ragazzi e uomini esiste da sempre, fa parte della loro cultura. Coinvolge gli dei. Come tutte le cose troppo forti e naturali, dio incassa, non detta le regole. Si limita a prenderle dalla vita. Così Afrodite non diventa tra i Greci solo la dea dell'Amore, ma diventa la forma femminile di Zeus, l'altro dio, padre o madre. Era, la moglie di Zeus, non ha la sostanza trasversale di Afrodite, è battuta dal suo stesso equilibrio di grande madre. È Afrodite che conquista qualunque tempesta. Che resiste al centro della vita.

Afrodite non è una donna semplice. Ha dentro di sé le migliori doti della femmina. È bella, si compiace di essere instabile, di tradire così come l'uomo tradisce, resta profondamente madre perché segue i suoi figli per tutta la loro vita. Li guida, li aiuta. Ma Zeus è spaventato dalla bellezza di Afrodite e dai suoi poteri struggenti. Zeus controlla gli elementi, ma non la straordinaria spinta sessuale che Afrodite genera sulla terra. Naturalmente gli piacerebbe amarla, non è nemmeno sua figlia, ma capisce che Afrodite è una formidabile fonte di problemi. Per questo le ordina di trovare marito. Per chiuderla dentro regole. Per disinnescarla. Anzi, è lui stesso che glielo cerca, una prepotenza divina che porta alle nozze dell'oscuro Efesto (il Vulcano dei Latini) con la più bella donna del pianeta e dell'Olimpo.

Efesto è un lavoratore, sgobba per tutti, vive tutto il giorno tra fiamme e vapori, non è bello, è piccolo e storpio. Anche lui ubbidisce all'ordine di Zeus. Sa che avrà più problemi che piaceri dal matrimonio con Afrodite, pretende solo rispetto. È un dio lavoratore, non può preoccuparsi della fedeltà della moglie. Sono perdite di tempo e di amor proprio. Avrebbe bisogno di una sposa devota, ma naturalmente Afrodite non lo è. Ares, Marte, la concupisce sempre più da vicino e alla fine conquista senza grandi difficoltà il corpo della dea. Torna l'inizio della mitologia romana. Ares, il Marte dei latini, è il dio da cui tutto si origina. Romolo e Remo sono figli suoi.

Efesto però non è uno sciocco. Si è chiesto fin dall'inizio perché una donna così bella sia stata data a lui. Subodorando l'inganno, si è organizzato. Ha costruito un lenzuolo di molle metalliche leggere che cadendo addosso al corpo dei peccatori praticamente li imprigiona. Se Afrodite andrà a letto con il suo amante, Efesto non solo lo saprà, ma potrà essere solo lui a liberare la moglie dall'abbraccio dell'amante.

Così, quando Ares si precipitò una notte da Afrodite chiedendole di dormire con lui, la dea accettò. «Corichiamoci amata, godiamo il nostro amore», disse Ares. «Tanto so per certo che Efesto è lontano. È andato a Lemno, dal suo popolo di lingua straniera, i Sinti». Mai informazione fu più sbagliata. E mai sottovalutare un marito geloso, per di più immortale. Anche Afrodite desiderava comunque il corpo di Ares. Piacque anche a lei credere a Marte.

Andarono sul letto, fecero l'amore come solo due grandi dei possono fare, poi si addormentarono sfiniti. A quel punto scattarono le trappole di Efesto. Fu il Sole a fare la spia. Il Sole che dovunque sorge e tutto vede non poteva non vedere anche gli amanti. Il Sole che ha un proprio e divino senso della giustizia, una volta visti gli amanti, non poteva esimersi dal dire tutto al marito tradito. Così Efesto si ritrovò davanti alla prova provata del tradimento della propria donna. Lo stesso Marte era ancora prigioniero delle maglie del letto infernale. E non sapeva come uscirne. Tutto era chiaro e mortificante. Seguì un gran silenzio sull'Olimpo, come sempre quando sono gli dei a tradire se stessi. Poi parlò Efesto.

«Padre Zeus e voi tutti dei felici ed eterni! Venite a guardare cosa accade qui di ridicolo e obbrobrioso. Guardate come mi disonora la figlia di Zeus poiché io sono storpio. Essa ama Ares perché è bello e ha i piedi regolari. Mentre io zoppico. Ma nessuno ne ha colpa, se non i miei genitori che non dovevano mettermi al mondo. Guardate come dormono lì, nel mio letto, nel loro amplesso amoroso! Questo spettacolo mi addolora. Resteranno lì, io penso, per un pezzo, dato che si amano tanto, ma ci resteranno loro malgrado: sono le mie catene che lì terranno fermi, finché il padre non si deciderà a ripagarmi di tutto quello che ho speso per la sua figlia svergognata. Perché Afrodite è bella, ma non conosce la virtù».

Questo non voleva dire che Efesto fosse mortalmente offeso, sapeva da tempo che il suo matrimonio era un oggetto fragile. Significava che gli dei dovevano trovare una punizione adatta sia per Ares che per Afrodite. Una punizione che restituisse dignità a Efesto. D'altra parte Efesto era sempre stato giudicato un marito limitante, inadatto alla più bella fra le dee. Ma era in questo contrappasso l'equilibrio che Giove cercava. Un marito brutto e operoso che cancella in parte l'evidenza della sposa, la sua bellezza sfacciata, imbarazzante per gli dei e per gli uomini. L'equilibrio non aveva retto, Afrodite era troppo bella, troppo diversa. Non aveva solo forme, aveva luce. Era nata per essere irresistibile, per portare tutto oltre e generare. Questa sudditanza alla passione e alla carne dava ad Afrodite un potere immenso sugli uomini e gli dei. Tutto sull'Olimpo e sulla terra era gestito dall'Amore. Si riconosceva alla passione il potere di sconvolgere chiunque, fossero anche i più potenti fra gli dei. Così pensando, si dava definitivamente al mondo religioso greco un aspetto profondamente umano, una trasfigurazione continua e quasi esatta davanti a cui era impossibile sbagliare. L'Afrodite di Ares è una donna debole davanti al richiamo del sesso. Questi non sono dei per gli uomini, sono piuttosto uomini che recitano di volta in volta la parte universale degli dei. Si mescolano continuamente le carte come imponeva la parte più intima della religione greca. Il vero dio è talmente simile all'uomo da essere uomo lui stesso. L'uomo è Dio, noi siamo gli dei, la lunga continuità dell'universo. Nessuno conta di per se stesso, tutti contiamo per il nostro lasciarci qualcosa che alla fine è sempre il Tutto. Noi siamo noi stessi e tutto quello che ci rappresenta.

È un concetto travolgente che è arrivato lentamente nella storia delle religioni. Le genti dell'epoca greca, del tempo di Enea o di Romolo, credevano in qualcosa che sentivano comunque arbitrario. Giove e Giunone, in greco Zeus ed Era, non erano marito e moglie, non avevano obblighi l'uno con l'altro. Avevano compiti universali che a volte si sovrapponevano. Fu l'ellenismo, la rivoluzione del quarto secolo avanti Cristo, il mescolarsi della cultura greca con quella orientale voluta e ottenuta da Alessandro Magno, a dare un pretesto fondamentale alla religione romana. L'ellenismo, su imitazione asiatica, pensò di dare un'immagine agli dei. Ma dare un viso, un senso, quindi una sensualità agli dei, significava dar loro un'anima che rimaneva nelle mani dell'artista. Come immaginare il volto di Gesù. Nessuno lo ha mai fotografato, però è quello per tutti. Ma dei così decifrabili, con forme così comuni da diventare quotidiane, in sostanza divinità così normali, pretendevano situazioni normali. Così l'intero Olimpo greco si assestò. Si sovrapposero gli dei greci a quelli della Roma arcaica, ognuno prese il proprio nome diverso dentro un quadro stabilizzante, quasi familiare. È lì che Zeus ed Era diventano Giove e Giunone, marito e moglie, una vera grande famiglia da cui deriva tutto il resto. Il bisogno di un dio diventa bisogno di semplificazione. L'ordine familiare chiarisce inavvertitamente qualunque oscurità.

Forse interesserà sapere come andò a finire il brutto pomeriggio di Afrodite e Ares. Al richiamo di Efesto risposero subito Poseidone, Apollo ed Ermes. Le dee presenti in quel momento all'Olimpo restarono pudicamente a casa. Ermes, Apollo e Poseidone rimasero a guardare sulla soglia. Quando videro Ares e Afrodite prigionieri delle molle di Efesto scoppiarono a ridere. Solo Poseidone guardava pensieroso. Ermes non riusciva a trattenersi. Diceva: «L'azione ingiusta non porta buoni frutti. Il lento cattura il veloce». Ma soprattutto «chi è stato colto in fallo deve pagare l'adulterio».

«Di' la verità», domandò Apollo ad Ermes, «piacerebbe anche a te rimanere incatenato ad Afrodite?»

«Una condanna straordinaria. Se potesse accadere, pur di giacere con lei, sopporterei anche catene tre volte più forti».

Poseidone, il più alto in carica tra i presenti, ordinò il silenzio e si fece garante della pena, un'ammenda, che Ares avrebbe dovuto pagare per indennizzare Efesto. Poi chiamò un fabbro a rompere le catene. Efesto mugugnò a lungo ma alla fine accettò che la storia finisse. Appena liberati, i due amanti scapparono. Ares si precipitò nel paese dei traci, Afrodite andò a Cipro, nel suo tempio di Palo, dove le sue ancelle l'accolsero con un bagno e la unsero con l'olio immortale, quello che dava agli dei il loro profumo caratteristico.

Dall'amore di Ares e Afrodite nacque Armonia, l'unificatrice, bella come la madre. Secondo altre leggende furono figli loro anche Fobosn e Deimos, cioè Paura e Spavento, poi Eros e Anteros, cioè Amore e Amore ricambiato. Ma stiamo veramente perdendoci. Torniamo dunque sul Monte Ida e all'amplesso fra Afrodite e Anchise.

La fuga e l'inizio

Afrodite giura ad Anchise nella tenerezza dell'amore che la loro genia governerà il mondo. «Da mio figlio nascerà la stirpe che vendicherà Troia e dominerà tutta la terra emersa». Ognuno degli dei ha in mano una piccola parte di mondo, il richiamo di Afrodite rischia di non avere riscontri. Bisogna lottare perché questo avvenga. C'è chi sospetta tra gli dei che Troia sia stata fatta distruggere dagli achei proprio per ottenere che Enea partisse e andasse a costruirsi un destino dall'altra parte del mare, permettendo ad Afrodite di mantenere la promessa fatta ad Anchise.

Ma Enea parte da Troia presa e saccheggiata, in modo quasi disperato. Con suo figlio Ascanio per mano e suo padre Anchise sulle spalle. È chiaro che nella scelta di Enea come eroe fondatore c'è una buona parte della concezione romana della famiglia. Mentre Troia crolla sotto il fuoco degli achei, Enea non riesce ad andarsene perché non trova la sua amata Creusa. È un quadro di amore familiare completo, quello dell'addio a Troia. Enea ha il padre in braccio, il figlio per mano e lancia grida strazianti per trovare in tempo sua moglie. Ma Afrodite sa che un bellissimo eroe single può avere molta più fortuna di un eroe che cerca la nuova patria con moglie a carico. Nessuno meglio di Afrodite sa che è l'Amore, alla fine, a guidare il mondo. Enea porta l'amore. È questa la sua vera differenza. Così Enea grida, ma Creusa non appare, non arriva, scompare nella città in fiamme. E con lei scompare un peso sulla costruzione di Roma.

Disperato, il marito ha l'obbligo di continuare da solo. Lo aspettano decine di avventure dove il suo aspetto e la sua solitudine finiranno per essere determinanti. Sarà dovunque il bellissimo straniero venuto dal mare. Un divino turbamento per regine e principesse, da Didone a Lavinia.

C'è da chiedersi semmai perché Roma abbia scelto Enea come proprio inizio. Enea è un bellissimo eroe qualunque. È il contadino che ha combattuto contro Achille per difendere i suoi armenti quando Achille è andato a pressarlo sul Monte Ida, la sua casa. Ma come molte altre volte, anche contro Enea, Achille non compie azioni definitive. È il più forte ma non può esercitare la forza. Gli avversari scompaiono appena stanno per soccombere. Gli dei dell'Olimpo sembrano considerare Achille un errore di fondo. Un eccesso da eliminare. È troppo bellicoso, ha poca pietà, approfitta della propria forza. Non ha rivali, non può averne. Ma è una specie di coraggioso incolto. Agisce sempre d'istinto, per il piacere della guerra, non c'è eleganza.

Così spesso sono gli dei a complicarne la strada. Enea non può niente contro Achille sul monte Ida, è costretto a scappare e a rifugiarsi a Lirnesso con l'aiuto di Zeus. Achille è furioso, lo cerca con la spada in mano, ma non lo trova. È lì che Enea si rende conto di avere il favore degli dei. Di avere un grande destino. Ma sul Monte Ida Enea difendeva la sua terra, le sue pecore, non il suolo sacro della patria. Enea non è Ettore. Un'altra volta, sotto le mura di Troia, viene ferito da Diomede. Sua madre Afrodite riesce a sottrarlo alla spada dell'eroe acheo a costo di essere ferita lei stessa. Quando Diomede sta per finirlo, interviene Apollo che lo nasconde dentro una nuvola. Tornato in battaglia, Enea uccide due guerrieri achei celebri, Cretone e Orsioloco, ma quando i troiani attaccano il campo dei greci, non riesce ad avere la meglio su Aiace Idomeneo. Si ritrova infine davanti ad Achille quando si combatte intorno al corpo di Patroclo. Achille sta per averne la meglio una seconda volta, ma gli dei intervengono di nuovo. Stavolta è Poseidone a salvarlo, avvolgendolo dentro una nuvola. Questa storia delle nuvole, in una saga guerriera, è insopportabile. Gli dei rispettano Afrodite, di cui sono tutti segretamente innamorati, e rispettano il suo vaticinio per cui Enea sarà il fondatore di una genia invincibile. Ma lui, senza intervento divino, sarebbe morto in duello già molte volte prima di partire da Troia.

Enea non è un eroe vero. Nemmeno in Italia lo sarà. Vincerà una sola battaglia, alla seconda morirà. Non ha il taglio dell'eroe e non si sente obbligato a esserlo. È una scommessa divina, è la debolezza di una grande dea, non l'energia di un fondatore di popoli.

Enea non ha molto dell'eroe. Come scrive Andrea Carandini, d'altra parte, «caratteristiche fondamentali della vita di un eroe sono contraddizioni e ambiguità». L'eroe poche volte è positivo. Spesso è crudele, commette omicidi gratuiti, a volte uccide i propri parenti. L'eroe s'infuria, è arrogante, prepotente, sacrilego, bugiardo, è un violentatore di donne, un traditore. Per questo a volte gli dei se ne tengono lontano e, quando possono punirlo, lo fanno con abbondanza e piacere. Enea non è niente di tutto questo. Lo sarà Romolo, lo sarà Remo. Virgilio scrive l'Eneide per compiacere Ottaviano Augusto, il *figlio* di Cesare, il suo erede. E Cesare aveva sempre preteso per sé e la propria famiglia di discendere da Afrodite attraverso il figlio di Enea, Ascanio, il cui nome latino era Iulus, cioè Giulio, fondatore di Albalonga e capostipite per Cesare della gens Iulia.

Naturalmente Virgilio non inventa, elabora. La leggenda di Enea scorreva fra l'Etruria e le colonie greche già da molti secoli. Una sessantina di anni è stato trovato a Veio un gruppo di statuette di Enea con Anchise sulle spalle risalenti alla prima metà del V secolo avanti Cristo. A Lavinio è stato scoperto di recente un cippo, cioè un tronco di colonna, con la dedica *Lare Aineia dono,* che non va oltre il quarto secolo. I primi ad appropriarsi della leggenda di Enea furono gli etruschi che la conobbero forse da commercianti della Focide.

Ma la vera seduzione comune è stata Afrodite. Non ci sarebbe stato un mito di Enea in Italia (i greci lo hanno tranquillamente ignorato) se non avesse avuto Afrodite per madre.

5

IL VIAGGIO DI ENEA VERSO ROMA

Dunque Enea, perduta la moglie tra la folla di Troia morente, prende per mano il figlio Ascanio e sulle spalle il vecchio padre. Quando Agamennone lo vede, si commuove e ordina che Enea e i suoi profughi siano lasciati liberi di raggiungere il mare. Armate alcune navi mentre Troia continua a bruciare, Enea e i suoi partono, ma non hanno dove andare. Scelgono l'Occidente, navigano verso le terre dei loro nemici, toccano la tracia e la Macedonia, poi decidono di chiedere all'oracolo quale sia la loro destinazione. L'oracolo disse ad Enea di cercare la patria originaria della sua famiglia. Anchise pensò fosse Creta, da cui molto tempo prima era arrivato un loro antenato. Non era così. Creta non aveva niente da dare ai troiani. Vi scoppiò anzi in quel periodo una pestilenza che decimò gli uomini al seguito di Enea.

Una notte però Anchise sognò i Penati, gli spiriti protettori del focolarc familiarc. Di solito sono presenze invisibili, al contrario dei Lari di cui si fanno molte piccole statue, i Penati sono l'essenza stessa della famiglia. Non sono descrivibili, quindi non sono raffigurabili, perché già dentro i membri di quella famiglia. Da Troia, Enea aveva portato vie due piccole statue di giovani seduti. Erano l'immagine fisica dei suoi dei familiari. Diventeranno i Penati dello Stato di Roma e saranno adorati in un tempio sulla Velia.

Ad Anchise, in sogno, gli antichi dei della famiglia dicono che il destino è in Italia. È là, su un grande fiume, che nascerà la nuova città destinata a dominare il mondo. Partono dunque tutti per l'Italia. La strada più veloce è quella che passa tra la Calabria e la Sicilia, ma Enea non vuole passare dallo stretto di Messina dominato dai mostri Scilla e Cariddi. Decide di circumnavigare l'isola, ma deve fare scalo a Drepano, dove Anchise muore. Verrà seppellito sulla cima del monte Erice.

Didone e Cartagine

Enea riparte ma una tempesta lo spinge a sud, verso le coste africane, dove una regina fenicia fuggita da Tiro ha da poco fondato una nuova città, Cartagine. La regina si chiama Didone ed è ancora bellissima nonostante abbia già alle spalle un marito e una vita di grandi avventure. Il suo nome in fenicio era Elissa, la figlia di Mutto, re della città. Mutto aveva un altro figlio, Pigmalione, molto più giovane di Elissa. Quando Mutto morì, il popolo di Tiro scelse come re Pigmalione nonostante fosse ancora un ragazzo. Elissa sposò allora suo zio Sicarba, il sacerdote di Eracle, la seconda carica più alta della città, uomo ricchissimo. Naturalmente Pigmalione voleva per sé il denaro di Sicarba, così lo fece assassinare. Elissa capì che se voleva salvare la vita e il suo denaro doveva al più presto lasciare la città. Con un centinaio di concittadini scontenti, caricò le navi del suo oro e scappò. Pigmalione se ne accorse, ma non la inseguì. Elissa infatti fece buttare in mare con molta evidenza, perché Pigmalione li vedesse, dei grandi sacchi. Erano pieni di sabbia, ma Pigmalione si convinse che fossero l'ultimo gesto di rispetto di Elissa nei confronti del marito. Secondo Pigmalione, Elissa restituiva al marito il suo denaro, gliene faceva omaggio prima di lasciare per sempre le acque di Tiro.

Ci sono molti altri particolari interessanti che avvicinano il ruolo di Elissa, da adesso Didone, al destino di Romolo e Roma. Il primo, molto forte, è che, arrivati a Cipro, gli uomini che erano con lei rapirono ottanta ragazze per farne le loro mogli. Come ai tempi di Romolo, non c'erano donne nemmeno per i fenici.

Il secondo punto in comune è che anche Didone fonda una grande città, anzi, un'altra Roma in tutto e per tutto: Cartagine.

C'è un terzo particolare che ha fatto tanto discutere ed è quasi impressionante. A Cipro si unì alla spedizione dei fenici un sacerdote di Zeus che aveva il compito di scegliere esattamente il luogo dove doveva nascere la nuova città. Quando quel posto fu trovato e cominciarono gli scavi, si trovò fra la terra la testa di un bue. Questo non piacque, non fu giudicato di buon auspicio. Il bue sta sempre attaccato al giogo. Mentre una città deve essere fantasia, conquista.

Si scavò allora in un altro posto. Dopo pochi metri di terra fu trovata un'altra testa tagliata di animale, stavolta di un cavallo. Questo non piacque, entusiasmò. Il cavallo è il segno della guerra e della forza. Le due teste, anzi, a questo punto avevano un significato doppio. La città sarebbe stata potente per il presagio del cavallo e fertile per quello del bue.

Quando, più tardi, il re romano Tarquinio Prisco stava facendo costruire il tempio di Giove, anche qui gli scavatori si trovarono davanti una testa. Non era di bue e nemmeno di cavallo. Era la testa di un uomo. *Caput humanus*, cioè la promessa che Roma avrebbe comandato su tutti gli uomini. E da qui il nome del luogo, Campidoglio.

Tante coincidenze non volevano essere casuali. Uno storico importante, Gerschel, spiega che i romani del quarto secolo avanti Cristo erano assolutamente indignati per il fatto che Cartagine esistesse e fosse pari a Roma per ricchezza e potenza. Era una specie di piccola ossessione. Per questo la studiavano e ne confrontavano storia, costumi, caratteri, con quelli latini. «Essi vedevano in quella città fondata prima della loro e diventata rivale, una Roma che non era riuscita e non doveva riuscire a conquistare il primo posto». Ma era tanta la sicurezza, la forza, l'arroganza del modello Roma che, se Cartagine aveva quasi lo stesso successo, «si pensava potesse averlo solo facendo uso delle stesse pratiche religiose e avendo lo stesso appoggio divino, senza il quale non può esistere nulla di durevole e di valido».

Insomma, i romani marcavano stretto Cartagine perché erano convinti che conoscesse il loro stesso segreto del successo. Temevano realmente fosse un'altra Roma. Per questo non ebbero pietà nel raderla al suolo arrivando a versare il sale sulle sue rovine. Non doveva risorgere.

La principessa triste

Didone accoglie benissimo i troiani che hanno fatto naufragio sulle sue spiagge. Didone è bella e molto sola. Dalla morte del marito (Virgilio non lo chiama Sicarba, ma Sicheo), non ha più avuto un uomo. L'eroe biondo venuto dal mare, con i suoi modi lenti e gentili, la sua forza delicata, la pelle abbronzata dai viaggi, fa lentamente breccia nel suo cuore. Sta bene, Enea, alla corte di Cartagine, dopo tanto tempo anche i suoi possono riposarsi. E anche lui, perduta Creusa, non ha più amato una donna. Così succede presto l'irreparabile. Didone ed Enea vanno insieme a caccia, ma vengono sorpresi da un temporale. Si rifugiano in una grotta. Intorno c'è solo silenzio, la città è lontana, i due corpi sono vicini. Non servirebbe, ma per di più Venere e Giunone posano i loro occhi sulla grotta e vogliono ostinatamente quell'amore. Così Didone si lascia andare fra le braccia forti di Enea.

Quando si sveglia è completamente innamorata. Per lei non è stato un incidente, non pensa nemmeno possa essere qualcosa di passeggero. Ha fiducia in Enea, gli offre di dividere il regno, non può pensare a una separazione. È sicura che anche Enea la pensi allo stesso modo.

Ma Enea ha un altro destino. Glielo ricorda direttamente Giove. Qualunque sia il suo sentimento per Didone, non può fermarsi a Cartagine, non può sposare Didone. Il suo punto d'arrivo è in mezzo all'Italia, dove un grande fiume entra nel mare. Deve dare inizio alla città che non solo dominerà il mondo ma che avrà in Cartagine il nemico più forte. Enea capisce, non si volta nemmeno, non parla più nemmeno con Didone. Chiama la sua gente, va alla spiaggia, le navi sono pronte. Poche ore dopo è oltre l'orizzonte.

C'è però sapore di tragedia. Didone non può accettare questa fine. Quando vede le navi che si allontanano, fa preparare una grande pira sul punto più alto della città. Poi si butta in mezzo alle fiamme.

Verso il Lazio

Da Cartagine, Enea arrivò di nuovo in Sicilia. Qui lasciò una parte dei profughi troiani, soprattutto i più anziani, i più stanchi dopo quasi due anni di avventura sul mare. Poi si diresse verso il Lazio. Quando era ormai vicino, si ammalò gravemente la sua nutrice, Caieta, che aveva voluto ad ogni costo rimanere con lui anche quando gli altri anziani si erano fermati in Sicilia. Caieta morì pochi giorni dopo, Enea la seppellì quando già stava toccando le coste del Lazio. Fece attraccare le navi e seppellì Caieta in una località che da allora si chiamò Gaeta. Questo almeno dice Virgilio, ma ci sono anche altre leggende.

Caieta per altri sarebbe riuscita a costo della vita a fermare l'incendio che stava minacciando le navi di Enea. Una leggenda completamente diversa dice invece che Gaeta deriva il nome da Eete, il padre di Medea, che inseguì la figlia e gli Argonauti fin oltre le terre delle colonie greche.

Quello che conta è che, alla fine, dopo aver evitato con attenzione la terra di Circe, Enea arrivò alla foce del Tevere.

Perché Enea?

Non c'erano eroi greci liberi sulla piazza. Chi non era morto a Troia o lungo il viaggio di ritorno, era tornato a casa. Solo Ulisse si era rimesso in viaggio. Qualcuno ha anche tentato di mettere Odisseo sul sentiero di Roma attraverso il suo amore con Circe e la lunga permanenza nel Lazio. Ma Odisseo è un eroe ingombrante, dai troppi miti e dai troppi volti. Il pericolo di ricostruire la storia della fondazione con un eroe grande ma incerto deve aver convinto poeti e annalisti a fare un passo indietro.

6

IN ITALIA

Che cos'erano l'Italia e il Lazio quando arrivò Enea? Siamo intorno alla metà del 1100 avanti Cristo, in quell'epoca le regioni più fertili d'Italia erano l'Etruria, il Lazio e la Campania. Tre storie diverse. L'Etruria occupa il territorio che va dagli appennini emiliani al Tevere ed è popolata da gente che non parla lingue indoeuropee, ha abitudini e parole più vicine a quelle dei reti e di altri popoli alpini.

Il Lazio è al di là del Tevere, cioè a sud del fiume. La sponda sinistra è divisa fra l'Etruria e la terra sabina.

Il Lazio in quel tempo era abitato esclusivamente da Latini, anche se la popolazione diminuiva molto quando si scendeva a sud di Anzio, fino a Terracina. Era una zona di paludi che non favoriva insediamenti. Ma mentre a nord del Tevere rimanevano solo etruschi e sabini, a sud c'era gran movimento. Dalle montagne dell'appennino erano arrivati, a cercare temperature migliori, prima gli equi, poi gli ernici e infine i volsci. Si costruì una linea di confine naturale che definì per molto tempo quello che fu chiamato il *Latium Vetus* (il Vecchio Lazio). Fu in questa zona d'Italia che la corsa alla civiltà prese un ritmo diverso. Qui nacque la città-stato, cioè un insieme di genti abitanti in uno stesso luogo che rispettavano le stesse regole.

Dall'altra parte dell'appennino, lungo tutto il versante adriatico, rimasero ancora per molto tempo organizzazioni più semplici, senza momenti di forza centrale, con l'elezione di un capo solo in occasioni di guerre.

La Campania era invece la terra delle migliori conquiste e delle migliori tradizioni. Era con la Sicilia la vera terra fertile della penisola italica. C'erano grano e frutta dovunque. E tutti i popoli del Mediterraneo vi erano a turno arrivati come dentro a un lungo corridoio di civiltà e ricchezza. D'altra parte già intorno al terzo millennio avanti Cristo i commerci nel Mediteraneo erano divisi fra le navi di due popolazioni greche, quella minoica (Creta) e quella elladica, cioè Micene, la grande città del Peloponneso che fu poi di Agamennone.

Non è ancora il tempo dei veri insediamenti greci in Italia, quelli cominciarono con la fondazione di Pitecusa, sull'isola d'Ischia, nel 775 avanti Cristo, cioè una manciata di anni prima di Roma. Stiamo parlando di molti secoli prima, quando i micenei cominciarono ad arrivare sulle coste campane. Preferivano stabilirsi su isole, più facili da difendere, più facili da abbandonare. Dalle isole e dalle pianure intorno al Vesuvio, stabilirono intensi scambi commerciali con i piccoli, affollatissimi paesi del golfo di Napoli. Arrivarono a commerciare con la Puglia e a conquistare nuovc postazioni nclle isole Eolie, da cui partivano per altre scorribande

Era commercio misto a pirateria, in sostanza ognuno faceva quello che voleva e poteva. C'erano tanto mare e tanta terra libera da conquistare.

Certamente i greci di Micene stabilirono molti contatti anche con le popolazioni del Lazio. Portavano ceramica, oggetti di bronzo, armi, in cambio di metallo grezzo. È per questo che i greci hanno a lungo creduto che Roma fosse una loro città e che la storia romana partisse da un intreccio di leggende greche. Lo sbarco di Enea alla foce del Tevere è il centro di queste leggende. Alle spalle di Enea e della sua avventura ci sono insomma secoli di commerci tra greci e gli abitanti che andavano dal Po alla Calabria. Niente nasce per caso nella memoria dei popoli. Nemmeno le bugie.

Il re Latino e i latini

A una ventina di chilometri da dove sarebbe nata Roma, in un luogo che adesso potrebbe trovarsi fra Castel Porziano e Pratica di Mare, regnava allora sul popolo degli aborigeni un grande re che si chiamava Latino. L'etimologia del termine aborigeno è incerta. Oggi noi l'usiamo soltanto per definire i nativi australiani, quei popoli indigeni che gli inglesi trovarono duecento anni fa quando arrivarono nella baia di Sidney. In realtà il termine è infinitamente più vecchio della spedizione inglese. Se andate sul dizionario Zingarelli troverete che per aborigeni si intendono esattamente i primi abitanti del Lazio. Da quella comunanza il termine si estende e diventa sinonimo di indigeno, meglio ancora di nativo, come diranno poi gli americani di centocinquanta anni fa per distinguersi dalle ondate migratorie soprattutto irlandesi. Dunque, Latino è il re degli aborigeni ma diventerà l'eroe eponimo dei latini, da lui prenderanno vita un popolo, una cultura, una lingua.

Latino nasce re degli aborigeni ma muore re dei latini: Come avviene questa trasformazione che cambia i termini della storia? Non è per niente facile saperlo. Tutti hanno voluto ingaggiare il mito di Latino, tutti nel Mediterraneo hanno cercato di farne un compagno di viaggio. Da questo re tormentato e molto poco fortunato partirà la storia di Roma.

I più svelti come sempre sono stati i greci, che d'altra parte sono partiti con largo anticipo. Già il fatto che Latino incontri Enea, che tutto nasca dall'incontro delle due famiglie, fa capire quanto importante sia stata la parte greca nella tradizione.

Virgilio poi ha fatto molto per rovesciare la storia, o meglio, per armonizzarla. Virgilio aveva la buona sorte di scrivere per Augusto, il più grande editore del tempo, oltre che signore di tutte le genti. Nel senso che veniva edito solo quello che ad Augusto piaceva. Virgilio non si sottraeva, scriveva quello che Augusto gradiva. Questo ha infinitamente aiutato lui e la storia che voleva raccontare. La storia è costosa, per questo è sempre stata fatta dai ricchi. La leggenda è parola, invenzione, memoria, quindi è di tutti.

In realtà le tradizioni relative al re Latino sono sostanzialmente tre, due delle quali decisamente greche. Per la prima, Latino sarebbe figlio di Ulisse e di Circe. Non è una fantasia impossibile. Il territorio della maga Circe confinava con quello degli Aborigeni. Abbiamo già visto che il re Pico si era perso nei boschi della maga. E Pico era il nonno di Latino.

In queste storie non bisogna stare troppo attenti ai tempi. È chiaro che se Enea e Ulisse avevano combattuto la stessa guerra a Troia, il figlio di Ulisse non può poi accogliere Enea esule per le conseguenze di quella stessa guerra. Ma sarebbe come pretendere di applicare la logica alla fantasia. È più ragionevole credere che i greci, dando Ulisse a Latino per padre, abbiano semplicemente continuato nel tentativo di pensare Roma come una loro costola.

Da scartare a priori per questo motivo anche l'altra versione di sponda greca che però racconta una storia che merita di essere ascoltata. Latino non sarebbe figlio di Ulisse, ma suo nipote, figlio cioè della maga Circe e di suo figlio Telemaco. Davvero fantastico il modo in cui si arriva a questa conclusione. Dagli amori di Ulisse e Circe sarebbe nato un figlio il cui nome era Telegono, personaggio marginale in tutta la saga di Odisseo. Un poeta importante, Eugammone di Cirene gli dedica però un intero poema, la *Telegonia*.

Qui si racconta Telegono come un figlio che nasce e cresce nella casa della madre Circe ma che, diventato uomo e saputa la verità, vuole finalmente conoscere il padre. Prende dunque il mare, arriva a Itaca, dove, preso dalla fame, si mette a razziare il bestiame del re. Il vecchio re Ulisse non sa che il bandito è suo figlio. Sa solo che deve fermarlo. Ne segue un duello in cui Ulisse ha la peggio. Viene colpito dalla lancia di Telegono la cui punta è coperta dalle scaglie delle razze, pesci ritenuti allora velenosissimi, le cui ferite erano mortali. Eugammone nel suo poema racconta che nemmeno Telegono sapesse contro chi aveva combattuto. Quando si accorse di aver ucciso suo padre, pianse moltissimo, poi portò il cadavere alla reggia, da Penelope. Qui avviene un colpo di scena che apre un modo molto diverso di pensare i rapporti tra Ulisse e Penelope. La regina decide di voler seppellire Ulisse in Italia, nella terra di Circe. Perché riconosce l'importanza di Circe nella vita del marito. Sarà lei stessa ad accompagnarne il corpo. È un momento d'amore straziante. Penelope si fa carico del rapporto fra il marito e l'amante. Non solo, ma decide che anche Circe debba partecipare all'evento della morte e alla sepoltura. Come fosse un'altra moglie, anzi di più. Penelope decide praticamente che Ulisse è stato più di Circe che suo e accompagna il corpo dall'antica amante.

I nuovi amori di Penelope e Circe

Lungo il viaggio da Itaca alla casa di Circe sulle coste del Lazio, Telegono e Penelope ebbero modo di conoscersi, straordinariamente, di innamorarsi l'uno dell'altra nonostante la differenza di età. Non erano ancora arrivati nel Lazio che già avevano deciso di sposarsi. Circe stessa scelse la loro destinazione, le mitiche Isole Fortunate dove tutti i nodi della vita sarebbero stati sciolti e dimenticati. Dal matrimonio sarebbe nato Italo, l'eroe eponimo dell'intero nostro Paese. Noi italiani saremmo in sostanza tutti vecchi nipoti di Ulisse e di Penelope. Bisogna solo aggiungere che su Italo questa è solo una delle leggende fra le leggende.

La storia di Telegono e Circe va invece avanti con un altro matrimonio incrociato, quello fra Telemaco, figlio ufficiale di Ulisse, e la maga Circe. Ulisse cioè avrebbe avuto due figli veri, ognuno di loro si sarebbe poi sposato con la madre dell'altro. Dal matrimonio fra Telemaco e Circe, ed eccoci tornati al nostro argomento, sarebbe nato Latino, re degli aborigeni.

Un'altra tradizione dice che da Circe e Telemaco nacque addirittura una figlia a cui fu dato il nome di Rome, soluzione troppo spiccia e audace a cui pochi hanno dato credito anche solo nella fantasia.

L'enormità, la forza di queste costruzioni, fanno capire quanto sia i greci che i romani tenessero a trovare un punto che mettesse insieme le loro storie e le tenesse unite. I greci si accontentano di un guerriero sconfitto (Enea), i romani di una maga ammaliatrice e bugiarda, basta che il destino diventi comune. D'altra parte, come abbiamo visto, all'epoca di Enea, già da secoli, greci e italici facevano affari insieme. E Roma fu sempre circondata da colonie greche, da Napoli fino alla Sicilia. Tenendosi a nord gli etruschi, che con i greci trafficavano da altrettanto tempo.

Nella versione latina, il re Latino ha altre nuove complicanze. La tradizione lo ritiene figlio di Fauno, il grande dio indigeno dei boschi, e di Marica, dea di Minturno, il paese che segnava il passaggio tra Lazio e Campania.

C'è una terza leggenda, sublime e improbabile, che è

però difficile lasciar fuori in questa ricerca di origini. Vi si dice che Ercole stesse tornando dalla sua impresa nella terra di Gerione quando ebbe in omaggio dal padre una ragazza iperborea, cioè del profondo nord. Questo straordinario fiorire di leggende intorno all'origine di Latino fa capire quanta importanza abbia avuto questo re nella strada che conduce a Roma. La nuova storia di Ercole è un'altra delle storie meravigliose che s'incastrano con quella della nascita della città. E unisce di nuovo, attraverso la forza di Ercole, il mondo greco con quello latino.

Ercole dunque, di ritorno dalla terra di Gerione, porta con sé una ragazza del popolo degli iperborei. Chi sono costoro? Sono un popolo leggendario il cui nome significa oltre il vento del nord, terre su cui soffia la Borea (cioè la Bora). Il nome di questo popolo è legato ad Apollo. Giove gli ordinò di andare a Delfi a dare significato e credibilità all'oracolo. Ma il Dio, con il suo tiro di cigni, volò prima dagli iperborei. E così continuò a fare ogni diciannove anni, periodo che gli astri impiegano per una rivoluzione completa, per tornare cioè nella posizione di partenza. È in quel momento, alla fine del giro, che Apollo riprende il suo posto. Quando l'equinozio di primavera s'incrocia con l'alzarsi della costellazione delle Pleiadi, ancora oggi c'è chi giura di sentirlo cantare le proprie canzoni accompagnandosi con la lira.

Gli iperborei figurano in molte leggende greche, soprattutto nel mito di Apollo, ma a partire dall'epoca classica, si è identificato con il loro nome un paese ideale, dove la terra produce due raccolti l'anno, il clima è dolce e gli uomini vivono in pace. Iperborea è il paese dell'Utopia. Gli abitanti sono gentili, non hanno ambizioni che li mettano uno contro l'altro, ognuno è cosciente del proprio ruolo. Vivono felici nel vento del nord, nei campi e nei boschi sacri. La morte non è un problema. Quando gli iperborei, che sono comunque molto longevi, hanno finito di godere la vita, si buttano spontaneamente in mare dall'alto di una scogliera. Non hanno drammi, si coprono di fiori la testa, sono coscienti di aver avuto molto e di dover lasciare ad altri quello che possiedono. Morire con un tuffo dalle alte scogliere era segno di una morte felice, naturale. D'altra parte gli iperborei erano considerati maghi dai greci, capaci di spostarsi nell'aria e di trovare tesori. Per molte tradizioni, Pitagora, uno dei personaggi più importanti e misteriosi della Grecia antica, altri non era che l'incarnazione dell'Apollo iperboreo.

Quando Ercole torna dall'aver ucciso Gerione, una delle sue più grandi imprese, porta appunto con sé la ragazza iperborea che aspetta un figlio da lui. La ragazza si chiama Palante e diventerà la sposa di Fauno nonostante porti dentro di sé il figlio di Ercole. È evidente il gioco dei nomi: Palante o Pallanto, Pallantea, saranno i nomi del primo villaggio che nascerà sul Palatino per merito di Evandro (altro greco) e suo figlio, appunto, Pallanteo. Tutto gira intorno a questo nome da molte fonti diverse, come si dovesse assolutamente evitare di scordarcelo.

Eracle oltre l'Oceano

Ricapitoliamo: Enea sta arrivando nel Lazio dove troverà il re Latino, figlio di Fauno e Palante. Stabilito questo ci possiamo permettere un piccolo lusso, raccontare cosa era andato a fare Ercole nelle lontanissime terre di Gerione, oltre i confini del mondo.

A Occidente non c'è quasi niente. Le Colonne d'Ercole, cioè il confine delle cose conosciute, non sono ancora a Gibilterra, ma molto più vicine, fra la Sicilia e la Libia. Tutto quello che c'è oltre le colonie greche in Italia, è solo un oceano senza limiti, interrotto qua e là da isole bellissime e leggendarie. «Isole divine popolate da Tirreni», raccontano i mercanti calcidiesi a Esiodo verso la fine dell'ottavo secolo, quando Roma, secondo la leggenda, è ancora bambina. Nessuno è mai tornato da quei mari lontani. Solo il grande Eracle, altro nome di Ercole, è riuscito a raggiungere l'isola di Erizia, in fondo al mondo, fra le brume dell'Occidente, «al di là dell'immenso oceano». È lì che Eracle compie una delle sue imprese più leggendarie, l'uccisione di Gerione e il recupero per conto di Euristeo, re dell'Argolide, delle sue immense e preziose mandrie di buoi.

Gerione è un gigante con tre teste e tre corpi che si ricongiungono all'altezza della vita. Ha portato i suoi buoi lontanissimi per essere sicuro che nessuno li rubasse. A guardia ha lasciato un pastore, Eurizone, e un cane mostruoso con due teste di nome Ortro.

Ercole ha ricevuto però il compito sacro di recuperare i buoi di Gerione e non ha intenzione di fallire. Non gli succede mai. Deve solo pensare a come evitare guai peggiori. Per Ercole il grande pericolo è l'oceano. Come può riuscire a superarlo? Ercole è uno di modi spicci, iroso e violento, anche se sempre a fin di bene. Quando comincia a porsi la domanda di come superare l'oceano, è sotto il sole del deserto libico dove aveva compiuto altre imprese. La vicinanza del Sole gli fa venire un'idea.

Per muoversi sul mondo e passare dall'alba alla notte e viceversa, il Sole usa una coppa, un grande calice capace di navigare sulle acque. A bordo di quella coppa raggiunge ogni pomeriggio l'Occidente, l'ultima riga dell'orizzonte, dove si dice esista l'isola di Erizia, con i buoi divini che Eracle deve recuperare. Lì il dio Sole passa la notte, oltre l'oceano, poi prima che arrivi l'alba si rimette in viaggio e riporta a Oriente la sua luce, sempre navigando dentro la coppa.

Perché non usare quella coppa? pensa dunque Eracle nell'innocenza della sua forza. È immensa e sicura. Porta dovunque. Si tratta di convincere il Sole che però risulta non essere per niente d'accordo, insistente come tutti nel difendere i propri territori e i propri privilegi.

Nel deserto libico, Ercole si rende conto delle resistenze del Sole e si secca moltissimo. Cammina nel deserto e inveisce contro di lui cercando di convincerlo. Il Sole, adirato a sua volta, risponde rendendo sempre più caldi i raggi che si abbattono sul corpo di Eracle.

Alla fine Eracle perde la pazienza. Tira fuori le sue potentissime frecce e comincia a scagliarle con forza contro il Sole, tanto da metterlo seriamente in pericolo. Il Sole allora, spaventato, chiede a Eracle cosa voglia in cambio per smettere di scagliargli contro le sue frecce. Eracle propone uno scambio. Il Sole gli presti la sua coppa, quella con cui ogni giorno arriva alla fine del mondo, oltre l'oceano, e lui rimetterà le frecce nella faretra. Altrimenti la guerra continuerà. Il Sole accetta. Non aveva altra scelta. Ma c'era un altro problema, altrettanto grande. Il dio Oceano, re di quel mare e padrone di tutto il tragitto che Eracle doveva compiere, non voleva assolutamente saperne. Non amava Eracle con cui aveva avuto già da ridire. Muoveva la coppa con le sue onde mentre Eracle era a bordo, tenendola ogni istante dentro una tempesta furiosa. Stava anzi per rovesciare la nave del Sole quando Eracle ricorse ancora alle sue frecce. Stavolta si mise a lanciarle nel profondo delle acque. E le frecce sfioravano i pesci, ma soprattutto passavano vicino a tutte le divinità del mondo sommerso. Poseidone si ricordò che perfino suo fratello Ade, il dio dei morti, era stato una volta ferito da Eracle ed era dovuto correre di gran carriera dagli Inferi fin sulla cima dell'Olimpo per farsi curare da Peano, il dio guaritore. Capì che il rischio era alto e lasciò che le acque tornassero calme. Eracle così fu il primo uomo a raggiungere il profondo ovest, oltre il confine del mondo.

Giunto a Erizia e trovati gli armenti, Eracle cominciò a portare i buoi dentro la grande Coppa del Sole. Se ne accorse Ortro, il cane da guardia, che lo attaccò. Eracle si difese con la clava. Colpì l'animale finché non giacque morto sulla spiaggia. A difendere Ortro era arrivato Eurizone, il guardiano, ma fu ucciso in fretta anche lui. Vide tutto Menete, il pastore di Ade che viveva da quelle parti, e corse ad avvertire Gerione. La lotta fra la forza di Eracle e i tre corpi di Gerione fu immensa, ma alla fine toccò ancora alle frecce di Eracle deciderla. Tutti i corpi di Gerione rimasero senza vita. Eracle finì di portare le mandrie a bordo della Coppa e ripartì verso il Sole. Fu per difendere le mandrie che Eracle compì una lunga serie d'imprese lungo la quale arrivò praticamente dentro la nuova città chiamata Roma.

È chiaro che la giovane Palanto, che Eracle aveva portato dall'oltre-mondo, diventa immediatamente l'eponimo del Palatino e di Pallantea, apre in modo diretto una strada per Roma futura. Diventò in sostanza un'altra divinità. Il Palatino è il colle su cui nasce Roma, il *palatium* è l'abitazione che distinguerà la nobiltà regale della giovane città dalla normalità delle case degli altri. La così detta Regia. È chiaro che Eracle è una leggenda utile, ma è anche evidente che la giovane città di Roma non vuole farne a meno. Eracle è più violento, scoordinato, peccatore di Enea, ma sotto molti aspetti si vende meglio, piace di più ai romani. Si ubriaca e prende donne, va contro gli dei e i parassiti. È un eroe vero, crudele e ingiusto come tutti gli eroi, però vivo.

Cento anni dopo, per avere ancora Eracle nella sua leggenda, Roma si accontenta di tenerlo dentro la strana storia di una partita a dadi. Giocano Eracle contro il sacerdote del suo stesso tempio a Roma. Il premio è la donna più bella della città, una prostituta che si chiama Acca Laurentia, stesso nome della madre putativa di Romolo e Remo. Anche qui c'è confusione di date. Eracle sarebbe a Roma per lo stesso motivo, far passare in Occidente gli armenti rubati a Gerione per i quali proprio a Roma ucciderà Caco, altro mostro con più teste. Dove le teste significano sempre potere, prepotenza, disonestà, negazione di qualunque legalità. Insomma Roma ha bisogno di un eroe greco per rendersi leggibile, decifrabile. Anche un signore come Eracle, proveniente da un altro pianeta, alla fine serve.

Eracle vince la partita e si prende Laurentia. La donna sente la forza del dio e dà tutta se stessa, fuori dal mestiere. Alla fine Eracle è molto soddisfatto, le dice chi è e le chiede cosa possa fare per lei. Acca scuote la testa, è stato solo amore. Allora Ercole si commuove e vuole comunque ricompensarla. Chiede di poterle dare uno strano consiglio del quale fidarsi ciecamente. Quale? Domanda Laurentia. «Sposa il primo uomo che troverai uscendo da qui», le dice Eracle.

È l'alba, le strade sono quasi deserte, Acca Laurentia si fida. Esce e incontra Taruzio, un vecchio etrusco ricchissimo che s'innamora di lei e la sposa. Poco tempo dopo Taruzio muore e Acca è una delle vedove più ricche della città.

Sostanza finale: Latino, re degli aborigeni, nasce dall'unione di Eracle con Palente (o Marica). Latino è un semidio che ha per padre putativo Fauno, un altro dio. Latino, con questa genia divina, rappresenta il primo grande eroe di tutte le popolazioni del *Latium Vetus*, cioè tutti i villaggi a sud del Tevere, l'uomo che li può riunire e che può, se vuole, trovare la forza per affrontare Enea. Che nel momento in cui approda nella nuova terra, è a tutti gli effetti un invasore straniero.

7

LATINO ED ENEA

La guerra è inevitabile. Enea ha portato la sua gente e i suoi soldati, in una terra che non è desertica. È piena d'acqua, di selvaggina, di piante, una terra dove molti vogliono vivere e molti vivono. A pochi chilometri dalle navi troiane c'è la città di un grande re aborigeno, Latino, che non può accettare l'invasione. Anche in questo caso le leggende s'intrecciano. La più probabile è quella secondo cui Latino accorse subito con il suo esercito per evitare che i troiani finissero per stabilirsi sulle sue terre. Latino è re di una città che non ha un nome sicuro. Forse è Laurentum, forse la città si chiama già Lavinio come quella che Enea fonderà più tardi e poco più a sud. Però è un grande re, figlio di dei, seguendo qualunque tradizioni lo riguardi. Non è un personaggio inferiore a Enea, è solo molto più locale. Questo è importante tenerlo presente, altrimenti si rischia di non avere un quadro corretto dell'importanza di quanto sta accadendo.

Latino si arma così in fretta da cogliere di sorpresa i guerrieri di Enea. Arriva nella radura davanti alle navi troiane per portare battaglia, ma dà ordine ai suoi soldati di restare in silenzio assoluto. Un esercito improvvisamente muto che si copre con la notte davanti al mare. Uno spettacolo improbabile per un quadro di guerra.

Latino studia gli stranieri ma non riesce a sentirli nemici. Capisce dalle loro armi e dal modo di preparare la battaglia che sono greci, forse ha un attimo di paura, forse teme solo di fare la cosa sbagliata. Decide che ne sa ancora troppo poco. È da stolti cominciare una guerra contro sconosciuti che potrebbero essere venuti in pace. Tanto più che gli aborigeni, il suo popolo, sono già in guerra contro i rutuli, gli abitanti di Ardea. Due guerre fanno un cerchio, non danno scampo.

Strana è la notte di due eserciti l'uno vicino all'altro, clandestini chiusi in poche centinaia di metri e di alberi. Ma nella notte Latino ha la visione di un dio indigeno che lo consiglia di venire a patti con i troiani, nell'interesse del suo popolo. Da parte sua Enea non è da meno, gli appaiono i Penati, cioè i protettori della sua famiglia. Che fanno altrettanto. Tutto questo è prodigioso ma non molto più di tanti altri sogni. La storia delle religioni è piena di angeli che danno consigli e annunci notturni. Resta da dire che i Penati sono divinità romane che proteggono il focolare domestico. Non hanno volto, non sono come i Lari che prendono spesso il volto dei morti di una famiglia. I Penati sono potenze invisibili, sono l'essenza stessa della casa, il suo spirito, qualcosa che avvolge gli stessi Lari, quindi di importanza assoluta. Nel caso, la loro presenza ci dice che siamo dentro una leggenda puramente romana, non greca. Questo è il senso: con Latino, molto più che con Enea, si entra definitivamente in Italia. Da questo momento si costruisce una storia solo nostra che prende direttamente la strada di Roma.

L'incontro

La mattina dopo, Enea e Latino s'incontrarono davanti ai loro eserciti schierati e si strinsero la mano. Latino regalò terre agli stranieri, dove avrebbero potuto vivere: 680 ettari, scriverà Catone. I troiani in cambio s'impegnarono a combattere accanto agli aborigeni la guerra contro i rutuli. Enea, bello come sempre, ebbe la mano della figlia di Latino, Lavinia, anche se la cosa portò a un nuovo incidente diplomatico. Lavinia era stata promessa a Turno, grande guerriero di una città vicina, vedremo poi quale. Turno non riuscì ad accettare la decisione di Latino. E dichiarò guerra a lui e ad Enea.

In questo lato della tradizione, Turno non sarebbe stato il re dei rutuli, che erano già in guerra con gli aborigeni, ma il re dei tirreni, nipote di Amata, moglie di Latino. La guerra fu dura e decisa da scontri in cui morirono Latino e Turno. Enea alla fine divenne il re di un popolo che univa aborigeni, tirreni, rutuli e altre bande mercenarie. In onore del grande re amico scomparso, Enea chiamò il nuovo popolo con il nome di Latino.

Altre versioni dicono che, dopo la pace fra Latino ed Enea, i troiani continuarono a razziare il bestiame dei loro alleati. Latino fu così costretto a tornare su propri passi e a dichiarare guerra ad Enea, portandosi dietro come alleati Turno e i suoi rutuli. Il risultato finale in compenso non cambia. Latino e Turno muoiono nei combattimenti ed Enea di nuovo unifica le varie genti. Virgilio tenta una sintesi delle due versioni, qualcosa di chiaramente poetico, ma così particolareggiato da far pensare che avesse fonti molto ben definite. Per Virgilio la storia di Enea continua a essere un grande *feuilletton*. Non c'è politica, c'è solo molta umanità.

Partendo dall'incontro fra Enea e Latino, anche Virgilio dice che l'amicizia fu spontanea. Il re italico era stato avvertito molti anni prima dagli indovini che un giorno sarebbe arrivato uno straniero dal mare a cui avrebbe dovuto dare in sposa la propria figlia senza colpo ferire. Quando Lavinia era ancora una bambina, durante una cerimonia religiosa, i suoi capelli parvero come incendiarsi. La luce di quelle fiamme irreali illuminarono a lungo tutta la reggia. Tutti si inchinarono e i sacerdoti dissero che Lavinia avrebbe avuto un grande futuro, ma avrebbe causato molte guerre alla sua città.

Latino aveva allora consultato l'oracolo. Fu dall'oracolo che ebbe conferma della straordinarietà della figlia. Gli dei avevano già deciso. Lavinia non avrebbe mai sposato qualcuno della sua gente, fosse pure un nobile o un re. Il suo uomo sarebbe stato uno straniero venuto dal mare con cui Lavinia avrebbe dato origine alla stirpe che avrebbe regnato sul mondo.

Quando Latino vede le navi troiane sulle proprie spiagge, capisce che le profezie si stanno compiendo e nessuno può combatterle. Non scende dunque nella radura con l'esercito, ma da uomo di pace. E porta con sé la figlia Lavinia per darla in sposa al semidio straniero che viene dall'Oriente. Questo hanno detto gli indovini, questo Latino crede fortemente e crederà fino alla morte.

La pace è però guastata da un incidente quasi banale.

Durante una caccia Ascanio, figlio di Enea, uccide il cervo addomesticato della reggia, allevato da Silvia, figlia del custode degli armenti reali. Bisogna capire che questo cervo era un animale straordinariamente intelligente e amato fino al punto da essere ammesso alla mensa del re. Quando Silvia lo vede tornare alla reggia zoppicante e pieno di sangue, si mette a gridare e piangere con tanta disperazione da far accorrere decine e decine di contadini e pastori. Quando quel piccolo popolo si accorse che il cervo era stato colpito dalle frecce di Ascanio come una qualunque altra preda, corse a casa e prese le armi. In un attimo il mondo di pace costruito da Enea e Latino precipitò. La regina Amata era nel frattempo scappata portando con sé la figlia dopo aver scongiurato Latino di non darla in sposa a uno straniero.

Tutta la gente di Laurentum si incontrò davanti alla reggia di Latino chiedendo vendetta contro i troiani. Ma Latino continuò a rifiutare la guerra fino alle conseguenze più profonde. Era convinto di aver fatto quello che gli avevano ordinato gli dei, le profezie, i sacerdoti. Non avrebbe rinnegato niente. Se il popolo voleva la guerra ai troiani, la facesse, ma lui non avrebbe partecipato, non avrebbe dato nessun ordine. Così fece quello che pochi altri re hanno fatto dopo di lui: rinunciò al trono, lasciò tutto nelle mani dei suoi sudditi più bellicosi. Si chiuse nella proprie stanze ad aspettare la fine della guerra e a sperare facesse meno morti possibile. Enea per lui non era un nemico. Come ultimo gesto di sfida, si rifiutò di aprire le porte del tempio di Giano. Aprirle significava appunto l'ingresso in una guerra. Ma fu un rifiuto inutile. Ci aveva già pensato Giunone ad aprire quelle porte, sempre fedele al suo odio verso i troiani e soprattutto verso Enea, il figlio di Afrodite, la della troppo più bella di lei.

Così, nel silenzio lontano della leggenda, in un altro continente, fra altri popoli, tornava esattamente lo stesso problema che aveva causato la guerra di Troia. Una sfida fra grandi dee. Paride aveva deciso nel mito greco che Afrodite fosse più bella di Giunone e Atena. Aveva dato a lei il suo pomo d'oro in cambio del quale Afrodite gli aveva dato il letto di Elena. Sulla riva sinistra del Tevere, il figlio di Afrodite scontava adesso la stessa maledizione di Paride e di Troia. Giunone non aveva dimenticato. Voleva che gli eredi di Paride continuassero a soffrire, dovunque si trovassero.

Evandro

Enea capì che la guerra contro gli aborigeni e i rutuli avrebbe potuto essere fatale. Non aveva fatto duemila chilometri di mare per finire in un corridoio di morti come quello che aveva lasciato a Troia. Non voleva tornare indietro, ma non poteva nemmeno accettare una guerra così assurda e casuale. I troiani erano profughi, scappavano da una catastrofe, non avevano intenzione di causarne un'altra. Si era dentro un equivoco innaturale. Il Lazio era un territorio vasto, ognuno dei popoli avrebbe potuto in pace trovarci la sua terra. Non era necessaria una guerra.

Enea sapeva però che si era messo in moto qualcosa di irrefrenabile. La guerra stava diventando come un testamento, doveva scegliere chi avrebbe comandato quelle terre dopo Latino. Turno, re di Ardea, era forse innamorato sinceramente di Lavinia. Ma di sicuro era molto attento alle terre e al potere che Lavinia avrebbe portato con sé dopo il matrimonio. Enea era un figlio sbagliato di Troia, aveva difeso le proprie mandrie di pecore contro Achille e aveva capito poco della guerra contro gli Achei, greci come lui, questioni di principio che niente avevano a che fare con il realismo contadino, il cambiare delle stagioni, il senso di una vita senza gloria, semplicemente normale. E ora, sull'altro confine del Mediterraneo, sotto altre vesti, gli veniva riproposto lo stesso problema. Chi sono gli dei migliori? Quanto conta saperli servire? Quanto conta non volere la guerra per poterla evitare? In una parola, ha senso il giusto o bisogna rassegnarsi prima a combattere e poi a cercare una risposta?

Questo Enea è costretto ad accettare: l'inevitabilità delle cose sbagliate. L'uccisione casuale di un cervo porta a una risposta estrema da parte degli aborigeni. È un errore, ma è inevitabile. La storia è piena di questi paradossi. Gli uomini non cercano giustizia, cercano vendetta. Ma se tre popoli accettano che sia l'uccisione di un cervo a metterli contro, a sconvolgere le proprie vite, non hanno nessuna buona ragione per evitare di uccidersi. Il gesto che scatena le guerre è sempre infinitamente poco importante rispetto ai morti che causa. Tutti i morti di una guerra non pagano mai l'importanza dell'incidente che ha causato la guerra. Questa è una delle più grandi fesserie del creato. Giustificare la morte, giustificare le stragi, per qualcosa che pensiamo superiore: il nostro orgoglio, un disincanto, il nostro onore e dolore. Qualcosa di molto personale che proprio per questo risulta insopportabile. Peggio, che diventa vigliacco sopportare. E che dobbiamo cancellare con migliaia di altre morti.

Enea sul Palatino

Rimasto solo contro tutti, Enea non poté fare altro che guardarsi intorno. Aveva bisogno di alleati. Così tornò alle navi, ne armò una, la più bella, la più regale, è le fece risalire il Tevere. Guardando fra le carte e i ricordi di Laerte, aveva infatti trovato qualcosa d'importante. Poco a nord di Laurentum e della guerra, lungo la sponda opposta del Tevere, viveva il popolo degli Arcadi che Laerte aveva conosciuto e aiutato in altre epoche. Sarebbe andato là a chiedere aiuto. La grande foce del Tevere, sempre battuta dal vento, quel giorno era di una calma assoluta. «Segno che Tiberino, il Dio del fiume, è dalla mia parte», pensò Enea. In sogno i Penati gli avevano raccontato di un villaggio a una ventina di chilometri, nel cuore di una foresta piena di animali e piante, un grande gruppo di case poste davanti a una piccola isola dentro il fiume (l'isola Tiberina). Una civiltà silenziosa e rispettosa degli dei, fuori dalle grandi battaglie chc si combattevano a sud del Tevere, e guidata da un grande re, Evandro, un greco uscito molti anni prima dalla stessa guerra di Troia.

Quando Enea arrivò, Evandro lo accolse con grande ospitalità e si commosse nel sentir parlare del suo vecchio amico Laerte. Poi raccontò le difficoltà che aveva incontrato all'inizio in quella terra, spiegò che gli aborigeni erano gente semplice e quasi sempre gentile. Lui aveva dovuto lottare solo contro il gigante Erilo, re di Preneste. Quando quella guerra finì, Evandro si diede alla civilizzazione degli abitanti. Insegnò agli aborigeni tecniche di coltura, ma anche l'arte della musica e della scrittura. Da tempo viveva ormai in pace sulla riva sinistra del Tevere, tra il verde del colle Palatino. Esattamente dove sarebbe sorta Roma.

Enea spiegò la sua situazione in modo chiaro. Evandro gli rispose che lo avrebbe aiutato. Dette ordine a suo figlio Pallante di preparare un contingente di soldati che avrebbe avuto il compito di seguire l'ospite, ma consigliò a Enea di recarsi prima dagli etruschi di Cere. Il vecchio re di Cere, Mesezio, un guerriero grande, grosso e crudele, si era alleato con Turno ed era stato cacciato dalla città. Era probabile che molti abitanti di Cere avessero voglia di combattere contro il loro vecchio re. E infatti fu così. Gli abitanti di Cere dissero subito di sì e misero decine di guerrieri al servizio dei troiani. Il viaggio aveva portato a Enea nuove forze e nuovo coraggio. In fondo non combatteva per vincere, combatteva per sopravvivere. Forse avere un esercito più forte avrebbe convinto gli avversari a cercare una soluzione diversa dalla guerra.

Turno

Turno non poteva invece che volere la guerra. Aveva già perso la faccia con il no di Latino al matrimonio con sua figlia. Se avesse lasciato che Enea governasse al fianco di Latino, avrebbe rischiato di perdere anche le sue terre e la sua città, l'egemonia a cui aveva in fondo diritto. Approfittò del viaggio di Enea da Evandro e dagli etruschi per cercare di attaccare le navi dei Troiani. La battaglia durò tutto il giorno, Turno fu molte volte sul punto di dare fuoco alle navi, ma l'accampamento troiano venne alla fine salvato dal buio della sera.

Turno è giovane, sprezzante, è figlio del re Dauno e della ninfa Venilia. Non è un re qualunque e lo sa. Il suo nemico è Enea. Liberato da Enea, l'intero *Latium Vetus* sarà certamente suo. La sua voglia di distruggere Enea non ha niente di sentimentale. È un giovane re guerriero, non può sopportare che nuovi capi vengano a comandare nella sua terra.

Attacca quando Enea non c'è. Questo significa che teme la sua presenza, ne ammette quasi la superiorità. Turno sa che potrà vincere solo in assenza di Enea. Quando al calare della sera del primo attacco si accorge che i nemici resistono, Turno capisce che una grande parte della guerra è persa. Il resto saranno quasi soltanto confronti individuali, duelli diretti per poeti. Ma la guerra è persa. Enea è stato fatto arrivare dalla leggenda proprio per la sua resistenza alla guerra, il suo diritto a gestirla. Chi ha combattuto al fianco di Ettore contro Achille, Aiace e Ulisse cosa potrebbe temere da Turno? Questo Turno lo sa, con freddezza, con certezza. Fra lui ed Enea, anche nei versi di Virgilio, il vero eroe è lui. Enea ha gli dei dalla propria parte, ha il Fato, il Cielo, il Destino. Turno è solo il re di Ardea. Ma va incontro con grande nobiltà alla propria morte. Turno è il simbolo di un'ingiustizia stabilita altrove, nei grandi cieli religiosi. Fondamentalmente Turno è un eroe italico ed Enea un eroe straniero anche se dalla parte dei Nostri.

Enea diventa nella guerra del Lazio quello che non aveva saputo essere a Troia, l'eroe decisivo, colui che cambia la strada della vittoria. Turno non è il più debole, è l'unico martire possibile davanti alla volontà degli Dei. È il re Latino che ha scelto, Latino che ha deciso. Anche Enea in questa storia non è altro che un grande pretesto. Roma doveva nascere, Roma stava per nascere e non poteva discendere dal re di un paese vicino, senza storia né futuro. Enea era l'eroe vergine, la promessa intatta, il grande mantello universale capace di dare un senso alla leggenda. Roma non aveva nessun bisogno di Turno. Aveva già dovuto rinunciare a padri come Achille, Ulisse, Aiace, Ettore. Non poteva rinunciare all'ultima giustificazione mitica possibile. In sostanza, Turno non aveva moneta con cui pagare il suo passaggio al mito. Enea se l'era portata dietro da Troia, vedendo sua moglie Creusa scomparire soffocata dalla gente in fuga, portando suo padre sulle spalle e suo figlio per mano. Trovando un'altra patria per i suoi troiani dopo due anni di viaggi.

Morti in battaglia

La guerra del Vecchio Lazio fu dolorosa e ovvia. Alcune versioni fanno di Latino una vittima al pari di Turno, tutti e due morti in battaglia. Altre dicono che Turno fu ucciso da Enea nell'ultimo scontro personale. Sono solo varianti di un destino che è stato scritto dopo e per il quale c'era posto alla luce solo per Enea.

Il momento epocale avviene quando Latino muore ed Enea riunisce il suo popolo con quello di Latino. E per la prima volta dà a tutti il nome di Latini. Non ci saranno più troiani né aborigeni. È questo il grande popolo che saprà andare oltre Mesezio, battere turno Turno e preparare il futuro. Un popolo greco insieme con un popolo del Vecchio Lazio, una dinastia nuova, una realtà che cresce. Qualcosa di grande è cominciato. Forse quello promesso da tutti gli oracoli, quello che Afrodite aveva giurato a Laerte la notte in cui gli si diede nella capanna sul monte Ida.

Lavinio

Diventato padrone del regno dei latini, Enea scelse di fondare una propria città una quarantina di chilometri a sud. Ebbe come vedremo qualche piccolo problema di successione con suo figlio Ascanio, dovette combattere con le popolazioni intorno alla nuova città, poi scomparve improvvisamente come un dio. Raccontano ci fosse un grande temporale e che improvvisamente una nuvola piena di fulmini intorno si sia abbassata dal cielo livido per nascondere Enea e portarlo via. Così muoiono gli eroi, così si apprestano a diventare dei. Lo vedremo anche nella leggenda di Romolo. Molti secoli dopo, proprio nei pressi dell'odierna Lavinio, fu trovato un cippo che ricordava la morte di Enea. Era del quarto secolo. Non era la data approssimativa dei fatti, era la data di quando la memoria di Enea era diventata ufficiale. In sostanza circa quattrocento anni prima di Cristo, qualcuno a Latino aveva voluto ricordare ufficialmente Enea, con una cerimonia sacra. Dobbiamo ricordare sempre che stiamo parlando di leggende, non di storia. La differenza è che le leggende qualcuno ha voluto inventarle, ha pensato fosse giusto accadessero. La storia è tutto quello che è accaduto davvero.

Il prezzo di Roma

Enea ha fatto molto comodo alla leggenda di Roma e alla propria. Era l'ultimo eroe rimasto disponibile in fondo alla guerra di Troia. Era improbabile ed elitario rispetto alla banda di Romolo quattrocento anni dopo, ma poteva servire a giustificarne la nobiltà. È stato come un santo patrono. Non è mai il più nobile, ma è un santo e soprattutto è il tuo. Dice che il tuo paese ne ha uno. Un eroe, un semidio, un guerriero nobile: è tutto quello di cui una grande città ha bisogno per giustificare la propria nascita. Roma non lo aveva e se lo costruì.

Virgilio è una specie di grande giornalista che racconta quello che ha sentito dire, lo sintetizza nel modo migliore per la patria. Non è un libero professionista, non esistono scrittori liberi all'epoca di Augusto perché non esiste un'editoria libera. Non ci sono librerie, radio, televisioni. Si può scrivere solo per i ricchi e solo quello che ai ricchi conviene. Altrimenti chi legge? Chi acquista e dove? Ha un senso che Virgilio scriva solo se qualcuno pubblicherà quello che ha scritto e si faccia carico di distribuirlo dentro l'aristocrazia del tempo. Virgilio è un artista, scrive per se stesso, ma accetta di essere premiato per questo. Augusto gli fa avere terra e una villa alla periferia di Mantova, la sua città. Virgilio non è libero, che lo pensi o meno. Ma diventa felice per quello che ha scritto, la giustificazione della grandezza di Roma. Ha un canovaccio, non può uscire da quello, non ha libertà di pensiero. Deve piacere ad Augusto. E Augusto non si accontenta facilmente. È attento a tutto. Così nascono l'Enea mitico e la costruzione eroica delle origini di Roma.

Ascanio

A Enea successe il figlio Ascanio. Qui la storia torna ad essere molto bella, piena di pettegolezzi e gesta nobili. Proviamo a capire la situazione. Enea in Italia si era risposato con Lavinia, una principessa giovane e bellissima, con un'età non molto diversa da quella di Ascanio. Quando Enea muore rapito dal grande temporale, Lavinia è incinta, aspetta un figlio da lui. Nell'incastro di troiani e latini siamo davanti dunque a un primogenito troiano che si trova ad avere, quando sta per diventare re dei latini, un fratello praticamente latino. Non è facile, per qualunque epoca. Chi è il vero erede?

Le tradizioni raccontano di un Ascanio molto inquieto e nervoso dopo la morte di Enea, incapace di capire cosa sia davvero successo durante il temporale che ha fatto scomparire il padre. Ma ancora più inquieto nell'apprendere che non era l'unico erede di Enea. Era solo il più vecchio, nemmeno il più gradito. La popolazione di Lavinio parteggiò subito per Lavinia e il suo figlio italiano.

Il gossip come sempre diventa tutto e l'opposto di tutto. Una parte greca della tradizione dice che Ascanio fu mandato da Enea in Propontide, più o meno in Armenia, dove regnò fin quando non tornò in Asia minore insieme a Scamandro, figlio di Ettore, a ricostruire Troia. È una versione molto suggestiva, ma non troppo credibile.

Più verosimile la tradizione che fa capo a Virgilio. Anche perché Virgilio, al di là delle esigenze a cui doveva rispondere, era vicino alle voci che avevano costruito la saga di Enea. Questo non dobbiamo mai dimenticarlo. I poeti, gli storici romani e greci raccontano leggende senza prove, ma non inventano. Raccontano le voci della gente, quello che il popolo ha sentito dire per secoli. Questa è la vera forza di una leggenda, l'insistenza con cui viene tramandata.

Nella normale tradizione romana, quella che accompagna verso la fondazione di Roma, Ascanio è un ragazzo in pieno sviluppo quando partecipa ai giochi in onore della morte del nonno Anchise. Ama la caccia. È molto serio, ha una profonda mentalità politica. È giusto e freddo, un buon generale, un ottimo re. Non è un eroe. È qualcosa di più e di diverso. È uno di quei normalizzatori della storia che la rendono alla fine possibile. Enea ha fatto il massimo, Ascanio fa tutto il resto. Si occupa del dopo guerra, di tutto l'assestamento, di tutte le organizzazioni che sovraintendere a molti popoli insieme comporta. Per questo la tradizione greca ne fa volentieri un nuovo fondatore di

Troia insieme al figlio di Ettore. Scamandro porta nella ricostruzione il lato eroico, Ascanio quello reale. Tremila anni dopo possiamo convenire che quello reale ha molto più valore.

Ascanio ragazzo è molto amato dal padre e vezzeggiato da una nonna straordinaria come Afrodite, eternamente più giovane del nipote. Ascanio avrebbe qualcosa di immortale dentro di sé se non fosse troppo legato al senso dell'onore.

La notizia che divide le parti quando Enea muore è che Lavinia aspetta un figlio. Sui latini avrà sempre più fascino del figlio greco. Non solo, ma anche Lavinia è dubbiosa. Non si fida di Ascanio, teme possa volere il male del bambino e si rifugia nella capanna del pastore Tirro, nascosta a tutti. È qui che dà alla luce l'ultimo figlio di Enea, il progenitore italiano della stirpe romana. Si chiama Silvio. Per quasi quattrocento anni tutti i discendenti di Lavinia ed Enea si chiameranno Silvio. Qui interessa che Ascanio, in effetti molto più nobile di quanto Lavinia temesse, abbia sempre rispettato il fratellastro. Se ne andò sulle colline davanti al mare a fondare una nuova città proprio per lasciare al fratello il regno di Lavinio.

È Ascanio che fonda Albalonga, la città madre di Roma. E quando capì che stava morendo lasciò a Silvio anche l'eredità di guidare Albalonga. In sostanza un buon fratello, al punto che alcune versioni greche della leggenda hanno pensato che Silvio non fosse il figlio di Enea ma di Ascanio. Non so che aggiungere. La tradizione laziale è però troppo accanita dalla parte di Lavinia per rendere solo nobile la fratellanza di Ascanio. Deve esserci stata come sempre una guerra di successione, probabilmente vissuta con buona nobiltà.

Andando a cercare, come sempre, le cose che contano dentro la leggenda, quello che conta sulle spalle di Ascanio è la fondazione di Albalonga. Il nome Alba viene dai laghi e dalle colline albane. Longa perché molto probabilmente non era una sola città, ma si allungava sulle cime di più crateri. L'Alba-longa era cioè una città sparsa su tutti i Castelli, non il paese di uno solo. È qui che comincia l'avventura di Romolo e Remo. Il progenitore è direttamente Silvio, fratello di Ascanio e suo successore. Qui scompare anche la leggenda, per quattrocento anni si hanno solo frammenti. Tutto si perde nel grande mito. Tutti discendono da Silvio, Silvio vuol dire bosco, il bosco è il regno del dio Fauno, delle ninfe, dell'inverosimile universale. Tutto si perde in una oscurità necessaria perché la nascita di Roma potesse essere fissata in tarda epoca repubblicana al 753 avanti Cristo. Servivano molti re di Albalonga per coprire lo spazio che passava da Silvio a Romolo. Fu così deciso a tavolino dagli storici che i re fossero tredici e che ognuno avesse regnato per circa trent'anni. Insieme facevano i quattrocento anni che scartavano la storia e la rendevano possibile. E ognuno di questi si chiamò Silvio, come primo o secondo nome. Ognuno cioè contribui alla propria parte di menzogna. Ma d'altra parte c'era da ricostruire il passato di Roma, non si poteva andare troppo per il sottile.

C'è come sempre un'altra versione, molto più scorretta e riassuntiva. Saltando i secoli tra Enea e Romolo, questa versione fa di Ascanio e Lavinia i genitori storici di Romolo e Remo. Questo per dire che erano tempi duri. Era sempre vero tutto e il contrario di tutto. La cosa che emerge è il rapporto difficile, trasversale, tra Ascanio e Lavinia, due coetanei sorpresi dalla leggenda in situazioni diverse, praticamente opposte. Che tra i due possa esserci stato qualcosa di più di un semplice rapporto formale è praticamente una certezza. Insieme, con le loro contraddizioni, gelosie e nobiltà, hanno comunque alla fine aperto la strada per la fondazione di Roma. Ne sono anzi i genitori naturali.

8

ALBALONGA

Qui entriamo nel Grande Mistero. Ormai siamo in Italia, dentro la nostra storia. Non arrivano più stranieri a riempire i nostri vuoti. È cominciata la storia di Roma, ma non è cominciata la scienza. Quella non ci sarà mai. Il vero problema nel raccontare la storia di Romolo è proprio cercare di identificare la strada giusta fra strade che non esistono. Siamo nella più totale leggenda. Tutti sanno che Romolo non è esistito. Marco Tullio Cicerone stesso scrive ne *La Repubblica* sulle origini della città: «Ma sì, crediamo a una leggenda umana non solo antica ma anche saggiamente tramandata dai nostri avi, cioè che i benefattori dello Stato fossero ritenuti divini per nascita, non solo per ingegno...» Cioè crediamo a quello che ci piace, non a quello che è stato.

Cosa significa questa differenza? Quando manca la storia diventano molte le alternative. Se una cosa non è vera, non è provata, può diventare molte altre cose. Vi sorprenderanno la tante variazioni che nella piccola storia di Rea Silvia e dei suoi figli non avete mai sentito citare, nemmeno da lontano. È questo il bello del racconto, il suo lato oscuro, la grande parte sconosciuta. Per la piccola storia quotidiana, Romolo e Remo raccontano un'avventura di poche cose e assolutamente ben conosciuta. In realtà non sappiamo niente. E meno è evidente la verità, più sono le soluzioni che si presentano. Vedremo che esistono più versioni per qualunque particolare e ogni particolare aprirà un mistero. Siamo nei punti più lontani della conoscenza e siamo stati gente che ha creduto a tutto.

In ogni religione, a qualche vergine o eroe è apparso un angelo a raccontare la sua verità. La fondazione di Roma è stata a sua volta una religione. Il lungo presente di un popolo che ha sentito il bisogno di costruire pezzo su pezzo il proprio passato. È un'operazione che tremila anni dopo conosciamo come naturale. Ognuno di noi parla con rimpianto e grandezza dei propri nonni o dei familiari più lontani. Noi alla fine amiamo solo noi stessi, siamo capaci di parlare davvero bene solo di questo. I nostri avi sono noi stessi.

Questa è stata la favola di Romolo, un castello costruito su una grandezza che non c'era, una grandezza successiva. Ma per inventare storie ci vuole talento, altrimenti nessuno le ascolta. La favola di Romolo e Remo è stata inventata lentamente e costruita per secoli, finché è diventata qualcosa di credibile. A quel punto ha trovato artisti e scrittori che l'hanno raccontata, rifinita e fermata nel tempo, le hanno dato sostanza. Gli imperatori di Roma e la storia hanno poi detto che era giusta. Era degna di diventare verità. Anzi, di più: i nuovi romani erano degni di discendere dagli antichi. E questo è diventata: verità. Ognuno ha fatto la sua parte in una storia che non esisteva. Ma è stata una parte recitata in modo eccellente.

Il re Proca

La storia di Romolo e Remo comincia con il problema della successione al trono di Albalonga. Secondo la leggenda, siamo circa intorno al novecento avanti Cristo. L'ultimo re della dinastia di Enea e Ascanio è stato il re Proca. Ha lasciato due figli, Numitòre e Amulio. Nella nostra storia delle origini, Proca è un re importante, un «motivo canonico», cioè di base, non un piccolo mito di periferia. Entra in molte leggende, è questo che lo fa quasi reale. Dunque, il nonno di Romolo e Remo era già di per se stesso un mito. Vediamolo più da vicino.

Ovidio, alla sua maniera di poeta moderno, cioè di storico che sa scrivere e approfitta del proprio talento per poter riscrivere le cose a suo piacimento, ne fa un neonato salvato dalla dea Carna. All'epoca si credeva all'esistenza delle Strigi, metà uomini e metà uccelli, simili a barbagianni, che si nutrivano degli intestini dei neonati lasciati soli nella loro culla. Erano una specie di giustizieri terribili della disattenzione delle nutrici o delle giovani madri. Carna intervenne mentre già le Strigi stavano colpendo il piccolo Proca.

Carna era una ninfa che viveva nella campagna intorno al Palatino, a una ventina di chilometri da Alba, dove poi sarebbe nata Roma. Le ninfe, ormai lo abbiamo imparato, sono piccole dee che sovrintendono a piccole zone di territorio. Sono specie di dee di cortile che di solito vivono in posti splendidi e limitati. Quello di Carna era il *Lucus Helerni*, un bosco lungo il Tevere in cui ancora al tempo di Augusto i sacerdoti offrivano doni agli dei. Carna aveva il duro compito di essere votata alla verginità. Quando qualcuno s'innamorava di lei, e succedeva spesso perché era bellissima, lei lo portava con sé nel suo bosco e sul momento più bello si compiaceva di scomparire.

Un giorno s'innamorò di lei il dio Giano, forse il più importante della città che stava nascendo. Crana pensò potesse fare la stessa cosa che faceva con tutti, dimenticando che Giano vedeva in qualunque direzione, sia davanti che di dietro nello stesso momento. Così, con la piccola giustificazione di essere quasi stato ingannato, Giano la mise contro la roccia dietro la quale Carna si era nascosta, e la violentò.

I miti non arrivano mai per caso, soprattutto quelli a sfondo sessuale. Quando c'è uno stupro esiste sempre una giustificazione precedente. Il vero truffatore era stato Giano che era dio con occhi davanti e dietro, ma aver giocato il gioco della seduzione, essere stato portato nel bosco, lo autorizzava alla violenza. È una morale antichissima, quasi eterna. Mai fidarsi della civiltà dell'amore.

Naturalmente non si dovrà mai dire che un dio sia stato solo un prevaricatore. Come pagamento delle prestazioni estorte, Giano dette a Carna un potere assoluto sui cardini delle porte. Giano era il dio dei limiti, dei confini, di tutto quello che passava da un posto all'altro. Dobbiamo però confessarci che uno stupro pagato con il controllo dei cardini delle porte non si era mai visto.

Non si sa cosa ne pensò Carna, entrata grazie a questa funzione nella mitologia. Se ancora oggi vedete un biancospino fiorito sulle porte delle case, quello è il simbolo della ninfa Carna e dell'amore che il dio Giano le strappò.

Altri autori ricordano il regno di Proca su Albalonga come il tempo in cui si amarono Pomona e Vertunno. Pomona era anche lei una ninfa che vigilava sui frutti. Aveva un proprio bosco sacro sulla strada che da Roma portava a Ostia. Vertunno era un dio etrusco molto complesso, una specie di piccolo Giano. Era il Dio del «cambiamento», poteva trasformarsi in qualunque cosa desiderasse. Vertunno era anche un confine, il divenire che si opponeva all'essere, la trasgressione. Anche se l'unione con Pomona ne fece quasi una nuova grande divinità in comune che proteggeva i frutti.

È comunque questa presenza di Proca in molte leggende delle origini che fa pensare ci si trovi davanti a una figura mitica vera, non a una semplice costruzione. In sostanza, dentro la leggenda, è come dire che Romolo e Remo avevano una storia vera prima ancora che nascessero.

Numitòre e Amulio

Quando Proca morì, i suoi due figli si trovarono davanti al problema della successione. Non è chiaro se ci fosse il diritto di primogenitura, anzi è quasi da escludere. Non faceva parte delle tradizioni arcaiche latine, che prevedevano semmai un duello finale per decidere chi dovesse regnare. Inizialmente sembrò che i due fratelli avessero trovato la formula giusta. Le versioni sono molte e spesso in contraddizione. È corretto pensare che l'idea giusta venne ad Amulio. Divise l'eredità in due. Da una parte le ricchezze, l'oro personale di Enea e tutto quello che rendeva Albalonga una città immersa nell'abbondanza. Dall'altra il potere, il regno vero e proprio, la politica. Era una divisione degna. Amulio fece scegliere a Numitòre e Numitòre scelse di governare.

La cosa naturalmente non finisce qui. Amulio si prende la ricchezza ma proprio per questo vuole anche il trono. Approfitta di un lungo viaggio di Numitòre lontano da Albalonga per prenderne il posto, poi, durante una battuta di caccia, uccide il suo unico figlio maschio, l'altro vero pretendente al trono.

Questa del figlio maschio è una storia controversa. Tra i vari autori si contano fino a cinque nomi diversi. Plutarco addirittura non ne fa cenno. Cinque nomi diversi fanno pensare seriamente che non sia mai esistito. Non è d'altronde una parte forte della storia. Fa capire il carattere mite e imbelle di Numitòre. Tutti ad Albalonga sanno che a uccidere il ragazzo è stato Amulio, nessuno crede alla storia che siano stati i briganti. Ma Numitòre si sente troppo debole per reagire. Non ha più ricchezze, non ha più il trono. Non può fare niente. Decide di aspettare, più di quello non gli potrà accadere.

Amulio invece si sente ormai addosso il trionfo. C'è un ultimo problema, l'oracolo gli ha detto chc sarà ucciso dagli eredi di Numitòre. Al momento non ce ne sono, ma bisogna evitare che Rea Silvia possa mettere al mondo dei nipoti. Amulio decide di eliminarla, ma gli sarebbe veramente difficile simulare un altro incidente. È già andato oltre la pazienza dei propri sudditi. Sceglie una soluzione trasversale. Fa diventare Rea Silvia sacerdotessa di Vesta. Le vestali devono restare pure, sono condannate alla verginità. Non potranno esserci eredi di Numitòre.

È qui che comincia la storia di Romolo e Remo.

Rea Silvia

Con Rea Silvia si entra direttamente dentro la costruzione del mito di Romolo. Per costruire un eroe bisogna prima dargli un'origine divina. Non sono piccoli particolari, sono necessità. Gli uomini che cambiano il mondo devono essere frutto diretto di Dio. I pastori, gli uomini semplici, possono essere indispensabili per allevarli e crescerli, ma l'origine deve essere altissima. Questo avviene in tutte le culture. La madre deve essere figlia di re, oppure una sacerdotessa, spesso le due cose insieme. E naturalmente vergine, il che ci riporta all'essere state fin da giovanissime dedicate al servizio di un dio.

Questo della verginità non è un particolare da poco. I romani, anche quelli del «buon tempo antico», avevano una sensualità cupa, piuttosto cruda, ma molto praticata e libera. I rapporti prematrimoniali erano normali. Ora, è vero che quando si parla di romani si rischia di essere estremamente vaghi avendo la loro civiltà coperto oltre milleduecento anni, ma il fatto stesso che per conservare la verginità si ricorresse ai conventi del tempo, fa capire che non essere vergini anche da giovani era nel complesso usuale.

Rea Silvia era la figlia di Numitòre, non avrebbe potuto ereditare il trono di Albalonga, ma avrebbe potuto generare eredi. Così Amulio, dopo aver ucciso il figlio maschio di Numitòre, decise di chiudere Rea Silvia nel tempio delle Vestali legandola al voto di castità. Macchiarsi del sangue di una vestale era infatti considerato un sacrilegio.

Sulle vestali capita una delle tante incongruenze che si trovano nelle leggende. Sarebbe stato Numa, secondo re di Roma, a inaugurarne il sacerdozio. Rea Silvia diventa invece vestale quando Roma è ancora di là da venire. Com'è possibile? Non è un vero e proprio problema. Significa solo che anche prima di Roma c'era il culto di un focolare cittadino. Questo era il tempio di Vesta: il focolare di una casa che rappresentava tutta la città. Si chiamava infatti casa di Vesta, non era un vero e proprio tempio. Nei templi si accendevano fuochi per offrire qualcosa al dio. Nella casa di Vesta non poteva entrare nessuno tranne le cinque vestali e il pontefice massimo.

Tra il 7 e il 14 giugno di ogni anno potevano entrare altre donne perché era la settimana delle pulizie, si scopava via lo *stercus.* Lo racconta Terenzio Varrone spiegando che quei giorni venivano chiamati QSTDF, un acronimo che sta per *Quando Stercus Delatum Fas*, cioè alla lettera, i giorni in cui si spazzava via lo sterco. Si è discusso molto su cosa potesse essere realmente questo stercus. La casa di Vesta, rappresentando il focolare di Roma, era direttamente dentro la casa del re (*regia*), non era grande ed era riservatissima. Cosa potesse essere o come potesse resistere tutto questo sterco era una domanda legittima. Ma in latino stercus ha sempre avuto lo stesso significato: escrementi di animale, letame. Evidentemente la cerimonia di metà giugno, oltre a restituire aria a un luogo sacro perennemente chiuso, ripuliva la stanza dallo sterco di animale che era stato probabilmente trovato in epoche precedenti l'inaugurazione del tempio, quando pecore e animali domestici venivano messi al riparo dentro qualunque capanna.

Il penus Vestae

Il fuoco sacro a Vesta era il simbolo della vita della città, della sua gloria certa, della sua esistenza. Era il passato e il destino di Roma, lasciare che si spegnesse significava far spegnere la città, condannarla a disgrazie infinite. Il compito delle vestali era questo, tenere sempre il fuoco acceso. Una volta l'anno, il primo marzo, il fuoco non si spegneva ma si estingueva, finivano i rami che lo tenevano in vita. Toccava alle vestali riaccenderlo attraverso lo sfregamento di felci. Niente poteva venire dall'esterno, tutto doveva essere diretto. Il fuoco non aveva un inizio o una fine, né aveva significati mistici. Rappresentava sicurezza, stabilità, durata della città.

Si diventava vestali tra i sei e i dieci anni. Si poteva tornare alla vita normale dopo almeno trent'anni di sacerdozio. In compenso le vestali erano ben pagate, avevano molti onori ed erano molto influenti in città.

Nella casa di Vesta c'era anche un altro fuoco che serviva per preparare ingredienti dei sacrifici o svolgere una semplice attività domestica. Verrio Flacco, grammatico e storico del primo secolo avanti Cristo, racconta esattamente la ricetta della salamoia sacra preparata dalle vestali. Serviva a salare la *mola*, cioè la farina che veniva sparsa (da qui im-molare) sugli animali destinati ai sacrifici. Dunque, bisogna prendere del sale non raffinato, anzi sminuzzato nel mortaio, versarlo dentro un vaso di terra, poi coprire tutto con il gesso e cuocere a lungo nel forno. Dopo la cottura le sacerdotesse lo tagliano con una sega di ferro e vi aggiungono acqua di sorgente. Poi prendono tutto il preparato, lo mettono dentro il *Penus Vestae* e utilizzano il risultato per i sacrifici.

Resta un'ultima chiarificazione, che cos'è il penus Vestae? È il luogo più segreto del tempio, scavato in una parete e coperto da tappeti. Vi si conservano cose altrettanto segrete. Una dovrebbe essere stato il Palladio portato da Enea dall'incendio di Troia. C'è chi dice che nel nome stia il segreto, è cioè che nel penus Vestae si conservasse la forma stessa del pene di Marte cui le vestali erano comunque dedite.

Torniamo adesso a Rea Silvia. Le leggende di bello hanno questo, si sovrappongono. Una storia tira un'altra e tutte sembrano importanti, tutte sono straordinariamente belle. Questo è il grande tesoro della mitologia, la facilità con cui ha costruito storie. Quando l'uomo smise di lasciare tutto in mano al mito nacque la filosofia, cominciò ad apparire la scienza. Il mito, come dice Andrea Carandini, consiste nel trasformare in eternità la contingenza. Accadono piccole cose e ne chiediamo conto all'Eterno. Il mito finisce quando Talete comincia a mettere al centro dei problemi del mondo l'uomo e non Dio. Quando si cominciano a cercare risposte concrete.

La nascita diversa di un eroe

Rea Silvia dunque è diventata il personaggio ideale per generare il fondatore di un'epoca. È figlia di re, sacerdotessa, vive dentro l'ingiustizia del regno di Amulio. È vergine. È interessante come l'amore, il sesso, siano sempre stati sinonimo di macchia, d'imperfezione. La nascita di un eroe non poteva essere causata da un atto d'amore classico. O il dio stuprava la fanciulla o ci si amava innocentemente. Nemmeno in epoche con molti meno pregiudizi si riusciva a pensare che un essere perfetto potesse nascere dall'amore di una donna non vergine. Segno evidente che non essere vergine è già di per se stessa un'imperfezione.

Nel *Mahabharata,* uno dei grandi testi dell'induismo, l'eroe Karna nasce dall'amore del Dio Sole con una vergine, Leikunti. Karna nasce già vestito da dio guerriero, ma la cosa più interessante accade alla madre. Non viene messa incinta da vergine, subisce l'amplesso del Sole, ma le viene restituita la verginità dopo il parto. Come avesse pagato il suo prezzo. Il dio fa quel che vuole, segue l'istinto dell'accoppiamento che resta prioritario. In fondo è la donna che è troppo bella per riuscire a resisterle, o troppo giovane o troppo provocante. In tutte le religioni arcaiche la grande bellezza femminile è un porto franco, un limite non difendibile.

Anche il grande re accadico Sargon ha una madre sacerdotessa, bellissima, dedita a un culto che le imponeva la verginità. Ma questa verginità non tiene davanti alla bellezza di chi la porta.

Temo sia vero che la storia è scritta dai vincitori. E in quei primi tempi oscuri non c'era nemmeno la piccola traccia di una donna che scrivesse la storia.

Rea Silvia, il problema del nome

In ossequio ai testi c'è da dire che Rea Silvia quasi certamente non è il nome della madre di Romolo. Andiamo per autori. Per Valerio Anziate il nome della figlia di Numitòre è Rea Silvia. Per Dionisio di Alicarnasso, uno dei più grandi storici dell'antichità, è invece Ilia. Per Livio e Strabone è Rea Silvia, per Ovidio è Ilia. Per Plutarco, altro grande riferimento storico, i nomi sono entrambi, Rea Silvia e Ilia. Per l'Antologia Palatina, cioè un'antologia di epigrammi scritta a Costantinopoli intorno al decimo secolo, il nome è addirittura un altro, Servilia. Diventa chiaro che siamo davanti a tradizioni diverse. Rea Silvia è stato vincente perché appartiene alla tradizione più vecchia, intorno all'anno zero. Ilia è il nome di una tradizione molto più vicina ai fatti della leggenda.

Ilia vuol dire la Troiana. Si potrebbe pensare che non servisse chiamare troiana una ragazza che discendeva direttamente da Enea, che troiana in qualche modo era davvero, ma probabilmente il nome era diventato un'abitudine. O forse è stata la leggenda a cercare di ridistribuire i nomi secondo i ruoli. Volendo fare di Roma una discendente diretta di Troia, si chiama Troiana la madre del fondatore di Roma. Di sicuro è sbagliata la certezza con cui noi adesso consideriamo una donna chiamata Rea Silvia la madre del fondatore di Roma. Non ne erano sicuri i grandi autori greci e latini, non è chiaro perché dovremmo esserne sicuri noi.

È questo un altro dei problemi che s'incontrano studiando i miti. Non essendoci niente di vero in assoluto, è tutto impossibile da riscrivere. È come se ci fosse una prima scrittura che non può essere cancellata, qualunque cosa accada. La leggenda delle origini di Roma ormai si è affermata come storia, non ha più niente di leggenda. Romolo è stato il primo re, Numa il secondo e via dicendo. Tutto ha la semplicità dell'evidenza. Mancavano donne? Fa niente, si prendono ai sabini. I seguaci di Romolo hanno tutti problemi con la giustizia? Fa niente, si concede l'asilo e si ricomincia da zero. Non conta cosa sia vero e cosa costruito. Conta l'Eterno. In parole povere è la leggenda della fondazione che deve andare avanti perché non è costruita durante, è stata costruita dopo. E dopo ognuno costruisce il proprio passato come vuole. Il Bello, il Buono, il Giusto, l'Eroico, non hanno termine, finiscono esattamente dove vogliamo finiscano. Nessuno si costruisce *dopo* un destino da imbecilli.

Sul nome vero di Rea Silvia ci sono altre tradizioni importanti ma meno opprimenti. Una dice che il nome deriverebbe da Rhea Iddaia, cioè Cibele, la più grande divinità femminile dei frigi, un popolo greco che era migrato verso est, nel nord dell'Asia minore, vicino all'Armenia. Il nome in effetti porta entrambi i segreti, quella di Rea Silvia e di Ilia. L'altra è quella che fa derivare Rea Silvia direttamente da Rea, la moglie di Crono, la madre della Terra e del verde, quindi del ciclo infinito della vita. L'equivalente latino di Rea è Ops. In sostanza, dietro Rea Silvia si onorano e celebrano divinità femminili generatrici di eroi e re.

L'amore con Marte

Dunque, Rea Silvia-Ilia adesso ha quindici anni, da tre è una vestale. Tutti raccontano sia una giovane donna bellissima. Come dice Ovidio, ha un vaso d'argilla sulla testa e per combattere il caldo «ricevi i venti sul petto scoperto». È stanca, si assopisce. Altri scrittori classici dicono che mentre andava a prendere l'acqua per i sacrifici, Rea Silvia-Ilia sia stata sorpresa da un temporale con fulmini e tuoni. Le sue compagne tornarono indietro e lei rimase sola. Subito dopo le apparve un lupo che la guardava senza cattiveria. Rea Silvia trovò però l'ingresso di una grotta e vi si rifugiò.

Ha paura ma non è terrorizzata. È come sotto choc, a renderla in qualche modo sicura è il fatto che quella grotta è dentro un bosco sacro a Marte, il dio che è alla base della sua fede. Nel frattempo, nonostante fosse giorno, il sole si oscurò, la luna gli passò davanti portando una notte improvvisa. Un'eclissi pura in piena età arcaica, un vero mistero glorioso. Rea Silvia rimase profondamente turbata, come sentisse che stava per succedere qualcosa di straordinario.

In effetti molti erano stati i segni che preannunciavano l'origine divina di quanto stava accadendo. Prima di tutto il lupo, animale sacro a Marte, la cui femmina allatterà i gemelli di Rea Silvia. Poi il temporale, argomento tipico del picchio, altro animale sacro di Marte, uccello demone della tempesta, i cui colpi sul legno provocano un rumore simile al tuono. Infine c'è la pioggia, un simbolo totemico di qualunque religione, segno di abbondanza e morte.

Molti eroi, tra cui Enea e lo stesso Romolo, muoiono e scompaiono in cielo durante un temporale. La pioggia è un segno di Dio, per quello che rappresenta e per la sua forza ingestibile. Lo stesso Marte era legato alla pioggia. Alle sue feste si trasportava in processione *il lapis Manalis,* una pietra, per invocarne l'arrivo. Altre pietre venivano adorate in molte altre parti del mondo come portatrici di pioggia.

Nella grotta, mentre fuori il Sole è stato cancellato dalla Luna, mentre soffia un vento forte e la pioggia è interrotta solo dal rumore dei tuoni, impaurita e disorientata Rea Silvia si trova davanti uno spettro altissimo e bellissimo a cui si abbandona. Solo alla fine di un momento senza tempo lo spettro diventa se stesso, il dio Marte, e spiega a Rea Silvia quello che è accaduto e quello che accadrà. Lui l'ha posseduta, ma dal loro amore nascerà il popolo più grande del mondo. Deve stare tranquilla. Ha subito uno stupro, ma è opera di un dio.

Tranquilla, è uno stupro

È un esempio culturale classico. La divinità maschile violenta una giovane donna, la mette incinta come se fosse una cosa inevitabile, poi spiega che comunque il gioco vale la candela. È successo così dovunque. Nessun dio ha mai chiesto il parere della donna, nemmeno quello cristiano. L'innocenza della donna è salvata solo dal sonno miracoloso che la avvolge durante l'amplesso. Lei non sa. Perché se sapesse e accettasse, non sarebbe più pura. Quindi dorme.

Interessante l'argomento dell'eclisse, almeno per la storia che c'è dietro. Terenzio Varrone, ossessionato dall'idea di trovare una data esatta alla fondazione di Roma (sarà lui a stabilire il 21 aprile del 753), cercò di aiutarsi partendo proprio dall'eclisse. Un astronomo caldeo, Taruzio, riuscì a individuare l'ora, il giorno e l'anno esatti in cui era avvenuta l'eclisse. Per lui, Marte e Rea Silvia si erano amati il 24 giugno del 772 avanti Cristo fra le ore 7 e le 8.15 della mattina. In realtà il 24 giugno di ogni anno avviene il solstizio d'estate, ma nessuna eclissi è mai stata visibile. In seguito, dopo che tutto il mondo ha tentato di rifare i calcoli di Taruzio, è venuto fuori che probabilmente l'astronomo non aveva saputo calcolare la parallasse lunare, cioè la differenza tra uno spostamento vero della Luna e uno apparente.

Sia come sia, Rea Silvia-Ilia, di professione vergine, si ritrovò incinta e con la necessità di dirlo agli altri. Non era facile. Come ho già detto, una vestale impura veniva sepolta viva.

Il temporale, l'eclisse, il sonno, la grotta, l'arrivo del dio sotto forma di bellissimo spettro, sono la versione classica dell'evento, quella che Rea Silvia lottò a lungo per affermare. Cioè la sua innocenza, la sua mancata partecipazione all'atto sessuale.

Versioni cattive

Naturalmente ne esistono molte altre, anche di storici illustri, che sono meno benevole. Tito Livio dedica all'argomento poche righe trancianti: «La vestale posseduta con la forza, avendo partorito due gemelli, indicò in Marte il padre dell'incerta prole, sia che credesse davvero così, sia che fosse più onorevole dare la colpa a un dio...» Livio è molto duro, mostra di non fidarsi in niente di questo miracolo di campagna. Parla di «incerta prole», di Rea Silvia posseduta con la forza, mentre il dio Marte le avrebbe fatto prima arrivare il sonno. Possedere con la forza è proprio dell'uomo. Questo dà l'idea di credere Livio. Che più che dei, intorno alla vestale vergine, abbiano girato uomini. E che lei forse partecipava al gioco.

Plutarco stesso non è leggero. Essendo stata aiutata dopo il parto da due animali sacri a Marte, cioè la lupa e il picchio, «fu più facile a colei che partorì i bambini far credere di averli avuti da Marte».

Sant'Agostino è naturalmente sempre pessimista sulla moralità delle donne pre-romane e ancora peggio su quella delle donne romane. Di Rea Silvia dice che dette la colpa a Marte «per abbellire la sua vergogna». Agostino, quattro secoli dopo Cristo, vedeva Roma come una città infernale, la moderna Babilonia.

C'è infine una versione molto curiosa che si rifà probabilmente a un mito più vicino al mondo etrusco. La scrive Promazione, dietro il cui nome si nasconde uno scrittore greco probabilmente del terzo secolo avanti Cristo. Per lui il re si chiama Tarchezio ed è un nome dietro cui si nasconde Tarquinio Prisco. Nella sua reggia, improvvisamente, dalle fiamme del focolare domestico si materializza un fallo, un membro maschile. Galleggia sopra il fuoco, non si muove ma nemmeno scompare.

Il re Tarchezio consultò l'oracolo di Tethys (altra tradizione etrusca) il cui responso fu che una vergine doveva congiungersi a quel membro. Dall'accoppiamento sarebbe nato un bambino fortissimo che si sarebbe distinto per valore e fortuna.

Tarchezio pensò di assecondare in tutto l'oracolo, cercò infatti di convincere sua figlia ad accoppiarsi con il membro sospeso sopra il fuoco. Quella mandò al suo posto una schiava, ma il giocò non durò a lungo. Tarchezio si arrabbiò moltissimo e condannò entrambe le ragazze a morte. Ma gli apparve in sogno la dea Vesta, alla sua prima apparizione in tutto questo scandalo che la riguarda, che lo pregò di salvare la vita a sua figlia e alla schiava. Quando comunque la schiava posseduta dal fallo generò due gemelli, Tarchezio li affidò ai servi con l'ordine di ucciderli.

Può sembrare un'interpretazione fantasiosa, ma la stessa cosa successe per la nascita di Servio Tullio, sesto re di Roma. Solo che per Servio Tullio è un'interpretazione ufficiale. Sua madre era una serva della casa del re, Tarquinio Prisco. Tra le sue mansioni c'era quella di tenere acceso il focolare regio. Un giorno accadde lo stesso fenomeno raccontato da Promazione per Rea Silvia: dalle fiamme si alzò un membro umano, stavolta fatto di cenere. E restò sospeso nell'aria. La donna fu posseduta e rimase incinta di Servio che fu poi lasciato crescere nella casa del re e alla morte di Tarquinio ne prese addirittura il posto. È probabile che allora Tarquinio avesse una relazione con la donna e sia ricorso alla leggenda del membro per coprire il peccato. D'altra parte il fallo che si materializza tra le fiamme non è molto più inverosimile di un dio che s'innamora di una donna, scende sulla terra, la fa addormentare e la possiede. Quando Livio e Plutarco sono scettici sulla moralità di Rea Silvia hanno probabilmente ragione, ma dimenticano che stanno raccontando un mito. A cosa serve un mito fatto da gente qualunque con fatti qualunque? Serviva la sacerdotessa vergine e serviva il dio.

La condanna

Peccatrice o vittima, Rea Silvia sapeva che stava rischiando la morte. Fu sua madre a dirle quello che era rimasto da fare. Rea si sarebbe chiusa nel tempio, ma non avrebbe più fatto sacrifici e non si sarebbe più occupata del fuoco sacro di Vesta. Non era più pura. Continuare a svolgere i compiti di una sacerdotessa in uno stato d'impurità le sarebbe valsa un'altra condanna a morte. Le altre quattro vestali la sostituirono nei sacrifici e i larghi abiti delle cerimonie contribuivano a cancellare quasi completamente i segni della gravidanza.

Passarono così molti mesi, troppi perché Amulio non cominciasse a sospettare qualcosa. Perché la ragazza non celebrava più un sacrificio? Cosa stava accadendo nel tempio di Vesta? Convocò le amiche di Rea Silvia, parlò con le altre sacerdotesse. Venne fuori che la ragazza era malata di una malattia che doveva rimanere segreta. Questo non fece che aumentare i sospetti di Amulio e la sua curiosità. Se era malata, prima di tutto servivano medici. Mandò allora quelli di cui si fidava di più ma fece anche un'altra cosa che risultò decisiva. Li fece sorvegliare da sua moglie mentre visitavano Rea Silvia.

Bastò in realtà alzare la sacra veste per capire la malattia. Rea Silvia stava ormai per partorire, la gravidanza era evidente. Amulio ordinò allora alle guardie di sorvegliarla notte e giorno. Non voleva partorisse di nascosto. Poi, davanti al consiglio della città riunito, accusò Numitòre di silenzio, quindi di tradimento. Perché lo stupro di una vestale era stato tenuto segreto? Chi era il colpevole? E cosa stava tramando di conseguenza Numitòre?

Il vecchio re naturalmente cadde dalle nuvole, disse di non sapere niente e chiese tempo per cercare di capire. Quando sua moglie gli raccontò la storia di Rea Silvia e Marte, Numitòre capì che il problema era grande, ma vide una speranza. Spiegò al Consiglio che il colpevole era il dio Marte e che c'era un modo incontrovertibile per dimostrarlo. Marte aveva detto a Rea Silvia che avrebbe partorito non uno ma due figli e che sarebbero stati gemelli. «Se questo avvenisse, sarebbe la dimostrazione che Rea

Silvia è innocente e che il padre dei suoi figli è davvero Marte».

Amulio capì il pericolo. Tutto quello che non voleva da Rea Silvia era un bambino che potesse un giorno chiedere il suo trono. Ora rischiava di averne due e per di più figli di un grande dio. Aumentò la posta, chiese la pena di morte immediata per Rea Silvia e per i bambini, ma il Consiglio decise che la tesi di Numitòre era ragionevole.

Intervenne disperatamente nella discussione Anthò, la figlia di Amulio. Aveva la stessa età di Rea Silvia, le voleva molto bene, chiese al padre di salvarla. Qualunque cosa avesse fatto non poteva essere così terribile da valere la morte. Anthò, il cui nome era di origine greca e significava fiore, era l'unica figlia di Amulio. Difficile non ascoltarla. Così a Rea Silvia fu salvata la vita e le venne consentito di partorire.

D'altra parte era ormai questione di poco tempo. C'era grande curiosità intorno all'evento. Un parto gemellare non era frequente nemmeno all'alba di Roma. Fosse successo dopo che era stato previsto, non si sarebbe potuto che considerarlo un avvenimento divino.

Amulio in quegli ultimi giorni era molto nervoso. La cosa gli era quasi scappata di mano. Prima aveva una vestale in balia del peccato, quindi comunque degna della morte. Adesso aveva una nipote che, se avesse partorito due gemelli, avrebbe rischiato di diventare una martire, forse un eroina e certamente avrebbe dato un grande futuro ai suoi figli. Amulio tenne Rea Silvia sotto continua sorveglianza. La ragazza del resto non dava cenno di nessuna ribellione. Aspettava ormai la fine della sua gravidanza come una liberazione, assolutamente convinta che il risultato le avrebbe dato ragione.

Fra le righe, in questo passaggio si trovano contraddizioni importanti. La prima sono i medici. Non risulta esistessero in quel tempo ad Albalonga, né a Roma nei primi secoli di vita. I primi medici greci arrivarono intorno al terzo secolo avanti Cristo. Ma anche questo è superabile. Chi scrive lo fa molto tempo dopo, almeno tre secoli. In un'epoca in cui si è fatto a tempo ad abituarsi alla presenza dei medici. Può quindi solo aver sbagliato momento.

L'altra contraddizione riguarda il Gran Consiglio di Albalonga. Sa tanto di senato, cioè di un'istituzione costruita anni dopo proprio attraverso Romolo. Non risulta in nessun altro esempio che la dinastia dei Silvii dividesse il potere con altri patrizi. Era anzi una monarchia ereditaria, come dimostrano le lotte di Amulio e Numitòre. E come tutte le monarchie di questo genere, piuttosto chiusa. Tanto è vero che come prima cosa Romolo organizzò il suo regno su una monarchia elettiva. Non più figli al potere, ma un re che veniva eletto dal senato, organismo in tutto simile al consiglio creato dal re per coinvolgere le migliori famiglie nella gestione della città.

Il parto

Proprio mentre il consiglio stava decidendo cosa fare, arrivarono servi dalla casa di Vesta. Erano molto agitati, muovevano le braccia e le mani, chiedevano attenzione. Dissero che Rea Silvia aveva partorito due gemelli, molto più grandi del normale. Due bambini bellissimi, degni di un dio.

Numitòre si alzò è gridò che finalmente era stata fatta giustizia. Sua figlia non aveva mentito, era stata presa da un dio. Andava non solo liberata, ma aiutata. E i suoi figli erano i figli di Marte, come avrebbe potuto Albalonga farli morire?

Ci fu un lungo momento di confusione. I due gemelli sembrarono ai più un fatto straordinario, ma Amulio fu molto bravo a rovesciare subito la situazione. Disse che c'era stato solo un bambino nato, l'altro era stato aggiunto dalle serve di Rea Silvia con la complicità delle stesse guardie che dovevano sorvegliarla.

Intanto il sacrilegio si era comunque compiuto. Una sacerdotessa di Vesta aveva partorito e lo aveva fatto nel tempio stesso. Ovidio, che è un poeta, è il più bravo a raccontare il momento:

Silvia diventa madre. Si dice che le statue di Vesta
Posero le mani verginali davanti agli occhi.
Certo tremò l'altare della dea mentre la sua serva partoriva,
e la fiamma terrorizzata si nascose sotto le ceneri.

L'Inaudito era successo. Qualcosa di grande e terribile lasciava tutti sgomenti. Ma tra le mani delle donne erano rimaste anche due piccole nuove vite che chiedevano attenzione ed erano in grande pericolo come la madre.

9

ROMOLO E REMO

Stiamo entrando nel cuore della leggenda. D'ora in avanti, accadrà molto più di quanto successo finora: ogni strada avrà decine di soluzioni diverse. Dobbiamo prepararci a domande paradossali e sofisticate. La prima è la più assurda: perché due gemelli se uno solo sarebbe stato il fondatore della città? A cosa serviva *l'altro*? Proviamo a darci la risposta più semplice: perché così si usava. In tutte le grandi culture c'è sempre un essere creatore positivo che viene attaccato dal fratello negativo, quello condannato a perdere ma a creare a sua volta un'altra storia, un'altra fede. Nella Bibbia si trovano Caino e Abele, Esaù e Giacobbe. Anche nei loro casi è l'invidia ad accendere la voglia di uccidere. Giacobbe addirittura uccide Esaù perché, come Remo, stava tentando di entrare nella città del fratello. Ogni popolo ha un mito nel quale esistono gemelli famosi che cercano di sopravanzarsi l'uno con l'altro, spesso uccidendosi. A volte sono nemici dalla nascita, altre, come Numitòre e Amulio, vanno d'accordo per anni finché qualcosa non li divide per sempre.

La lotta spesso comincia quando i fratelli sono ancora dentro il corpo della madre. Si lotta per essere il primogenito perché quel titolo è spesso benedetto dalla fortuna.

Nell'*Avesta*, il testo sacro dello zoroastrismo, Ahriman si agita per uscire dal ventre della madre perché il padre lo riconosca per primo. Ma sarà lui a incarnare il principio del Male, cioè il Buio, contrapposto a Ormazd, il Bene e la Luce.

Tra le popolazioni Dogon del Sudan, il bene si identifica nell'acqua e si chiama Nonno. Il male è il suo gemello Ogo Yurugu, raccontato con tutta la forza e la bellezza che il male può avere. Nella pancia della madre anche Ogu Yurugu lotta tenacemente per uscire prima del gemello.

Nel mito degli indiani irochesi, Tawiscara, condannato a combattere con una rosa selvatica contro il gemello Iskeha armato invece del corno di un cervo, riuscì a nascere prima del fratello rivale passando da un fianco della madre. Acrisio e Preto combatterono per l'eredità del padre, il re di Argo, fin da prima che nascessero, quando erano uno accanto all'altro nel ventre materno.

Interessante notare che in tutti questi casi, in molte culture nel mondo, il gemello fortunato è quello che nasce per secondo. Vince sempre quello che nasce più tardi, come se il primo avesse azzardato troppo nella lotta e avesse perso il favore degli dei. Il gemello più giovane risulta il migliore, perché nasce più tardi. O forse perché semplicemente è stato concepito per primo. Però è così.

Questo ci porta a una prima sorpresa: fra Romolo e Remo il primogenito è quasi certamente Remo. Giovanni Lido, storico greco del sesto secolo, nel *De Magistribus* definisce Romolo, *ultimo nel nascere*. Per capire come avesse fatto a saperlo si può ricorrere a Nevio che aveva scritto le sue tragedie romane (*praetextae*) settecento anni prima, all'epoca della prima guerra punica. Nevio, quando racconta di cosa si nutrissero Remo e Romolo, nomina sempre prima Remo, mai viceversa. Era la tradizione parlata e letteraria che voleva si dicesse per il primo il nome del gemello più vecchio. Non può essere un caso se anche Cicerone e Cassio Emina parlano dei gemelli nominando sempre prima Remo e poi Romolo. Nella parte di *Breviarum* che c'è rimasto, Rufio Sesto infine definisce Romolo come *altellus*, cioè il piccolo altro. Il secondo nato. E questa, per la nuova leggenda di Romolo che stiamo cercando cercando, è già una notizia importante.

La favola delle origini

Torniamo dentro il nostro racconto. La nascita di gemelli ha sempre rappresentato un prodigio. Un uomo nasce forse con un destino, ma è un destino fra tanti. Due gemelli escono subito dalla regola, sono fin dall'inizio un'eccezione, non possono essere casuali, stanno esattamente dentro al pianeta che gira. Due gemelli sono opera degli dei. E solo uno dei due riuscirà a compiere il destino. Dovunque nel mondo è sempre così. Anche ad Albalonga è la straordinarietà del parto che definisce l'innocenza di Rea Silvia. Se i bambini nati sono due, non è opera di un uomo, ma di un dio. Sono i gemelli che rientrano nel Grande Disegno, non il singolo nato.

Pensiamo adesso a quando e come si comincia a parlare a Roma della saga di Romolo. Probabilmente siamo in piena età dei re, cioè tra il sesto e il quinto secolo avanti Cristo. Ne parla la gente di tutti i ceti, la sera a casa, a tavola, con gli amici, nelle osterie, davanti ai templi degli dei, nelle villeggiature. Ognuno racconta con un po' di vino quello che altri hanno raccontato. E ognuno aggiunge qualcosa.

Non è vero che Romolo nasce perché Roma, diventata grande, ha bisogno di un grande passato. Se c'è, meglio. Ma ai romani del tempo di Cesare e di Augusto non interessavano le leggende. Erano già abbastanza pieni della loro potenza. Non avevano nessun interesse a venir contraddetti. Infatti Tito Livio, che è un grande storico, è molto prudente nel raccontare le origini della città, non si fida, non mette in gioco niente della propria fama per rendere vera una storia di cui non esiste un documento. E così fa Cicerone.

La leggenda di Romolo e Remo nasce come una grande favola, uno straordinario sentito dire che i romani si raccontano per secoli. Non c'è uno storico, un filosofo, un letterato che dia per buona la leggenda. Esiste di per se stessa, come finisce per diventare vero un grande film. Per secoli se ne parla, finché il vero e il falso si confondono e diventa vero quello che serve, quello che piace. Una città non nasce come un figlio, a un'ora precisa. Non una città reale. Sono serviti certamente secoli perché le prime case sul Palatino, davanti all'isola Tiberina, sopra le paludi del Velabro, diventassero un punto d'incontro importante fra le genti, poi un punto fisso di mercato, quindi di stabilizzazione, di vita quotidiana. E per decenni, per secoli, una voce dopo l'altra, un'immagine, un'emozione via l'altra, hanno costruito la leggenda di Roma.

L'importanza di essere in due

Questo è il punto: se l'eroe di una saga non ha nessuna verità, rischia di diventare quello che chi racconta desidera. C'è stato probabilmente un momento in cui il popolo e chi lo comandava hanno avuto interesse che alle origini di Roma non ci fosse un re soltanto, era più conveniente ce ne fossero due. Questa è una delle poche regole fisse delle grandi saghe. *Non esiste verità nella leggenda se non esiste una realtà che la giustifica.*

Due re, due eroi rappresentavano due storie, due realtà. Perché Roma avrebbe dovuto avere bisogno di due realtà? Perché ogni cultura ha tradizioni in cui si contemplano due forze opposte, il bene e il male, la luce e il buio, il sole la luna, la povertà e la ricchezza. Se guardiamo bene nella storia di Roma, Remo non ha uno scopo evidente. Ha da subito meno qualità di Romolo, meno leadership, è un po' selvaggio e invadente, si mette spesso nei guai. Non fa la storia come Romolo. La prima volta che ci prova, viene ucciso. *A che serve Remo?* non è dunque una domanda assurda girando intorno ai miti.

A partire dal 1800 ci sono stati storici che hanno cercato di trovare una risposta. In effetti Roma aveva due anime, non è mai stata una sola realtà fin dai tempi remoti in cui il suo territorio era abitato da aborigeni e pelasgi, cioè, sintetizzando, latini e greci. Ma esiste soprattutto l'evidenza storica della rivalità tra i romani delle origini che vivevano sul Palatino e i sabini che abitavano il Quirinale. C'era stata la Roma del Palatino e quella dell'Aventino. C'erano stati soprattutto i due ordini sociali, patrizi e plebei. Romolo inventa i senatori, cioè i patrizi, Remo rappresenta i perdenti alla riscossa, cioè i plebei. Come due saranno i consoli dopo l'età regia, quando la leggenda comincia a essere conosciuta. Questo dualismo eterno di Roma e della vita avrebbe richiesto un parto gemellare, cioè due punti di origine, un mondo sempre diviso in due.

Per assurdo, Romolo avrebbe potuto anche essere nato figlio unico. Remo gli si sarebbe aggiunto nella saga quando era diventato necessario, con la crescita, appunto, dell'influenza politica della plebe. Una specie di conseguenza di questo ritorno a un unico nato è la teoria dello storico tedesco Schulze, che nel 1933 spiegò l'esistenza originale del solo Remo, da cui infatti deriverebbe il nome di Roma molto più che da Romolo. Nessuno quanto a fantasia si è fatto mancare niente.

Chi scompare invece completamente dalla scena con la nascita dei figli è Rea Silvia. Nessuno ne sa più niente se non che il re suo zio continuò a volerla morta nonostante il parto gemellare confermasse che c'era stato nel peccato l'intervento di un dio. Un silenzio strano, come se fosse profondamente utile alla leggenda che Rea Silvia di colpo lasciasse la scena. Anche quando, ormai giovani uomini, Romolo e Remo tornano ad Alba, non chiedono della madre, ma liberano il nonno Numitòre a cui rendono il regno di Albalonga. Eppure per molti autori Rea Silvia resterà ancora viva e prigioniera di Amulio.

Perché tanta fretta di liberarsi di Rea Silvia? Perché non era la sua storia. I protagonisti erano i suoi figli e soprattutto la storia stava correndo diritta verso la fondazione della città. Il dramma di una madre uccisa o imprigionata rischiava di diventare troppo spettacolare e di rubare la scena a Romolo e Remo. Rea Silvia, per la coscienza romana è comunque sempre una grande colpevole. La verginità delle vestali è molto più che sacra, è necessaria. Sporcare il proprio corpo con il sesso, comunque vada, significa sporcare la città stessa. Che Rea Silvia diventi dunque una martire, ma abbia quello che devono avere le vestali che hanno fallito. Probabilmente il ragionamento finale della vulgata è stato questo.

La leggenda dice che Rea Silvia fu abbandonata nel Tevere (che ne fece la sua sposa) o nell'Aniene. Esattamente come i suoi figli. C'è una seconda versione per cui fu salvata dalla morte per la grande passione con cui la cugina Anthò la difese davanti al padre. Amulio si sarebbe convinto a salvarle la vita e a condannarla alla prigione eterna. Non si spiega però allora perché Romolo e Remo non andarono a salvarla quando rovesciarono Amulio. Forse non c'era più, forse, più semplicemente non era più importante. La sua parte nella storia si era conclusa, scegliessero gli altri, a piacere, quale fine farle fare.

Due bambini nel fango

Amulio dunque dà l'ordine che i due figli appena nati di Rea Silvia siano esposti, cioè rifiutati. I romani, con un'usanza andata molto avanti nel tempo, solevano mettere fuori dalla porta di casa, appunto esporre, i figli non desiderati. In genere erano femmine perché erano le meno produttive. Era un'abitudine terribile, ma rientrava in una cultura. Una specie di aborto consumato dopo la nascita. In tutte le culture del mondo c'è qualcosa di simile. Una vera e propria gestione tranciante delle nascite. Ancora oggi nei cognomi Esposito, Esposti, Degli Esposti, Innocenti, Degli Innocenti eccetera, c'è tutta la storia di un passato da orfani.

Amulio però andò molto oltre l'esposizione dei gemelli, diede l'ordine di ucciderli. Li consegnò ad alcuni suoi contadini con l'ordine di andare ad ammazzarli lontano da Albalonga. Amulio aveva delle terre nella zona dove sarebbe poi sorta Roma, gli servivano per il transito delle mandrie. Dioniso di Alicarnasso dice che quelle terre erano distanti 120 stadi dalla città, cioè 22 chilometri da Albalonga.

I servi si misero in viaggio la mattina presto. La strada sterrata era piena di fango, pioveva da giorni e giorni. Passarono quasi certamente per il tragitto che adesso è quello della via Appia, poi salirono per il vicus Fabricius, cioè San Gregorio, entrando in quello che allora era un piccolo abitato, il Tigillo Siororio. Poi attraverso la Sacra via passarono la Porta Mugonia, cominciarono a scendere dal Palatino al Cermalo e da qui, per le Scale di Caco, giunsero fino al Lupercale, una grotta sacra. Avevano camminato sempre sulle alture perché il Tevere, gonfio di pioggia, aveva allagato tutta la pianura del Foro. Dal Cermalo, dalla piccola terrazza del Lupercale, il paesaggio che si presentava ai servi di Amulio era quasi impossibile. Tutto era un lago. Il rumore del fiume in piena si sentiva dovunque e metteva paura. Avvicinarsi non era più possibile. L'acqua era dovunque ed era alta. Stagnava proprio perché si era allargata rimbalzando tra il Campidoglio, il Quirinale, il Celio, il Palatino e l'Aventino.

I servi si guardarono, continuava a piovere, il cielo prometteva ancora tempesta. Pensarono che per ubbidire all'ordine di Amulio non fosse necessario uccidere i due neonati. Sarebbe bastato lasciarli in quell'angolo dimenticato dove il grande fiume continuava ad allargarsi. Uno, il più anziano, chiese la cesta con i dentro i bambini, li guardò per l'ultima volta, poi la mise dentro l'acqua.

La cesta all'inizio non si mosse. Piccolissime onde, come riflessi, continuavano a riportarla verso riva. Poi il vento, e una nuova corrente, presero a spingerla verso il largo della piena. I contadini rimasero in silenzio a guardare, i bambini erano silenziosi e sbigottiti, non un rumore si sentiva in quella palude infinita. Decisero che potevano andarsene. Due attimi dopo cominciò la storia di Roma.

Dal fiume continuavano ad arrivare grandi ondate di acqua calma. Il Tevere, senza argini, senza ordini, si stava serenamente allargando nella grande campagna prima della foce. La cesta teneva bene la corrente, ma ne era schiava. L'acqua la spingeva però sempre più verso la terra, nella direzione opposta a quella in cui il Tevere stava uscendo dal suo letto.

A un certo punto, dopo qualche centinaio di metri, la cesta si fermò lentamente, come frenando nel fango. Bastò quel colpo per sbalzare i neonati dalla loro culla alla piccola spiaggia su cui si erano fermati. Allora sì che ricominciarono a piangere. Erano soli, con l'acqua ancora a un passo e un grande albero di fico che li riparava dalla pioggia e nascondeva la luce opaca del giorno. La cesta aveva girato quasi intorno a se stessa, si era mossa alla fine di pochissimi metri. Romolo e Remo erano di nuovo davanti alla grotta del Lupercale, più o meno dove erano stati abbandonati.

La Lupa

La leggenda dice a questo punto che in quei boschi viveva una lupa che aveva appena partorito. Dicono che qualunque femmina che stia allattando sappia riconoscere un neonato in pericolo. La lupa sentì i due gemelli piangere, si avvicinò, li vide, non pensò nemmeno per un momento di poterli mangiare. Capì che erano piccoli e affamati. Aveva le mammelle piene di latte, si era alzata per andare a vedere chi piangesse proprio mentre stava allattando i suoi piccoli. Non fece altro che strusciare con la lingua il corpo dei bambini sporchi di fango e avvicinargli le mammelle al volto. Poi li fece rotolare col muso verso la grotta che era lì a pochi metri, quasi coperta dall'albero di fico, perché fossero al riparo dalla pioggia. Al resto pensarono Romolo e Remo.

Fu l'inizio di una piccola operazione complessiva. La terra voleva che i bambini vivessero. Il fico fece cadere a terra i suoi frutti pieni di lattice. Subito dopo arrivò un picchio che dette il suo contributo portando in continuazione cibo alla lupa per i bambini. Quando pochi giorni dopo arrivarono dei pastori trovarono la lupa che allattava, il picchio che nutriva la lupa e i due neonati vispi come fossero sempre stati in braccio alla madre.

Traduzioni

Cosa significa tutto questo? Quale realtà nasconde? Come sempre è chiarissima l'impronta mitica. La saga di Romolo e Remo anche in questo caso s'incolonna con obbedienza dietro a tutte le leggende del mondo. Sono tantissimi gli esempi di eroi fondatori che si salvano dall'esposizione in modo avventuroso, a volte proprio su una cesta. Il più famoso è Mosè, abbandonato in una cesta sul Nilo e trovato dalle ancelle del faraone. Molto vicino al mito di Romolo è quello di Ceculo, re di Preneste, che viene abbandonato ma salvato da pastori. Perfino Sargon il Grande viene mandato alla deriva appena nato in una cesta sul fiume Eufrate. I gemelli Licasto e Parrasio vengono più prosicamente gettati nelle acque dell'Erimanto, tra l'Arcadia, l'Elide e l'Acaia. E tra le decine e decine di esempi, c'è perfino un Partenopeo che viene esposto e poi salvato sul monte Partenio.

C'è però in tutta questa prima alba di Romolo un significato diverso: la cesta, l'esposizione, il Tevere in piena, servono a spostare la leggenda da Albalonga a Roma. Dal regno dei latini all'avventura della nuova città.

La grotta è invece il luogo più importante di tutta la mitologia romana. Ha una storia antichissima che risale a Evandro. La grotta ha un nome, si chiama Lupercale perché Evandro la dedica al culto dell'amico dio Fauno. Questa grotta non è mai stata trovata pur essendo in un luogo piccolo come il colle Palatino. Trovarla sarebbe straordinario, come ritrovare integra la croce di Cristo. Il Lupercale è la casa dei Lari di Roma, l'inizio di tutto, il castello di tutto i miti, ma non esiste. Come dice il grande archeologo Andrea Carandini, trovare il Lupercale è il sogno di chiunque abbia trascorso parte della vita a decrittare le origini di Roma. Vicina e sfuggente la grotta resta selvatica come quasi tremila anni fa, contro qualunque tecnica, qualunque ricerca, qualunque progresso.

La scoperta oggi

Il 26 gennaio del 2007, un'archeologa italiana, Irene Iacopi, annunciò di aver probabilmente trovato il Lupercale, cioè la grotta di Romolo e Remo. Ci fu anche una conferenza stampa dell'allora ministro dei beni culturali, Francesco Rutelli. La scoperta era di per se stessa sensazionale. C'era qualcosa di nuovo e di mai pensato sotto il palazzo di Augusto, che a sua volta aveva voluto costruire la propria casa vicino a quella leggendaria di Romolo, sul Palatino. Non si poteva distruggere il presente per ritrovare il passato, così fu introdotta nella profondità una sonda con telecamera che scoprì un mondo completamente nuovo. Una cupola decorata a conchiglie e mosaico con nel mezzo l'aquila bianca simbolo di Augusto. Tutto poteva far seriamente pensare che quella cupola fosse il tetto della grotta di Romolo e Remo, il Lupercale.

Naturalmente sono nate molte polemiche. Altri archeologi importanti hanno detto che la grotta è un ninfeo, cioè il santuario dedicato a una ninfa, non il Lupercale. Ma la scoperta è stata grandiosa comunque. Perché ha confermato i risultati degli scavi di Carandini per cui sul Palatino ci sono resti evidenti di un muro che assomiglierebbe molto al tracciato originale della città di Romolo, quella scavata dall'aratro primordiale.

Questo non vorrebbe dire che Roma è nata il 21 aprile del 753 avanti Cristo, che è nata cioè in un solo giorno con un colpo di aratro. Ma che tutta la leggenda di Romolo e Remo ha qualcosa di particolare che costringe a pensare. Magari Romolo non era un eroe ricco e sapiente, ma potrebbe essere stato l'eroe più forte, il migliore di un'epoca, così da essere ricordato e tramandato come un riferimento per le trasformazioni e le imprese della città. In sostanza, è giusto dire che Romolo è una leggenda. Ma qualcuno, forse molti, nel tempo, hanno comunque fatto quello che viene accreditato a Romolo. Ci sono prove archeologiche che dicono che qualcosa di simile a quanto raccontato su di lui è stato realmente fatto e in quello stesso tempo. Queste scoperte non dimostrano niente di contrario alla leggenda. Dicono solo che nella leggenda può esserci un po' di storia.

La festa

Torniamo alla grotta, al Lupercale. Inizialmente era il santuario dove i latini veneravano il dio Luperco (cioè Fauno) protettore del bestiame, davanti all'attacco dei lupi.

La festa, con il nome di Lupercalia, si festeggiava il 15 di febbraio, mese in generale destinato alle purificazioni.

Fu Dioniso di Alicarnasso, quasi sempre il più informato, a mettere a contatto i Lupercalia con Romolo, Remo e l'allattamento della lupa. In effetti, secondo una leggenda appena posteriore raccontata da Ovidio, ai tempi di Romolo re ci sarebbe stato un lungo periodo di sterilità nelle donne. Le leggende d'altra parte sono spesso strane, ma pretendono una logica. Se i primi romani non avevano compagne, non potevano avere figli. Quando ne ebbero in abbondanza, dovevano pur aspettare i tempi giusti, che non sono mai quelli che si vorrebbero. In sostanza per generare non basta accoppiarsi. Noi lo sappiamo adesso, loro lo sapevano allora, ma non ne erano sicuri. Tra questo e lo spavento di non avere figli la distanza è minima. E senza figli tutto l'incredibile esperimento sociale che Roma rappresentava sarebbe stato annullato. Uomini e donne decisero allora di forzare la mano al destino. Si recarono in processione fino al bosco sacro di Giunone sull'Esquilino e qui rimasero in preghiera chiedendo alla dea madre il perché della situazione.

La dea rispose attraverso il vento tra le foglie. Nel gran silenzio del popolo, Giunone raccontò la sua verità. Per guarire dalla sterilità, le donne dovevano essere penetrate da un caprone sacro, il simbolo stesso della potenza e della fertilità. Non era un caso. Il termine usato dalla dea fu *ìnito,* cioè penetro, che deriva da Inuus, a sua volta un altro nome del dio capro per eccellenza, Fauno, sempre lui. Le giovani donne si rifiutarono di ubbidire al consiglio di Giunone, non volevano avere niente a che fare con il caprone. Ma un àugure etrusco tranquillizzò tutti spiegando che l'invito della dea non andava preso alla lettera. Non era l'invito a un amplesso animale. Era qualcosa di meno grave e di molto più complicato. Bisognava uccidere un capro, tagliare la sua pelle a strisce e con questa frustare la schiena delle donne. Il risultato sarebbe stato sicuro. Così fu fatto e inspiegabilmente, dieci mesi dopo la cerimonia, molte donne diventarono madri.

Il significato

Con il tempo la cerimonia cambiò ancora significato. Restò il rito delle fertilità, ma si accoppiò con quello dell'iniziazione del maschio, la sua possibilità di generare. I nuovi uomini, insomma. Il rito si svolgeva nella grotta del Lupercale e veniva celebrato da giovani sacerdoti chiamati Luperci. Erano seminudi, avevano il corpo spalmato di grasso con una maschera di fango che copriva il viso. Potevano nascondersi il ventre solo con la pelle degli animali che avevano sacrificato durante la cerimonia. Plutarco ha lasciato una cronaca molto precisa della cerimonia. Dice che in quel giorno venivano iniziati due nuovi luperci sempre nella grotta sacra. Nella prima parte della cerimonia avvenivano i sacrifici animali. Non è chiaro cosa si sacrificasse. Certamente un capro, forse anche una capra, probabilmente anche un cane. Molti si sono scandalizzati davanti a questa barbarie, ma trattandosi di lupi-capri bisogna ricordare che i cani erano avversari naturali dei lupi.

I nuovi sacerdoti venivano segnati sulla fronte con un

coltello intriso nel sangue del capro sacrificato. Questo sangue veniva subito dopo asciugato e lavato da lana bianca inzuppata di latte di capra. Quando l'operazione era compiuta, i due nuovi adepti avevano l'obbligo di ridere.

Era una cerimonia importante. Il segno con il sangue significa una morte, la fine del ragazzo che c'era prima della consapevolezza. Il latte successivo, la nuova vita. Era una straordinaria cerimonia di iniziazione maschile. Un rito liberatorio e volgare, zeppo d'istinto, in cui il maschio era tenuto a dare il peggio di sé, il suo aspetto più naturale e selvaggio. Il suo poter essere una pura macchina animale di riproduzione.

Ai due ragazzi scelti per il rito venivano fatte indossare le pelli del capro sacrificato che nel frattempo erano state tagliate a strisce fini per farle sembrare mani di una frusta. A questo punto si andava a mangiare, un pasto abbondante, sacrilego, smodato, poi tutti i luperci uscivano e si mettevano a correre intorno al colle, saltando, ridendo, gridando e colpendo con le strisce di capra le donne che incontravano, ma anche la terra. La frustata era un amplesso virtuale con il capro, l'animale della potenza e della fertilità. Valeva per le donne e per la terra. Le giovani donne lungo il tragitto andavano incontro ai luperci e si facevano volontariamente battere il ventre per ottenere fertilità. Era insomma una vera orgia a cielo aperto, qualcosa di grande e di grasso che ammaliava il popolo. I Lupercalia durarono quasi duemiladuecento anni, un tempo infinito, superiore all'attuale durata del Cristianesimo. A porre fine a questa festa di popolo fu papa Gelasio nel 495 dopo Cristo, che scrisse al principe del senato della città (l'Impero era finito quarant'anni prima, il papa e il senato erano i veri organi politici rimasti ad amministrare la città) dicendo che la festa era ormai intollerabile, tanto più che vi partecipavano anche molti cristiani. Fu un brutto colpo, il popolo adorava l'eccesso dei Lupercalia, tanto che si cercò di sostituirli con la Candelora, il 2 febbraio. Ma senza risultato.

Secondo alcuni, nella seconda parte della festa, quando i luperci scendevano lungo il perimetro del Palatino, non erano solo gli animali della potenza, cioè i capri, ma anche lupi. Proteggevano cioè il perimetro della città, ovvero il confine della sicurezza degli armenti, dall'arrivo di altri lupi. Che, come abbiamo visto nel caso di Romolo, erano a poche decine di metri. In sostanza, come ricordava Dumezil, grande storico delle religioni, i Lupercalia erano la festa dell'istinto, l'interruzione dell'ordine umano regolato dalle leggi: una specie di Carnevale esasperato, il trionfo di tutti quegli spiriti che facevano capo a Fauno.

La lupa inutile

Pochi, anche tra gli antichi romani, hanno pensato che i gemelli siano stati salvati da una lupa. Più seriamente, nessuno ha mai voluto davvero intralciare una leggenda che aveva preso il largo, i dubbi però sono sempre rimasti molti. *Lupa*, in quel tempo, significava prostituta. Per una giovane donna non era un grande peccato. I figli, come abbiamo visto, venivano esposti con facilità. Lo facevano le principesse, figurarsi se non lo potevano fare le figlie del popolo. Coloro che più facilmente venivano rinnegate erano le figlie femmine del popolo perché improduttive. Non c'era spazio per molte di loro nella società arcaica. Morivano giovanissime per le gravidanze, non lavoravano la terra, potevano stare in casa dove però bastavano poche altre braccia. La prostituzione, al tempo di Romolo e anche più tardi, non era un'infamia profonda, era quasi un servizio sociale. Un modo per le donne di realizzare se stesse, di sopravvivere. Non c'era altro rispetto per la donna: o era legata a un patrizio, o era merce di scambio. La morale era ancora più lineare. Lupa era il nome che veniva dato alle prostitute. Lupa perché si dava con generosità, ma pretendeva fino all'ultima energia, fino all'ultimo denaro.

Faustolo era il capo dei porcari del re di Albalonga, sovrintendeva ai maiali, il che non era un semplice problema di tavola. Molto più di adesso, i maiali erano fonte di reddito. Faustolo si trovava sui sentieri del Colle Palatino proprio per questo, erano terre, quelle, che il re aveva acquistato per il pascolo e l'allevamento dei propri armenti. In quella zona le frequenti piene del Tevere rendevano le terre più fertili e l'erba più verde.

Faustolo quel giorno aveva un problema. Aveva già undici figli a cui non faceva fatica a procurare il cibo ogni giorno. Ma gli era morto il dodicesimo. Sua moglie, Acca Laurentia, aveva le mammelle inutilmente gonfie ed era molto triste. Faustolo era fuori casa ormai da qualche tempo quando si avvicinò al gruppetto di contadini che stavano uscendo dalla selva dietro al Lupercale. Parlavano con eccitazione, due stringevano al petto dei grossi involucri, e tutti sembravano aver visto qualcosa di miracoloso. Si fermò e domandò. Gli fu detto che i pastori avevano sentito il pianto di bambini venire dal bosco, avevano allargato le frasche e si erano trovati davanti due neonati completamente nudi che si sfamavano succhiando le mammelle di una lupa.

I pastori dissero di aver avuto paura. La lupa avrebbe potuto diventare ostile, innervosirsi, divorare i bambini e attaccare gli uomini. Ma i neonati sembravano davvero figli suoi. Li sfamava e li lavava con la lingua, si comportava come una madre perfetta. Quando la lupa vide gli uomini si sentì quasi sollevata. Non li attaccò, come gli uomini temevano, non si ribellò in niente. Semplicemente smise di dare ai bambini le mammelle e fece quasi per andarsene, come avesse capito che il suo compito era finito. I pastori poterono prendere i gemelli che ancora piangevano e cercavano le mammelle della lupa. Li rinvoltarono in una coperta, ma non ottennero grandi risultati. I bambini continuavano a piangere. I pastori erano stupiti, disorientati. Non sapevano bene come maneggiarli e non capivano perché la lupa li avessi lasciati a loro con tanta facilità.

Faustolo chiese di vedere i bambini. Erano bellissimi, più grandi e più belli di come sono i bambini appena nati. Lui lo sapeva, ne aveva avuti dodici. Disse: «Hanno bisogno di una madre».

Risposero: «Gliela troveranno. Adesso li portiamo ad Albalonga. Deciderà il re».

Faustolo insisté: «Cosa c'entra il re con due neonati che hanno fame. Ha problemi più importanti. E qui siamo lontani da Albalonga»

«Tu che suggerisci?»

«Dateli a me. Mia moglie ha partorito un figlio morto. Sta soffrendo molto e ha il seno gonfio per il latte che non può dare. Lasciate che li porti da lei. Voi non avrete più problemi e mia moglie avrà i figli che ha perso».

Faustolo era il capo dei porcari, non un uomo qualunque. I pastori decisero di fidarsi. Era la cosa più semplice anche per loro. Così i gemelli passarono dalla lupa originale all'altra, Acca Laurentia, la moglie di Faustolo, che tutti dicevano facesse di mestiere la prostituta, senza che Faustolo trovasse questo disonorevole. Tanto è vero che ancora oggi i bordelli si chiamano *lupanari* dalle stesse lupe che ci vivevano dentro.

C'è anche una versione tarda secondo cui Romolo e Remo furono allattati non da una lupa, ma da una leonessa. Non ha però mai avuto fortuna. I romani sono sempre stati legati all'idea della doppia lupa, l'animale e la prostituta. La lupa animale è il segno dell'intervento di un dio (Fauno, anzi, sua moglie Fauna; il lupo è il loro animale e loro sono divinità nel cerchio magico di Marte), significa la differenza dei gemelli, il loro essere predestinati a grandi cose. La lupa prostituta probabilmente piace perché è una condizione comune a molte altre madri e segna l'umanità da strada, universale, che viene data ai gemelli dopo l'intervento dell'animale divino. In sostanza la vulgata non ha mai voluto scegliere tra una lupa e l'altra. Si sono prese nella favola entrambe le soluzioni, scartando tutte le altre.

Licinio Macro, annalista del primo secolo avanti Cristo e grande fornitore di notizie per Livio e Dionisio, con strana mania medica, ritiene incompatibili il latte di una lupa con il latte di una madre. Quindi trova impossibile che Romolo e Remo abbiano avuto due madri. Licinio Macro è uno storico che tende per abitudine a razionalizzare il mito delle origini. Tratta i personaggi della saga come fossero uomini reali, ne fa quasi un problema scientifico. Questa specie di demitizzazione, questo voler rendere la storia più semplice per farla più vera, è stato un dovere anche per altri storici importanti, che per cercare di dare a tutto una spiegazione logica hanno ucciso la parte eroica della vicenda. Senza la quale l'intera saga ha poche ragioni di sopravvivere. Una favola o è una favola o non è nessuna altra cosa. Spesso gli storici e i letterati romani si sono talmente persi dietro alle avventure di Romolo da averne fatto un personaggio vivo: è l'affetto dell'autore per il proprio personaggio. In realtà l'affetto è stato sempre verso una costruzione letteraria, mai verso qualcosa di reale. Il fatto che noi si racconti ai nostri figli la favola di Cappuccetto Rosso, che ci siano centinaia di edizioni colorate che ne confermano l'esistenza, non ha mai significato che i personaggi siano davvero esistiti.

Ricapitolando, il lupo è solo l'animale classico che s'incontra per questo tipo d'interventi nella leggenda. In questo caso rappresenta Fauna, moglie di Fauno, dio di tutte le selve. Questo significa che Romolo e Remo hanno la protezione del grande dio quando affrontano la loro prima iniziazione. Sopravvivere è il loro primo atto d'eroismo, il segno di una diversità straordinaria. Il lupo è l'animale classico dei miti perché è vorace e di buon carattere, fondamentalmente ambiguo. Questa diversità si adatta bene alle creature che nei miti devono difendere gli eroi, oppure i fondatori di città, i generali, gli uomini di grande destino. Questa è la diversità che viene riconosciuta anche in Romolo. Avrà sempre un doppio carattere, a volte generoso e tranquillo, altre volte crudele, quasi ferino. Da queste caratteristiche del fondatore deriverà, secondo Giustino, la predisposizione alla violenza di tutti gli antichi romani. Che non fu mai poca.

Faustolo è a suo modo un personaggio molto importante. Le versioni più credibili non lo fanno venire da Albalonga, ma lo fanno vivere sul Palatino, direttamente sopra la grotta del Lupercale. Capo porcaro di Amulio, fa il suo lavoro da lontano: è un inviato del re incaricato di gestire gli armenti in base al tempo e al territorio. Il re direbbe che Faustolo sa interpretare il volere degli dei. Il capo porcaro che sbaglia meno è quello che fa crescere meglio i porci del re. Improvvisamente anche Faustolo precipita dentro il mito. I suoi nomi (Faustolo, Fausto, Fabio), sono tutti nomi che derivano da Fauno, che significano segnali favorevoli dagli dei. Fauno deriva infatti, come già detto, da *qui fauet,* cioè colui che favorisce. La sua capanna sul Palatino è nello stesso luogo dove sorgerà poi la capanna di Romolo. Siamo all'antefatto della fondazione, quando ormai niente nella leggenda avviene per caso. Faustolo significa ancora una volta che il dio Marte, attraverso Fauno, è dalla parte di Romolo. Per Remo è ormai già tardi, le sue gesta interessano infinitamente meno. La crudeltà di ogni nostro giorno è già una scienza logica in questi casi. Conta il vincente. Non si possono avere distrazioni. Romolo è il prescelto, e anche se all'altro toccherà gloria, sarà sempre la gloria dei perdenti.

Faustolo, come capo porcaro, è il responsabile di tutta la zona del Palatino, una zona verde, una campagna privilegiata riservata ai re di Albalonga, lo sbocco naturale della città verso il Tevere. Probabilmente c'erano capanne sparse qua e là sul Palatino, sull'Aventino e su altri colli. Qui la leggenda tocca la storia vera. I colli, alti 50-100 metri, erano sufficienti a raccogliere l'umidità e il fresco del fiume, ma anche a dare salvezza agli animali e ai loro guardiani dai disagi della palude che si allargava lungo la piana.

Possibile che questa sia la verità di Faustolo, che sia stato un piccolo funzionario del re di Albalonga destinato a vivere lontano dalla sua città per accudire il bestiame del re. Il mito preferisce pensarlo un semplice pastore, un ospite di passaggio. Il perché è evidente. Non interessa al mito l'idea di un colle Palatino già popolato. Che senso avrebbe la prossima fondazione di Roma in un luogo che già cominciava a essere pieno di uomini e animali? La fondazione di una grande città non deve avere nessun precedente.

Così Faustolo resta il capo porcaro che viene da Albalonga. Gli altri pastori sono un contorno mitico abbastanza normale. Nelle leggende i pastori non hanno quasi mai importanza. Anche in questa fanno parte del panorama, si trovano dietro ogni classificazione mitica. Sia perché il pastore, ai tempi, era il mestiere più comune, sia perché quasi per definizione i pastori non si fanno domande, hanno interessi semplici, subiscono con docilità e stupore qualunque grande fenomeno naturale. Non deve quindi sorprendere che per primi siano proprio i pastori ad arrivare alla lupa. Sono le piccole chiavi di qualunque racconto mitico. Come un cattivo scrittore di gialli fa apparire una pistola quando non sa come andare avanti, così le leggende usano i pastori. Sono i tratti di unione di qualunque universo arcaico. Vivono nel vuoto, nel piccolo niente che deve essere riempito senza farsi domande. I pastori servono per collegare la lupa a Faustolo. Per dimostrare che la lupa non è un animale, non ha divorato i piccoli, li ha anzi nutriti, e non attacca chi glieli vuole togliere. La lupa, con una dignità che è quasi discrezione, senso della storia, si alza e se ne va. Non discute con gli uomini, non lotta. Ha solo esaurito il suo compito. Il dio è dentro lei, non dentro i pastori. E il dio ricompare in Faustolo, che chiaramente è una creatura di Fauno, come si capisce dal suo stesso nome.

Il fico ruminale

Nel mito niente nasce per caso. Che la grotta del Lupercale dove la lupa allatta e accudisce i gemelli sia coperta quasi per intero dai rami di un fico ruminale deve dunque per forza avere un significato. Il fico non è mai stato un albero qualunque nella storia dei popoli. Curioso come queste strane identità poi ritornino sempre. In Grecia il fico era collegato a molte divinità. In Persia i fichi venivano consumati insieme al latte in molte cerimonie regali. Ancora oggi sono molti a pensare che il nome Roma derivi da

Ruma, che nel linguaggio arcaico significava mammella. Rumina è invece la divinità che si occupa del nutrimento dei bambini. Il suo frutto sacro è proprio il fico.

Si pensa che il lattice del fico possa essere stato il primo alimento di Romolo e Remo, prima ancora dell'arrivo della lupa. Ma bisognerebbe pensare a neonati che hanno capacità di scegliere i propri gesti. D'altra parte, questo è il mito, trasforma la contingenza in eternità. Non è credibile, ma ha un significato. Romolo doveva vivere perché era il nuovo mondo che metteva insieme la tradizione etrusca e quella greca. La perfezione. Che si nutrisse di lattice o di latte, era un semplice problema poetico. Anzi. Più sarebbero state le versioni e più si sarebbe creduto in lui.

Acca Laurentia, la madre

C'è un dato di fatto. Praticamente tutti i grandi autori latini e greci delle origini di Roma convergono su un punto: Acca Laurentia, la moglie di Faustolo, la donna che prende il posto della lupa e continua l'allattamento dei gemelli, era una prostituta. Le diversità stanno nei tempi, per alcuni lo era stata, per altri lo è rimasta. Lo dicono grandi storici, da Fabio Pittore a Dioniso di Alicarnasso, da Tito Livio a Plutarco, a Tertulliano, a Servio, fino a Gerolamo, un padre della chiesa cattolica. Tertulliano è anzi durissimo. Dice alla lettera: «I vostri autori non si sono vergognati di menzionare apertamente Laurentia. Questa fu una prostituta prezzolata sia che fosse nutrice di Romolo, e perciò lupa proprio nel senso della prostituta, sia che fosse amante di Ercole, per di più quando era già morto, cioè quando era ormai un dio».

Perché tanta uniformità di giudizi su un punto cruciale della leggenda, cioè la nutrizione di Romolo e Remo, la loro sopravvivenza? Possibile sia successo qualcosa di molto umano. Con gli anni, con i secoli, la leggenda finiva per doversi confrontare con nuove situazioni culturali, con nuove coscienze. La storia della lupa era suggestiva ma inverosimile. Molti grandi autori classici si sono trovati a dover certificare qualcosa che ritenevano assurdo, cioè l'allattamento improvviso, delicato e spontaneo, di due bambini da parte di un animale quanto meno selvatico. Non ce l'hanno fatta. Si sono fatti domande, hanno indagato più a fondo la leggenda, hanno cercato d'interpretarla e alla fine hanno tratto le loro conclusioni. Una lupa non poteva fare quello che era il compito di una donna, di una madre. Lentamente, deve essersi fatta strada negli storici una versione meno romanzesca.

Se la lupa è Acca Laurentia, tutto torna. Forse i gemelli sono proprio suoi, o nemmeno cambia, Nunitore o Amulio li hanno dati a lei che per mestiere era abituata a inciampare nelle gravidanze. C'è in questo blocco psicologico dei grandi storici il rifiuto di celebrare un miracolo troppo grande. Hanno pensato che la Roma che conoscevano loro intorno all'età di Cristo, una Roma che era già padrona del Mediterraneo, non meritasse operazioni di marketing così retoriche. Già c'era stata la smemoratezza di Rea Silvia davanti allo spettro di Marte. Poi l'alluvione del Tevere che aveva trasformato le rapide abituali del fiume in una lunga oasi ininterrotta di placide zone lacustri. Infine l'impatto con la sponda della grotta e la conseguente caduta dei neonati davanti all'ingresso. C'era troppa aria di favola.

Fino alle guerre puniche, fino alla fine del terzo secolo avanti Cristo, sono solo i greci a scrivere di Roma. Nessun romano li aiuta. Quando Cartagine viene affrontata e battuta, comincia la voglia di Roma di celebrarsi. Ormai padrona del Mediterraneo, non avrà più bisogno di un buon motivo per cominciare una guerra, le basterà volerla. Il piacere e il bisogno di raccontarsi diventano cioè un dovere del nuovo imperialismo romano. I primi storici latini della nuova capitale furono Fabio Pittore e Ennio. Poi nei trecento anni successivi vennero tutti gli altri. Per questi eruditi che dovevano sempre confrontarsi con i nuovi maestri greci e orientali, con la voglia di storia e di realtà che Roma ormai portava, era quasi impensabile mettere la loro firma sotto la storia di una lupa che fa da madre a due neonati salvatisi dalla piena di un grande fiume. Così accolsero altre leggende.

Valerio Anziate scrive che «Faustolo dette da allevare i gemelli ad Acca Laurentia, sua amante, chiamata lupa perché era solita prostituirsi per denaro». Per dimostrare che ha ragione, Valerio ricorda che con il nome lupa «sono designate le donne che fanno commercio del proprio corpo; da lì deriva l'uso di chiamare lupanare il luogo in cui sono alloggiate».

Anche Livio è chiaro: «Alcuni credono che Laurentia fosse chiamata lupa perché prostituiva il corpo, e da qui sarebbe nata l'incredibile favola».

Appena più probabilistico Plutarco: «I latini chiamano lupa sia la femmina del lupo sia le donne che si prostituiscono. Dicono che la moglie di Faustolo, cioè colei che allevò i neonati, fosse una di queste».

Lattanzio non ha proprio dubbi: «Chi ignora che la moglie di Faustolo, nutrice di Romolo e Remo, fosse una donna che vendeva il suo corpo?». San Girolamo, uno dei padri della Chiesa, è più sinuoso: «Acca Laurentia era chiamata lupa per la bellezza e il fascino del suo corpo messo in vendita; motivo per cui ai giorni nostri le stanzette delle prostitute sono ancora chiamati lupanari».

In conclusione, per 5-600 anni almeno, a cavallo tra la fondazione della città e la nascita di Cristo, o, se preferite, il regno di Ottaviano Augusto, si è stati convinti che Acca Laurentia fosse la vera lupa e che non ci sia mai stata una madre animale di Romolo e Remo. Sei secoli sono tanti e valgono certamente dubbi su un argomento in cui di sicuro non è stato provato niente. Sarebbero state poi le tante generazioni successive ad assumersi la responsabilità del mito, della madre animale piuttosto che della madre umana, quando cioè il tempo non aveva più vergogna e tornava anzi ad avere voglia di mito. D'altra parte è inutile abbracciare il mito a metà. Si tratta di un'altra fede, non si può prendere a fette. Razionalizzarlo come hanno fatto molti storici classici in ossequio alla scientificità del proprio lavoro può essere sintomo di voglia di realtà ma non di grande fantasia professionale.

Acca Larenzia non è una prostituta, è qualcosa di diverso e di più complesso. La radice *ak*, cioè quella di Acca, coincide con il sanscrito *akka,* con il greco e perfino con le lingue dell'estremo Nord europeo, il finnico *ukko* e il lappone *(mader)akka.* In tutte le lingue Acca ha un significato legato alla maternità, è una specie di piccola grande madre che disciplina e da cui molto dipende, un vero richiamo alla *madre terra,* il grande totem attorno a cui ruotano tutte le religioni.

Perfino la madre adottiva di Ciro il Grande, il più grande imperatore persiano, di poco posteriore alla leggenda di Romolo, secondo Erodoto rientra nella grande categoria di Acca Laurentia. Anche Ciro, come Romolo, da neonato viene allattato da un animale, non una lupa ma una cagna. Viene poi allevato da un mandriano che si chiama Mithradates e da sua moglie Spako, in cui è facile trovare sia Faustolo che Acca. Non solo, ma Spako ha la radice solita *ak* che abbiamo trovato in Acca. I miti di Romolo e Ciro si sovrappongono in modo chiaro. Spako vuol dire cagna, Acca è la lupa. Il cane in Persia era un animale legato al culto di Mitra così come la lupa era legato al culto di Fauno, quindi di Marte.

Tutto questo non significa una straordinaria scoperta mito-scientifica, ma solo la conferma che il nome e il mestiere di una prostituta difficilmente possono essere al centro di leggende che raccontano la nascita di grandi imperi. Può anche darsi che i tanti storici che portano avanti la soluzione di Acca prostituta abbiano alla finc ragionc. Erano in fondo molto più vicini alla vulgata di quanto lo si sia oggi noi. Ci sono però in Acca i segni di una grande fertilità e di una maternità quanto mai vasta e consequenziale. Acca può forse una prostituta, ma è certamente una madre. Il punto semmai è un altro: che differenze ci sono tra i mestieri della donna tremila anni fa? Questo è il senso di Acca e di tutte le *ak* delle nostre culture.

La Acca di Ercole

Più probabilmente i due miti, quello della madre prostituta e della madre animale, si sono sovrapposti molte volte nel corso dei secoli. E hanno perfino contribuito a costruire un'altra idea della fondazione di Roma. Ricorderete la prostituta che Ercole al Foro Boario vince ai dadi contro il guardiano del suo stesso tempio. Quella donna si chiamava Acca Laurentia e rimase fino all'alba con Ercole, il quale per premio di un'alba superlativa, le disse di sposare il primo uomo che avrebbe incontrato uscendo. Acca incontrerà Taruzio, un vecchio signore ricco, proprietario di molte terre intorno a Roma, che poco dopo la sua morte passeranno alla moglie che a sua volta le regalerà alla città.

Il nome, il mestiere, la voglia anche di trarre conclusioni, hanno confuso e sovrapposto tutto. In questa terza versione, Acca diventa una vera prostituta che si consacra liberamente al dio. Ercole prende il posto di Marte come divinità fondante della città. A chiarire meglio la sostanza e i tempi, le terre che Acca avrà in eredità dal marito non andranno a Roma, ma a Romolo stesso, facendo capire che questa leggenda deve essere collocata durante l'epoca dei gemelli e non ai tempi di Tarquinio Prisco come farebbe pensare la desinenza *Tar* di Taruzio. Propone una sua solitaria ipotesi di fondazione ispirata a Ercole durante ll suo lungo pellegrinaggio in Italia dopo il ritorno dalle terre di Gerione. Acca insomma passa da madre a prostituta, poi di nuovo a madre con sufficiente disinvoltura. Ma resta figura fondamentale del mito, la cui importanza è provata proprio dalla frequenza con cui il nome viene trovato in molte altre culture. La sua innocenza è conclamata dall'essere lei stessa la madre dei Lari e degli Arvali, e prestissimo Romolo si offrirà di sostituire il dodicesimo figlio morto di Acca. In sostanza, Acca diventa una vera piccola grande madre di tutti i romani, onorata come la madre di tutti gli antenati di ciascuna casa romana. Cosa sia stata in realtà nessuno ha facoltà di capirlo, ma regala i segni di un simbolo. Riesce a essere per la nuova città quello che non è stata Rea Silvia. Acca è la prima vera romana, prima ancora che lo diventi Romolo.

10

I PICCOLI GEMELLI CRESCONO

Questo è il tempo in cui i gemelli crescono. È già straordinario il posto in cui vivono, nella parte sud del Palatino, davanti alla vallata del Circo Massimo, di fronte all'Aventino. Crescono nella capanna di Faustolo e Acca Laurentia, tra i porcari e i guardiani di bestiame di Amulio e quelli di Numitòre. C'è tutto un mondo che si muove tra i boschi sulle piccole colline intorno al Tevere. Gente che porta i propri armenti, gente che ci vive, gente che transita da un mondo all'altro, quello greco e quello della Campania e di tutto il mezzogiorno. È evidente che si è da tempo messo in moto qualcosa. Per qualità di ambiente, per facilità di passaggio sul Tevere, per la vicinanza di tante città importanti, da Albalonga a Lavinio, a Cerveteri, a tutte le città delle lega latina, il luogo su cui nascerà Roma è già un luogo molto popolato prima che Roma nasca. Questo è importante per la comprensione di base della nostra storia. È chiaro che Roma non fu fondata in un giorno, non ci fu la corsa dell'aratro di Romolo a chiudere la *città quadrata.* C'era un nucleo sparso di pastori e commercianti che vivevano e passavano costantemente da quello steso posto. E lo rendevano via via sempre un po' più abitabile. Quella città un giorno, qualche secolo dopo, rimbalzandosi le leggende addosso, avrà voglia di trovare molti modi di costruirsi un passato regale. Finché gli intellettuali delle varie epoche finirono per scegliere le soluzioni migliori. È per questo che la storia di Roma assomiglia alla storia di molte altre leggende del Mediterraneo. La vergine, il dio, i gemelli, la cesta, il fiume che si placa, l'animale che allatta. Perché una leggenda aiuta l'altra a nascere. Una diventa riferimento dell'altra.

Il segreto

Alcune fonti dicono che Romolo e Remo crescono con l'aiuto di Numitòre, il padre di Rea Silvia. Sarebbero stati i soldi del nonno a consentire a Faustolo di occuparsi dell'educazione dei gemelli. Numitòre li avrebbe lasciati presso Faustolo e Acca per usarli forse come mezzi politici. Un po' certo l'amore di nonno, ma molto contava che i due nipoti maschi avrebbero potuto un giorno aver voglia di rendere al nonno il regno che era suo e quindi anche un po' loro. E a quel punto sarebbero stati costretti a passare attraverso la vita di Amulio, vendicando tutte le sconfitte subite in tanti anni da Numitòre, dalla perdita del regno all'assassinio del figlio, alla scomparsa di Rea Silvia, l'altra figlia. Non ci sono certezze su questo doppio gioco di Numitòre, ma è probabile. Faustolo e Acca sono certamente persone fedeli a Numitòre anche se vivono nella parte del colle Palatino dove vivono i servi di Amulio. Faustolo sa fin dal primo momento dentro la grotta del Lupercale chi sono i neonati che ha davanti. Eppure salva Romolo e Remo da una morte che il suo stesso padrone aveva deciso. Si schiera dall'altra parte.

Nei boschi del Palatino e tra i campi della pianura, i due gemelli crescono in modo tranquillo e selvatico. Tutti i testi classici dicono che erano belli e diversi, spontaneamente capi. Dioniso di Alicarnasso, con Livio e Plutarco il più attento nel raccontare la loro vita, dice che «diventati uomini, per dignità d'aspetto e per elevatezza d'ingegno, si mostrarono simili non a porcari e bovari, ma proprio come ci si aspetterebbe da uomini di stirpe regale, discendenti da seme divino».

La prepotenza dei giovani gemelli

Questa diversità evidente li fece diventare presto i capi del piccolo gruppo di pastori della zona. La gente li considerava un po' arroganti, forse troppo ambiziosi, ma si fidava di loro e gli lasciava guidare la comunità. Romolo e Remo proteggevano le greggi dai tanti briganti che si affacciavano sulla pianura davanti al fiume. Erano vere piccole guerre. La città era lontana, non c'erano soldati a proteggere nessuno. I briganti arrivavano e attaccavano i pastori per rubare il bestiame. L'unica difesa era reagire, organizzarsi, combattere. Diventare briganti a loro volta. Romolo e Remo uccisero decine di avventurieri che volevano rubare le loro bestie e altrettanti per andare a rubare le bestie degli altri. Erano decisi e spietati, non avevano dubbi. Erano più banditi dei banditi. Questo li rendeva indispensabili per i pastori amici che sapevano fare solo il loro mestiere e non avevano abbastanza forza per difendersi.

Livio dice che i due giovani furono da subito pastori instancabili e che amavano nel tempo libero attraversare le valli cacciando. Rapidamente diventarono più alti e aitanti di tutti gli altri abitanti della zona. Questo li rese anche più prepotenti. Misero su una banda con cui andavano ad attaccare i gruppi di pastori che vivevano vicino. Ovidio è molto più leggero nel racconto. Dice che «spesso tornavano a casa lieti del sangue dei briganti/ e riportavano i buoi rubati ai loro legittimi proprietari». Ma sinceramente non risulta avessero tentazioni alla Robin Hood. Risulta fossero dei veri e propri principi guerrieri, troppo più forti degli altri per fermarsi solo a far del bene.

Non c'è da sorprendersi, il confine tra male e bene, tremila anni fa, non era quello attuale. Il giusto era tutto quello che era utile per sopravvivere. La vera legge morale era riuscire ad andare avanti uccidendo gli avversari prima che questi uccidessero te. È probabile che queste imprese rappresentassero nel racconto il passaggio dall'adolescenza all'età adulta. Sia crescere tra i pastori, sia doversela cavare tra bestiame e briganti, cioè affrontare una prova, è da sempre un vecchio motivo classico. Senza andare troppo lontano, i giovani lucani, quando arrivavano intorno ai sedici anni, erano mandati a vivere lontano dal loro villaggio, lasciati in mezzo ai boschi senza armi e senza vesti. Dovevano riuscire a sopravvivere cacciando o rubandosi il cibo a vicenda. A Sparta i bambini venivano tolti alle famiglie ad appena sette anni e messi a vivere con gruppi di coetanei chiamati *greggi*. Venivano accolti in società solo al compimento del loro trentesimo anno. Lo stesso Ceculo, fondatore di Preneste, venti chilometri a ovest di Romolo, cresce tra i pastori e ha la sua banda con cui tiranneggia il vicinato. Atene aveva invece un modo più organico di iniziare i giovani alla maggiore età (*efebia*). Veniva stilata una lista stagionale dei diciottenni, poi i ragazzi venivano affidati agli educatori e mandati in giro per l'Attica a visitare i luoghi sacri, dopodiché si mettevano a disposizione per un vero e proprio servizio militare e sociale. Erano tenuti a mostrare agli ateniesi cosa avessero imparato, infine giuravano fedeltà alla patria davanti agli altari dei loro dei.

A Roma, in un età ormai storica, almeno tre secoli dopo Romolo, il rito di passaggio tra adolescenza e maturità si svolgeva il 17 marzo nella grande festa dei *Liberalia*. Era un rito quasi privato, il ragazzo non doveva dimostrare niente. Si toglieva semplicemente la *bulla* che aveva portato al collo fin dalla nascita. La bulla era un ciondolo che per molto tempo fu d'oro e riservato solo ai figli dei patrizi. Significava: non toccate questo bambino perché è il figlio di un potente. Con il tempo l'abitudine alla bulla divenne di tutti, ma i plebei si mettevano al collo un ciondolo di cuoio.

Il ragazzo indossava poi la *toga virilis*, completamente bianca, che i genitori avevano preparato per lui da molto tempo. Tutto questo si svolgeva a casa del festeggiato al compimento del suo quindicesimo anno. Per le ragazze l'età della maturità si anticipava a dodici anni.

Gabii

Al racconto di Romolo e Remo ragazzi c'è un'aggiunta su cui non tutti concordano. Quando erano ancora adolescenti furono in gran segreto mandati a studiare lettere latine e greche a Gabii, una città famosa in quel tempo per la sua scuola di scrittura. Lo riferisce un po' di striscio Plutarco, se ne parla con più convinzione nell'*Origine del popolo romano.* Il fatto curioso è che nessun popolo latino risulta che in quel tempo avesse già una scrittura. Gabii però era qualcosa di diverso. Si trovava tra Roma e Preneste, al centro delle strade che portavano gli etruschi verso i mercati della Campania. Era ricca e ambiziosa. Per molto tempo fu alleata di Albalonga, questo potrebbe spiegare perché Numitòre decise di mandare lì i suoi due nipoti segreti. Verso la fine del sesto secolo, Gabii fu presa da Tarquinio il Superbo con l'inganno. Quando Romolo e Remo ci andarono per essere educati, Gabii doveva essere, dopo Albalonga, la città più importante di tutto il Lazio.

È molto probabile che fosse davvero anche l'unica ad avere una scrittura. Verso la metà dell'ottavo secolo infatti, cioè quasi esattamente al tempo della fondazione ufficiale di Roma (753), in una delle necropoli di Gabii fu trovato un vaso con sopra dipinte scritture. Nella grande necropoli di Osteria dell'Osa, vicina alla città madre, al diciassettesimo chilometro della via Prenestina, sono poi state ritrovate settecento tombe con molte iscrizioni in lingua greca, le più antiche mai trovate in Italia. Forse a Gabii sapevano davvero scrivere e conoscevano il greco.

Questo metteva la città in una posizione di privilegio e la trasformava nel primo centro culturale della zona. Non è un caso che Tarquinio Superbo, l'ultimo dei re di Roma, figura storica, abbia stipulato un patto con Gabii incidendo i termini del trattato su uno scudo di pelle di bue.

Gabii doveva tenere molto alla propria diversità culturale. È dunque molto probabile che i due fratelli siano stati mandati a scuola in quella città, come si conveniva ai figli di un dio che erano nati per governare città. I maestri di Gabii, i suoi educatori, però costavano molto. Faustolo e Acca non avrebbero mai potuto permettersi quella specie di college. I soldi li mise Numitòre, il quale si era segretamente tenuto sempre in contatto con Faustolo sulla crescita dei nipoti. Non li conosceva, non sarebbe stato in grado di riconoscerli, ma sapeva che esistevano e stavano diventando grandi.

Lo scontro con i pastori

Un po' prima di compiere diciott'anni Romolo e Remo tornarono nella casa di Faustolo sul Palatino. Erano ormai dei giovani capi istruiti e possenti, diversi dai giovani figli di pastori con cui erano cresciuti. Zonara dice che Romolo era «superiore per ingegno e per natura portato più a comandare che a ubbidire». Remo era più istintivo, più fisico. Era comunque la loro giovane forza a comandare su tutta la vallata che girava intorno ai colli sul Tevere. Finché un giorno successe qualcosa.

La differenza di Romolo e Remo, unita alle abitudini

selvagge dei pastori, portò a una rissa gigantesca. Non si può chiamare guerra. Successe che i pastori che guardavano gli armenti di Numitòre scesero giù dall'Aventino per cercare di prendersi con la forza gli armenti del re Amulio che pascolavano sotto al Palatino. Non c'è una ragione certa, ognuno aveva la propria tremila anni fa. Contava vivere. Romolo e Remo però ormai erano i leader riconosciuti della loro parte di terra. Scesero dal Palatino, picchiarono, uccisero e misero in fuga gli uomini di Numitòre. Il piccolo paradosso era che avevano difeso le bestie di Amulio, il loro carnefice, dagli aggressori al soldo del loro nonno.

Credo sia giusto capire che rubare il bestiame tremila anni fa era gravissimo e normale. Eracle va oltre l'Oceano per rubare i buoi di Gerione, poi li difende a sua volta dai furti di Caco proprio sul suolo di Roma. Perfino Nestore, re di Pilo, il leggendario eroe saggio dell'Iliade, si vantava di aver compiuto da giovane razzie insieme ad altri compagni. Il banditismo era un'iniziazione alla guerra e alla vita. Non erano tempi in cui si potesse non commettere del male. Quello che non facevano gli innocenti, lo facevano senza rimorsi tutti gli altri. E senza sentirsi colpevoli. Le pecore, le capre, i buoi, erano una vera ricchezza a portata di mano. Per averla e mantenerla, bisognava anche meritarla, saperla conquistare e difendere. Non c'era pastore che non fosse anche un po' soldato. Romolo e Remo erano diventati i capi del loro piccolo esercito.

Forse tutto comincia proprio con questo primo scontro fra pastori. Come è sempre stato nel mondo, a un'azione ne corrisponde un'altra simile. È la regola delle vendette di mafia e camorra, ancora oggi. Non importa più chi ha cominciato, qualcosa è successo. Il resto precipita da solo. Romolo e Remo capitano presto in questo labirinto. Sono più forti, quindi i più detestati. Sono i più belli, quindi i più odiati. Hanno le bestie migliori, passano per essere al soldo dei pastori del re. Hanno tutto per avere nemici. E non se ne fanno mancare.

Affiorano lentamente le differenze. Remo è il più gradasso. Sente la forza fra le mani, non ha paura di niente, è convinto che l'energia possa governare qualunque sentimento. Romolo sembra un piccolo passo indietro. È più rispettoso, più riflessivo. Ha coscienza delle proprie azioni, non pensa siano giuste per principio. Entrambi sanno di aver messo in moto una pietra che continuerà a scendere giù dalla montagna. Quando si uccide per la «roba» non si può più smettere. Altri nemici arriveranno, altre giustificazioni andranno trovate, finché forse non verranno le guardie stesse di Amulio e Numitòre. Ma i gemelli si sentono immortali, non fuggono le guerre, anzi, le chiedono.

E cominciano a guardarsi.

Uno solo comanderà nel gruppo, lo sanno, ma rinviano la risposta. Stanno bene insieme, non hanno ancora mai avuto un motivo per affrontarsi. Uno ha difeso l'altro fin dal primo giorno sul Tevere.

Ma cominciano a guardarsi.

Qualcosa sta per succedere, qualcosa sta per interrompere quell'equilibrio senza speranza. Carta vince, carta perde. Non è un gioco, è la vita. Succede anche a loro.

I nuovi nemici

I nuovi nemici arrivano quando Romolo e Remo stanno ancora giocando. Hanno inventato una festa, si sono travestiti da luperci, fanno finta di essere mezzi lupi e mezzi capri. Corrono giù per il Palatino seminudi, fustigano donne con le loro piccole fruste, cercando di renderle più fertili. Questo era in lontananza la festa dei Lupercali, un piccolo inno contro la sterilità. Ma i gemelli sanno essere più sguaiati e selvatici. Sacrificano un capro al dio Fauno, devono farlo bruciare lentamente perché anche le interiora prendano via via la fiamma e non si secchino per troppo fuoco. Poi, mentre il capro ancora sta sfrigolando, si lanciano in una corsa selvaggia su e giù per il colle. Non ha un senso, è una festa d'iniziazione. Il luperco è il giovane uomo che incontra Fauno, il dio di tutto quello che è verde, cioè l'altra metà del mondo. Chi vince la corsa ha diritto alla parte migliore del capro arrostito. Ha diritto a essere il migliore.

Ma quando sono nel pieno del sacrificio, dalla valle Murcia, dagli altri colli, cominciano improvvisamente a gridare. Stanno rubando di nuovo il bestiame, è la vendetta. Hanno aspettato che Romolo e Remo fossero dentro il sacrificio per attaccare i loro animali.

La risposta arriva subito. Romolo e Remo si guardano, non hanno nemmeno bisogno di parlarsi. Sono sudati e seminudi. Buttano via il poco che li copre e si gettano verso i banditi che stanno fuggendo con i loro armenti. Gli altri fanno la stessa cosa. È una scena folle, decine di giovani sudati e nudi, in pieno villaggio, che inseguono dei razziatori. Tutti i piccoli popoli dei colli si fermano a guardare. È una scena di forza primordiale, di volgarità e di efficienza che diventerà quasi il simbolo di Roma.

Il primo che arriva sui banditi è Remo. È una furia. Colpisce, ferisce, uccide, recupera bestie, colpisce ancora, rimette insieme il gregge, vede i banditi in fuga, scoppia in una grande risata, ha vinto, ha stravinto, torna verso la grotta del Lupercale. È pieno di sudore, si sente un dio. Vede il capro che sta ancora finendo di bruciare. Sa che le regole sacre non lasciano spazi. Il capro del sacrificio va diviso, le interiora (*extae)* non vanno toccate, appartengono al dio. Ma Remo in quel momento è ancora pieno dell'impresa che ha fatto. Ha corso intorno al Palatino, è arrivato per primo sui nemici, li ha affrontati e battuti, è corso di nuovo verso l'altare ed è di nuovo arrivato primo. È stata una straordinaria corsa a ostacoli che lui ha dominato. È lui il dio.

Chi è il vincitore? Chi ha dunque diritto alla prima scelta sulla carne del capro? È una scelta di forza, Remo non ha dubbi. Tocca a lui. Nella sua piccola forza bruta non ha nemmeno il presagio che qualcuno possa risentirsene. Non il fratello che è più riflessivo, è abituato alla sua energia. Non il dio, visto che quella forza viene da lui. E allora perché aspettare? Perché non celebrarsi?

Remo prende con le mani le interiora del capro. È un tramonto che sembra sera, è un orizzonte che sta diventando nero. Qualcuno dei suoi grida a Remo di fermarsi, non farlo, è un sacrilegio. Qualcuno gli grida di andare avanti. Il sacrilegio è un mestiere quando si è nati fuori dalla legge.

Finalmente arriva anche Romolo. È sudato e battuto. Guarda Remo con le interiora del capro fra le mani, capisce che sta per succedere qualcosa di irreparabile e per la prima volta si rende conto di essere un'altra persona. Diversa da suo fratello. Remo sta per commettere un errore che lui non commetterebbe mai. Tutto quello che sono stati di uguale fino a questo momento, improvvisamente sta per finire. Perché questa differenza? Cosa sta per accadere?

Romolo se ne accorge ma non dice niente, non grida, non corre a fermare Remo. Abbassa la testa e sorride. Remo è convinto sorrida della sconfitta, che gli renda merito. Forse è così. Più semplicemente Romolo aspetta. Il fratricidio comincia in quell'istante. Romolo conosce la legge. Dice che le interiora del capro sacrificale sono solo del dio a cui il capro è stato sacrificato. A maggior ragione sono di Fauno, compagno di Marte, il dio che li ha generati e salvati, il dio che si è impersonificato nella lupa dentro la grotta e nel picchio che li ha nutriti. Fauno che rappresenta tutta la civiltà che li circonda.

Remo non sa, non capisce, è vittima di se stesso e della sua diversità. Romolo abbassa la testa in silenzio, sa che qualcosa di straordinario in quel momento sta accadendo. Remo è finito. È un grande guerriero, ma non un grande uomo. Non potrà più essere il fondatore di una grande città, non potrà più essere un dio. Remo è selvatico ed eccessivo, dimentica gli onori dei sacrifici, si antepone agli dei, si mette loro davanti. Non è affidabile. È un uomo che non conosce il limite, non potrà mai diventare a sua volta un confine per gli altri.

È a questo punto, in questo giorno, che si consuma la differenza fra Romolo e Remo. Il destino stabilisce chi debba vivere e chi morire. Remo resta un uomo e alla storia non servono uomini. Carta vince, carta perde. Il prescelto è Romolo.

Il nuovo attacco

Pochi giorni dopo, torna a farsi viva la vita. Romolo è a Cenina a rappresentare il proprio villaggio in una cerimonia religiosa. Cenina è un punto geografico qualunque in una zona che oggi si chiama La Rustica, tra la via Collatina e la Prenestina, il passaggio verso la Campania. Oggi è un tratto del raccordo anulare pieno zeppo di ipermercati. Allora era un centro di piccola vita che voleva un proprio rispetto. Tutti i popoli dei colli intorno al sito di Roma prima che ci fosse Roma erano piccoli popoli, ognuno si appoggiava un po' all'altro. Perfino la gente di Romolo e Remo formava un villaggio, nonostante questo non sia mai stato detto volentieri perché contraddiceva la leggenda della nascita. Mentre Roma per la leggenda è nata in un solo giorno, un colpo d'aratro, un fratricidio e via. Il 21 aprile del 753. Ma la gente nella valle Murcia, sui colli, già c'era ed era di origini diverse, anche se cominciava ad avere le stesse abitudini. Infatti Remo va a Cenina per partecipare a una cerimonia sacra. Segno che è ritenuto una persona di rispetto del suo villaggio e dei villaggi intorno.

Suo fratello Remo intanto continua a giocare. Non ha capito che sta cadendo in una trappola. La vendetta dei porcari non si ferma. I pastori di Numitòre l'hanno giurata soprattutto a Remo, ma hanno paura di lui. Remo è il più forte. Decidono di attaccarlo quando Romolo è a Cenina, sanno che da solo Remo può essere preso con l'inganno.

Gruppi di giovani fanno finta di aver inventato un gioco. La gara è a chi trasporta più lontano un masso rotondo fissato ai denti e con le mani legate dietro la schiena. Remo sorprende tutti, s'innamora di qualunque gara. Non trova mai avversari all'altezza. Anche stavolta giura che vincerà: arriverà fin sulla cima dell'Aventino spingendo la pietra con i denti. «Come sei bravo», gli dicono tutti. E intanto gli legano le mani dietro la schiena. Così il grande Remo finisce prigioniero senza nemmeno accorgersene. Lo capisce quando gli mettono un sacco sulla testa e sente il tuono del temporale. Comincia a piovere e lui non può scappare. È una pecora come le altre, solo molto più rabbiosa delle altre.

I banditi pastori hanno fretta di portare Remo davanti ad Amulio. Non sanno quanto potranno reggerne la furia. La notizia sta dilagando, è arrivata anche a Romolo che da Cenina si precipita al villaggio. Trova suo padre Faustolo. Gli dice di voler correre subito verso i rapitori di Remo. Se fanno in fretta potranno colpirli prima che arrivino ad Albalonga con Remo. Ma non è così. Romolo non capisce, vede Faustolo che prende tempo, quasi imbarazzato. Vorrebbe dirgli di togliersi, di lasciarlo andare, ma capisce che qualcosa che non conosce sta di nuovo arrivando sulla sua vita. E si ferma davanti all'ingresso della loro capanna.

Faustolo per la prima volta parla, racconta a Romolo la storia dei gemelli, del Tevere in piena, della lupa, di una madre a cui era improvvisamente mancato un figlio. Romolo resta senza parole. Il temporale sta crescendo, nella capanna sul Palatino arriva il rumore della forza del fiume.

«Cosa vuoi che faccia, padre?» grida Romolo a Faustolo.

«Che tu pensi», risponde Faustolo. «Il tuo nemico è un re, i tuoi amici in questo momento sono nessuno. Se vai solo con la forza, vai a morire. Non salverai tuo fratello e non avrai nessun destino».

Romolo esce, resta solo davanti alla valle che cambia colore sotto la tempesta. È la sua prima volta da capo. Qual è la mistura di coraggio e saggezza? Che colore ha? Resta sotto la pioggia, poi sente dentro di sé la decisione. Chiama i suoi amici fidati, chiama anche Faustolo. Si va non più da solo a salvare Remo, ma a restituire Albalonga a Numitòre.

«Servono il doppio degli uomini».

Gli amici vanno a bussare porta a porta, è un vero reclutamento di guerra. Si combatte per i due ragazzi più forti e importanti del villaggio, ma anche contro le prepotenze di chiunque. Per darsi un ordine, una speranza. Nessuno chiude la porta in faccia agli uomini di Romolo. Sono centinaia e centinaia che diventano soldati di se stessi. Romolo li divide in gruppi di cento uomini ciascuno e dà a tutti un manipolo di forma diversa, cioè un piccolo fantoccio di paglia che li distingua l'uno dall'altro. Ancora oggi i soldati che appartengono allo stesso gruppo si chiamano manipolari.

In quel momento ad Albalonga

Amulio era in forte imbarazzo. I pastori di Numitòre che avevano indicato questo ragazzo biondo di nome Remo come colpevole di tutti i misfatti contro gli armenti sembravano avere ragione. Non solo, ma il popolo non gradiva per niente che fossero state fatte prepotenze contro gli armenti di un vecchio grande nobile della città. La gente di Albalonga chiedeva giustizia immediata contro Remo e i suoi amici.

Remo, per contro, rimaneva nel suo silenzio irrispettoso. Non supplicava, non chiedeva niente. Guardava gli altri intorno a sé come fossero cose diverse. Con superiorità. Questo faceva aumentare ogni minuto il suo peccato di superbia.

Amulio avrebbe voluto chiudere in fretta una cosa che gli dava solo problemi. Questo Remo così forte e così orgoglioso aveva oltraggiato le bestie di Numitòre? Decidesse allora Numitòre quale sorte doveva avere. Non era questa una legge in vigore, divenne legge qualche secolo dopo (*noxiae deditio*), cioè il far decidere al danneggiato la colpa del danneggiatore. Questo dimostra una sovrapposizione di tempi nella leggenda, ma rende bene l'idea dell'imbarazzo del momento.

C'è in tutta questa storia di gemelli improvvisamente competenti qualcosa di grande e di predestinato. Un tempo dimenticato che ritorna, tutto un senso di colpa che si riappropria del suo cammino.

Numitòre sente qualcosa di diverso in Remo. Non riesce a guardarlo, a tenergli gli occhi negli occhi. Remo disprezza tutti, non ha paura di niente, vive di una ragione propria, come venisse realmente da un destino diverso. Numitòre lo guarda adesso fisso sul corpo. Remo è diverso, ha spalle grandi, è più alto di tutti gli altri, ha gli occhi azzurri, è di una bellezza profonda e offensiva. Non è un ragazzo qualunque, è di stirpe regale, probabilmente ha un dio dietro la propria vita.

Un senso di inquietudine si allarga dentro Numitòre, tutto in quel ragazzo lo scuote. Prende al volo la decisione di Amulio, sarà lui, Numitòre, a decidere come punire Remo. Lo fa portare nelle sue stanze, Remo è ancora con le mani legate dietro le spalle. Lo guarda negli occhi, lo guarda dentro, sente qualcosa, forse capisce.

«Chi sei tu?»

Remo sente di avere una possibilità, forse può fidarsi: «Non ti nasconderò nulla, tu mi sembri degno di governare più di Amulio. Tu cerchi, fai domande. Amulio sa solo giudicare quello che non conosce. Mi chiamo Remo, ho un fratello gemello che si chiama Romolo. Fino a poco tempo fa credevamo che i nostri genitori fossero Faustolo e Acca Laurentia, servitori del re. Ma da quando siamo sotto accusa davanti a voi, calunniati, con la nostra vita in gioco, udiamo grandi cose intorno a noi. Se sono vere, lo deciderà il pericolo che stiamo correndo. Si dice che la nostra nascita sia misteriosa, ancora più strano è come siamo stati allevati e cresciuti. Siamo stati nutriti dalle stesse fiere e dagli uccelli a cui eravamo stati dati in pasto. Con il latte di una lupa, con le briciole di un picchio, posti in una cesta sulle rive del grande fiume. La cesta c'è ancora, è stata conservata. Sulle sue fasce di bronzo sono scritte lettere difficili da leggere, ma che in seguito potrebbero risultare segni di riconoscimento importanti per i nostri veri genitori se noi morissimo».

Così anche Numitòre capisce. Davanti a lui c'è uno dei suoi nipoti. La prima tentazione è quella di portarlo nelle prigioni da Rea Silvia, ma è un desiderio che muore in fretta. Sarebbe il modo migliore per farsi uccidere tutti. Amulio fra poche ore saprà anche lui. Impossibile avere segreti nei confronti di un re. Decide allora di far avvertire Romolo. Gli manda incontro un messaggero che lo trova ormai vicino alle porte della città.

Ma c'è un'altra complicazione. Anche Faustolo si è messo in cammino, è anzi davanti al figlio, sta arrivando adesso ad Albalonga. Porta con sé proprio la cesta di cui Remo aveva parlato a Numitòre, quella che aveva salvato i gemelli dalla piena. Sulla cesta è scritta la vera storia di Romolo e Remo, qualcuno dovrà pur sentirla.

Ma è una cosa troppo preziosa, Faustolo inconsciamente decide di tenerla nascosta, la mette sotto le vesti. Quando cntra in città i soldati gliene chiedono conto: perché nasconde qualcosa? Lui dice che è solo una cesta.

«Perchè allora nascondi quello che hai diritto di avere?» gli chiedono.

Faustolo farfuglia una risposta, non sa mentire. Interviene un vecchio soldato, uno di quelli che diciotto anni prima, all'epoca dei gemelli di Rea Silvia già c'era e conosceva la storia. È la fine della fiaba di Faustolo. Comincia la verità. Viene portato da Amulio il quale, per la prima volta, sente che il vento degli dei comincia a soffiare contro la sua storia.

La cesta

Portato davanti ad Amulio, Faustolo ammette che i figli sono vivi. «Ho portato la cesta perché volevo parlare con la loro madre, rassicurarla. I suoi figli sono grandi, sono diversi, migliori degli altri figli e vivono bene».

«Vivono dove?» grida Amulio.

«Dove hanno sempre vissuto», mente Faustolo, «sui colli, guardando le pecore e le capre del re, come hanno imparato a fare fin da ragazzi».

«Chi è il giovane che mi hanno portato i miei pastori? È uno dei tuoi figli, uno dei figli di Rea Silvia?»

Fuastolo cerca di essere credibile. «No, assolutamente no. So dove sono i miei figli adesso. E non sono qui».

Ma Amulio non gli crede. Decide due cose: che molte guardie vadano a cercare i gemelli e che sia Faustolo a doverli riconoscere. Seconda cosa, manda una sua guardia personale a cercare Numitòre. Non si fida più del vecchio fratello. Lo sorveglierà a vista e pretenderà gli racconti la vera storia del prigioniero. Ma qui avviene il colpo di scena classico: la guardia è fedele da anni più a Numitòre che ad Amulio. Racconta tutto a Numitòre e Remo i quali capiscono che è venuto il momento di agire. Nel frattempo in città è arrivato anche Romolo con il suo esercito. La battaglia è ormai dovunque.

Tocca a Romolo uccidere Amulio. In moltissime culture occidentali, e anche di Africa e Oceania, non c'è legittimazione alla regalità se non c'è l'uccisione del rivale. E il re di Roma deve essere Romolo. Come nei grandi drammi greci, è l'eroe Romolo che uccide i suoi rivali in duello. È una lotta alla pari, legittima, non c'è tradimento. Succederà con Remo, succederà con Acrone, il re di Cenina qualche anno dopo. È chi uccide che ha diritto al comando.

Saputo della morte di Amulio, Numitòre convoca l'assemblea dei nobili della città, denuncia i crimini del fratello e chiede che gli sia dato il potere. L'assemblea ratifica, mentre la città è nelle mani dei guerrieri di Romolo. Numitòre diventa finalmente re. Una variante della leggenda conforta anche sulla sorte di Rea Silvia. Sarà liberata e seguirà i figli. In realtà nessuno le dà importanza, insiste nella sua marginalità. Lo scopo del mito è la legittimazione di Romolo. E ormai ci siamo. Quando Numitòre si trova davanti i suoi nipoti sporchi di sangue, ma felici, sa già cosa vogliono chiedergli.

«Lasciaci i luoghi della nostra vita, lasciaci il Palatino, l'Aventino, il fiume. Lì costruiremo la nostra nuova città».

Numitòre accetta con entusiasmo. Ha molte buone ragioni per farlo.

11

LA FONDAZIONE

Dionisio di Alicarnasso, Livio e Plutarco, con sfumature diverse, fanno capire che fu Numitòre a spingere perché Romolo e Remo tornassero verso i villaggi sul Palatino. Albalonga era sovrappopolata e soprattutto non gradiva mescolarsi con i ribelli e i banditi portati da Romolo, che avevano causato la rivolta e sconvolto la vita della città. Albalonga è in questo momento ancora la città madre, ha i suoi tempi, il suo orgoglio, la nuova città sarà per forza qualcosa di simile a una sua colonia. Preferisce tenere la distanza. Non ha peraltro intenzioni imperiali. Albalonga rivuole la propria forza tranquilla, il proprio passo eterno.

Numitòre aveva inoltre molti nemici di cui voleva disfarsi, dignitari e famiglie che avevano servito Amulio per tanti anni. Pensò che la cosa più saggia fosse spingere Romolo e Remo a costruirsi una loro città. Sapeva anche che questo era quello che volevano in gemelli e che spettava di diritto soprattutto a Romolo..

Romolo ha ucciso Amulio, il re, ha quindi diritto ha un regno secondo i canoni classici dei miti greci. Il vincitore succede sempre allo sconfitto. Romolo non ha interessi per Albalonga, lì ha solo liberato Remo e restituito giustizia a suo nonno. Romolo non cercherà mai di conquistare Albalonga, nemmeno quando morirà Numitòre e la città diventerà una pura dipendenza romana. Si limita a sorvegliarla, a tenerla sotto controllo. Per sé cerca una città che già pensa di chiamare Roma dal suo stesso nome, Romolus. È anche, quella, terra di Numitòre, ma Numitòre gliela regala anzi con gratitudine. Gli anticipa ricchezze con cui cominciare il lavoro di costruzione. Lascia liberi i suoi sudditi albani e latini di seguire i ragazzi, ma costringe a farlo quasi soltanto quelli che sono i suoi nemici.

Nella lunga carovana che esce da Albalonga ci sono tante persone del popolo, molti brutti ceffi, ma anche famiglie nobili latine e tutte le famiglie più ricche di stirpe troiana. Dioniso ne conta ancora una cinquantina alla sua età, cioè circa sette secoli dopo. È l'inizio della decadenza di Albalonga come grande capitale latina a favore dell'altra metropoli di origine troiana, Lavinio.

Per anni, per secoli, si è discusso sull'origine ignobile dei futuri cittadini di Roma, banditi, razziatori, assassini che trovavano asilo, ladri, ma c'è la possibilità seria che racconti di questo genere fossero soprattutto i risultati di tradizioni anti-romane proseguite nel tempo. La partecipazione di gente emarginata, spesso veri e propri malviventi, alle costruzioni delle nuove città, è una buona abitudine che arriva dalla Grecia e dai greci nell'Italia del Sud. I Messeni, scacciati per aver ucciso le vergini di Sparta nel Santuario di Lemne, cioè esattamente degli assassini, furono mandati dall'oracolo delfico a fondare Reghion alla fine dell'ottavo secolo. Ma ce ne sono ancora. I Parteni, membri del contingente dei fondatori di Taranto alla guida di Falanto, erano di bassa origine servile. Alla stessa fondazione di Locri, di nuovo grande Grecia italiana, si riconosce un gruppo folto di schiavi spartani (iloti).

In fondo, la presenza di persone compromesse con la legge tra la gente di Romolo e Remo è compensata dalla grande presenza di nobili albani, vecchi partigiani di Amulio ora in difficoltà con Numitòre, ma anche persone semplicemente libere che amavano continuare a esserlo scegliendo da soli il loro re e la loro vita.

Secondo Dioniso di Alicarnasso, queste gentes albane e troiane erano circa cinquanta. Una vera piccola classe dirigente che infatti condizionerà la fondazione della città, porterà la propria differenza, non si farà solo guidare dai capi. Di questi ottimati che diventeranno in sostanza il senato di Romolo, si sono conservati alcuni nomi: Cloelii, Gegani, Memmii, Caecili, Iuni (ecco la gens Julia di Cesare), Cluenti. Più i Quintili che erano il gruppo che faceva capo a Romolo, e i Fabi, quello di Remo.

Non deve nemmeno stupire che ragazzi di pochissimi anni si siano conquistati la fiducia di famiglie che sono in Italia da mezzo millennio come quelle di origine troiana. È il destino mitico del fondatore che è pieno di queste caratteristiche. Romolo e Remo non possono che essere già due eroi carismatici. Se non sei capace di convincere famiglie importanti a seguirti, non potrai mai fondare una città. Sarai solo il capo di una banda di razziatori. Ma Romolo aveva in un giorno rovesciato il lungo potere di Amulio e aveva rinunciato a un suo diritto, governare al suo posto su Albalonga. Aveva dato il regno a Numitòre e salvato sua madre Rea Silvia dopo diciotto anni di carcere. Erano state imprese capaci di convincere chiunque, una nobiltà sconosciuta a questi livelli. Una nobiltà su cui si può ricominciare a vivere. Chiunque conquista il potere politico nel mito non può fermarsi alle armi. È la grande giustizia del mito, a nessun eroe basta vincere la battaglia, deve conquistare il popolo con il proprio carisma, con la generosità. Deve sapersi far seguire da tutte le componenti della società che ha conquistato. Altrimenti è destinato a venirne respinto.

Integrazione

L'ultimo lavoro che Romolo e Remo riescono a fare insieme è quello di integrare, mescolare, unire tribù completamente diverse. Antiche famiglie patrizie latine, antiche famiglie troiane, normali famiglie albane e latine, più gli eserciti di Romolo e Remo, eserciti con una disciplina approssimativa ma di grande fedeltà. Più i popoli di Pallanzio, la vecchia città di Evandro, che, se valgono le date, è lì da cinquecento anni, più la leggendaria Saturnnia del Campidoglio, la collina dell'età dell'oro, dell'arrivo di Saturno. Sono queste le genti che faranno vivere la nuova città. Sulla sinistra del Tevere, dove i gemelli hanno sempre vissuto. Poi si vedrà più esattamente dove. Romolo e Remo hanno su questo idee molto diverse. Ma non sulla gente che dovrà abitarci.

Romolo e Remo: le diversità

Qui il mito si è disteso fin quasi a dimenticare di se stesso. Un popolo nuovo è nato, con le proprie mescolanze, le proprie mandrie, le tribù, i singoli privilegi: un popolo che va organizzato ma che ha già i suoi re.

Sono due re che pensano diversamente. Non c'è più niente che unisca i vecchi fratelli. Pretendono cose opposte. L'ultima cosa che fanno insieme è decidere che le loro genti si chiameranno in modo diverso, Quintilii quelli di Romolo, Fabi quelli di Remo. È un artifizio inutile. Lo scopo è che, messi uno contro l'altro nella gara della costruzione della città, ognuno dia la parte migliore di sé. Cercheranno cioè di superarsi. Ma questo crea anche ostilità vera. I gruppi diventano sempre più due piccoli popoli diversi con capi diversi. Finiscono per avere anche sedi profondamente diverse.

Romolo punta al Palatino, il cuore del vecchio villaggio, il punto centrale della loro diversità. Remo vuole un territorio cinque miglia più a est che parte dall'Aventino e che lui ha già battezzato Remoria, o Remorium, un nome che comunque significhi che quella è la sua terra senza possibilità di errori. Romolo però sa di avere molti più favori dagli dei. Remo ha mangiato gli *extae* del capro dedicato a Fauno, segno di grande inaffidabilità. Romolo è stato poi il fratello messo per primo a conoscenza della verità da Faustolo, tanto che è partito per primo verso la liberazione del fratello. Viceversa non è successo niente. Infine è stato ancora Romolo, in piena battaglia, a uccidere Amulio. Ci sono tutti i segnali, e le regole della mitologia classica non possono non indicare in Romolo il nuovo riferimento del popolo che si va costruendo. Si tiene il fiato sospeso solo perché anche Remo ha dato prova di grande valore, oltre che di grande ingenuità. Si ha la netta sensazione che gli dei abbiano da tempo scelto Romolo, ma debbano confermare a Remo l’evidenza.

L’incidente è nell’aria, due re non esistono. Ne rimarrà uno solo. Anche la protesta di Remo sarà soprattutto una provocazione. Si sopravvaluterà. Ma il prezzo della provocazione è già la morte di uno di loro. Remo non può accettare la sconfitta.

In compenso Plutarco è l’unico che parla del Dio Asilo. Cioè di una zona franca dove Romolo decide di accettare qualunque ribelle e qualunque cosa questi abbia fatto. Chiunque entri nella zona di territorio delimitato dall’Asilo, è protetto dal governo della città, non ha più peccati, non ha più colpe da scontare.

Questo ingrossa le genti di Romolo e Remo di banditi, non la selezione originale che parte da Albalonga. Ma Romolo ha bisogno di un popolo grande e anche diverso. Gli fanno piacere entrambe le cose. Che arrivi gente a rendere sempre più forte il suo popolo. E che arrivi gente che ha bisogno di essere perdonata. Chi ha bisogno di Asilo è ricattabile, non può che essere fedele al re.

E probabile che prima di decidere chi dei due dovrà regnare, sia Romolo che Remo abbiano voluto passare gli ultimi mesi in pace. Una specie di ultima illusione di poter governare insieme. Cercano di decidere insieme dove costruire la città e chi ne sarà re. Giocano a fare i re in condominio. Le famiglie albane e quelle di origine troiana si assiepano spontaneamente più intorno a Romolo che a Remo. C'è buona volontà, ma c'è confusione. Sono due ragazzi che si ritrovano a fare il mestiere di re, hanno molte risposte da darsi ma non sanno ancora farsi le domande.

Il volo degli uccelli

La prima cosa veramente saggia che fanno è tornare da Numitòre, ad Albalonga. Questo dà l'idea dell'imbarazzo ma anche di come i due gemelli si rispettassero a vicenda e non volessero rompere i loro rapporti. Vanno dal nonno re e chiedono consigli. Numitòre dice che quando si devono prendere decisioni fondamentali per se stessi e per la propria gente, è bene ascoltare gli dei. Come spiega benissimo Andrea Carandini, i re di Alba, a partire da Pico, il capostipite, avevano il privilegio di saper interrogare i segni del cielo per conoscere il volere di Giove. E Romolo e Remo altro non erano che discendenti di Pico, cioè della dinastia regale di Albalonga, quindi a loro volta àuguri. Gli àuguri sono coloro che sanno interpretare i segni che arrivano dagli auspici. Sono cioè i sacerdoti in grado di capire cosa stanno dicendo gli uccelli, i tuoni, i fulmini e quant'altro il cielo decida di manifestare. Il loro compito non è dire se la cosa che si sta facendo avrà successo o meno, ma solo se è corretta rispetto agli dei. Gli àuguri capiscono attraverso i segni del cielo o il volo degli uccelli, o le due cose insieme, se la cosa che si vuol fare incontra l'approvazione degli dei.

È una cosa molto più antica di Romolo e Remo, infatti Numitòre la consiglia sapendo che dietro al vaticinio c'è tutto un cammino molto complesso da seguire. Non è come tirare in aria una moneta. A Tarquinia, in piena zona etrusca, era stata trovata una tomba degli àuguri che risaliva a molto tempo prima della fondazione di Roma.

Gli auspici, cioè le domande e le risposte da avere dagli dei, potevano essere più di una. Romolo e Remo ne concordarono molte, segno dei dubbi che avevano, ma anche della volontà di risolverli pacificamente. Stabilirono di chiedere all'auspicio:

1) se era consentito e giusto fondare una città intorno a quel punto del Tevere, non molto oltre e non troppo più lontano;
2) chi avrebbe dovuto, fra Romolo e Remo, essere il re della nuova città;
3) come avrebbe dovuto chiamarsi questa città, se Roma, come diceva Romolo, o Remoria come diceva suo fratello;
4) in quale punto del territorio avrebbe dovuto esattamente sorgere.

Nel caso di risposte favorevoli da parte degli dei, il vincitore nella gara degli auspici avrebbe poi dovuto chiedere a Giove di essere *inaugurato*, cioè benedetto re e poter così procedere nella fondazione della città.

Procediamo allora per i quattro punti stabiliti. La prima cosa da decidere prima di rivolgersi agli dei era dove si voleva far nascere la città. Romolo non ha mai avuto dubbi. Per lui Roma doveva nascere sul Palatino perché quello era il luogo del miracolo. Troppe cose fortunate erano avvenute sulla collina che parte dal Cermalo, impossibile far finta di nulla.

Remo invece era per un posto completamente diverso. Un luogo che fosse vicino al Tevere ma lontano almeno trenta stadi dal Palatino, cioè cinque chilometri e mezzo. Da una parte si potrebbe immaginare Monte Sacro, dall'altra, più probabilmente, una zona intorno all'Eur.

Ma la storia non finisce qui. Il rituale è così ben strutturato che fa pensare a una civiltà molto più avanti di quella un po' arcadica e un po' violenta dei due gemelli. Dietro a tutto c'è la grande civiltà etrusca che comanda. I termini della cerimonia sono della vicina Veio, invitata da Romolo stesso a portare le proprie regole di fondazione. Un città troppo grande e troppo ingorda di commercio, quindi di comunicazioni, per non aver allargato se stessa dal Lazio alla Sicilia. Senza quindi nessun interesse che altre grandi città nascessero.

Il *Templum*

A questo punto è importante rispondere a una domanda. Se tutto dipende dai segni che manda un angolo di cielo, chi sceglie il luogo da cui guardare questo cielo? È lo stesso per entrambi oppure ognuno decide il proprio. E quanto cielo si può vedere?

Le risposte sono in un rituale molto preciso. Il luogo da cui osservare è scelto dall'auspicante, cioè dal concorrente. Questo porta già a un'infinità di ipotesi. Le più popolari pongono Romolo sul Palatino e Remo sull'Aventino, ma non quadra. Quando Romolo alla fine vince, scaglia contro il cielo la propria lancia in segno di vittoria. Tutti dicono, e non c'è dubbio, che avesse una forza prodigiosa, degna di un grande eroe. Ma quella lancia di corniolo fa di più. Si conficca nel Cermalo ai piedi del Palatino dopo una enorme parabola. E dal suo legno di corniolo nascerà poi un grande albero. Quella lancia e quell'albero sono il segno stesso che l'inizio del regno di Romolo avviene sotto la copertura degli dei. Ma come fa una lancia scagliata con forza dal Palatino a conficcarsi dentro il Palatino, cioè molte centinaia di metri dopo?

Questo e altri indizi fanno pensare che entrambi i concorrenti si siano posizionati sull'Aventino. Romolo pone il suo punto di osservazione (*templum*) sulla cima del colle. Alle spalle, cioè verso ovest, aveva il Tevere; davanti, verso est, i monti albani. Remo si mette più avanti e più a sinistra del fratello, va sulla cima monte Murco, il colle subito dopo l'Aventino. Tra i due punti di osservazione non doveva esserci più di un chilometro.

Scelto il luogo, bisognava delimitare la postazione, cioè la sede augurale, il cosiddetto *templum in terra.* Era un rettangolo con i lati maggiori lunghi una decina di metri, chiuso da pietre o pali tenuti insieme da corregge di cuoio. Se ne conoscono due particolarmente chiari, uno a Cosa, una colonia latina in terra Etrusca, verso l'Argentario. E uno a Banzi, in Basilicata, quasi al confine con la Puglia. Il templum di Cosa era lungo 7 metri e 40. Aveva alla base, verso ovest, un tavolato lungo circa un paio di metri per uno, dove sedeva l'àugure. L'auspicante in teoria doveva guardare davanti a sé verso est al limite opposto del templum, ma è probabile che sacerdote e concorrente stessero nello stesso posto dovendo l'àugure tenere sempre una mano in testa all'auspicante.

Alla fine il luogo andava *effatus e liberatus*, cioè delimitato anche a parole (si diceva agli altri dove si voleva collocare) e liberato dagli spiriti maligni. Ultima cosa, ma importante. Il sacerdote, mentre tracciava il templum e durante la cerimonia, teneva sempre in mano il *lituus*, un bastone corto e arrotondato. A questo punto si può partire. Vince chi riceve gli auspici migliori, cioè i migliori segni dal cielo. Nella fattispecie si era affidato il responso agli avvoltoi, molto comuni in quel tempo.

La gara

La gara è stata raccontata in molti modi, perfino opposti. Il risultato finale è risaputo, ma come ci si arriva è alla base del futuro. Lo riassumo seguendo il racconto di Dionisio di Alicarnasso che mi sembra il più verosimile e completo.

Si parte con un inganno di Romolo. Dionisio dice che «per competizione o gelosia», non vedendo nessun uccello dopo un po' di tempo, Romolo manda messaggeri a Remo dall'altra parte dell'Aventino come se dovesse comunicargli di aver visto qualcosa. Questa è una brutta storia e la riferisce solo Dionisio che però è uno storico molto documentato e soprattutto serissimo. L'inganno di Romolo è stato chiaramente stroncato soprattutto perché ritenuto inverosimile. Una condotta bugiarda avrebbe allontanato Giove da chi la commetteva. E quella era una gara che cercava solo il favore del dio. Non rientra poi nella psicologia di Romolo finora conosciuta. È tutto giusto se si ragiona in condizioni normali. In quel momento Romolo è un ragazzo di diciotto anni che sta improvvisamente perdendo tutto. Può capitare non si senta pronto, che sia disposto a difendersi anche con l'inganno. Non c'è nemmeno il tempo per un'architettura ladra, Romolo probabilmente è colto da una specie di attacco di panico. Difende se stesso fino in fondo, con le armi che ha.

I messaggeri di Romolo camminano lentamente verso la postazione di Remo. Hanno poco più di un chilometro da fare, non pochissimo tempo in una gara che si decide su chi vede per primo. Dovrebbero correre. Dionigi invece sottolinea che i messaggeri camminavano piano «per la vergogna» di dover andare a dire una bugia ai colleghi avversari. Si sentivano dentro l'inganno e non erano contenti.

Proprio quando stanno arrivando da Remo, questi vede arrivare dalla sua destra sei avvoltoi. Sono un buon segnale, ma non ottimo. Gli uccelli che vincono sono quelli che vengono da sinistra. Remo in sostanza vede un buon numero di avvoltoi che non arrivano però dalla parte migliore.

Remo comunque è soddisfatto. Sa che il fratello non ha visto niente. Lascia così la sua postazione sul monte Murco e si avvia con i suoi verso Romolo. È sicuro di aver vinto.

Quando si trova davanti al fratello, Remo, un po' sprezzante, gli chiede quale uccello avesse visto per primo visto che lo aveva mandato subito a chiamare. Romolo è imbarazzato, cala un grande silenzio, quando all'improvviso, dal cielo arriva il rumore di un forte sbattere d'ali. Sono tre piccoli branchi di quattro avvoltoi ciascuno, una somma di dodici, e scendono dal Nord, cioè da sinistra. Romolo è trionfante. «Perché fratello vuoi sapere cosa è accaduto prima? Ecco, guarda tu stesso gli uccelli che ho visto io...»

Remo lo guardò sdegnato. «Sai che ho vinto io. Quando mi hai chiamato, tu non avevi visto niente. Non ti lascerò fondare nessuna città». Remo si difende. «Tu hai certamente visto gli avvoltoi prima di quando li ho visti io. Ma io ne ho visti il doppio di te. E i miei uccelli sono arrivati in gruppo da sinistra. Tu sai che ho vinto io...»

Remo era sempre più rosso di rabbia: «Tu mi hai fatto spostare dal mio templum in un momento in cui tu non avevi visto niente. Mi hai ingannato, sei un bugiardo e un ladro. Non si era detto poi che avrebbe vinto chi avesse visto più uccelli, ma chi li avesse visti per primo. Quello sono stato io. Non ti farò fare la città».

Nasce una grande battaglia tra chi difende Romolo e chi difende Remo. È una battaglia di molte migliaia di uomini, la fine del sogno di una città unitaria. Faustolo, amato come un padre, si getta tra le spade gridando che è una sciocchezza. Vuole morire, non può sopravvivere al fallimento di tutta la sua vita. Infatti muore, mentre Romolo e Remo litigano ormai con le spade in pugno, Faustolo cade, come prima di vittima dell'ambizione di due popoli appena nati e già troppo diversi.

Gli uomini di Romolo, come volevano gli auspici, hanno lentamente la meglio. Per i tre più grandi storici delle origini, Dionisio, Plutarco e Livio, nella battaglia viene ucciso anche Remo. Non c'è ironia nella sua morte, non c'è dispetto o banalità. Remo muore combattendo contro gli dei e contro Romolo per cercare di affermare il proprio sogno di città. Romolo, pieno di pietà come spesso sono i vincitori un po' ingiusti, lo cerca sul campo di battaglia, lo trova e lo fa seppellire nella parte di Roma che Remo aveva scelto e che da quel momento si chiamerà Remoria. È affranto, ha perso suo padre e suo fratello, sul campo vede i corpi di tanti amici che credevano in lui. Il suo popolo si sta esaurendo prima di nascere. Annuncia ai suoi di aver fallito e di voler morire insieme alla sua famiglia.

Questo è il grande momento delle madri. Acca Laurentia s'inginocchia davanti a Romolo e lo supplica di andare avanti per la memoria stessa di Remo e di Faustolo.

Romolo capisce che sua madre ha ragione. Porta le mani al cielo e ringrazia Giove. Poi chiede la sua lancia fatta di legno di corniolo. Dall'alto del colle Aventino la scaglia verso il Palatino (altra versione). È un percorso lungo, impossibile, ma Romolo è carico di forza e di rabbia. Sente che il destino è cominciato. La lancia scavalca la valle e s'infila proprio alla base del Palatino, nella zona del Cermalo, vicino alla capanna di Romolo. La leggenda dice che nessuno riuscì mai a togliere la lancia sacra dal terreno, nemmeno i più forti. Così la terra cominciò a ricoprirla di radici fino a trasformarla in un nuovo corniolo. Quando, molti secoli dopo, un incendio devastò tutta la zona, l'unica cosa che rimase miracolosamente intatta fu l'albero nato dalla lancia di Romolo.

Romolo riunisce i suoi e li porta sul Palatino. I suoi uomini non sono adesso più di tremila.

Cosa pensare

Anche Zonara, che è del dodicesimo secolo dopo Cristo, cioè quasi milleottocento anni dopo le cose narrate, con il vantaggio di aver potuto leggere tutto quello che era stato già scritto sull'argomento, conferma che Remo muore dopo gli auspici, nella battaglie che segue. È d'altra parte molto complesso riuscire a capire il reale momento della morte di un personaggio quasi certamente non esistito. Cos'è allora in questo caso che fa testo?

Solo il bisogno, il piacere degli uomini, il buon gusto del mito. È la gente che alla fine sceglie. È come dire, preferireste Ulisse astuto o invincibile? La gente, cioè il mito ha scelto: Ulisse è l'intelligenza, Achille è l'eroe invincibile. Non serve un Ulisse invincibile, altrimenti non dovrebbe essere intelligente, gli basterebbe apparire per vincere, come ad Achille. Si possono avere vie di mezzo, ma quasi sempre conta *l'audience*, cioè il parere umano, e gli uomini sono spesso estremisti quando il giudizio non riguarda loro.

In sostanza, è probabile, è comprensibile, che Remo sia morto nella battaglia che ha fatto seguito alla gara degli auspici. È quello il momento in cui la storia svolta. È un momento fisico, gli uccelli appaiono a uno e non all'altro, c'è qualcosa di realistico a cui legare il racconto. Ma non ha importanza la realtà. Il mito è una commedia, è un film. Le sue storie sono sempre liberamente tratte dalla realtà e si riservano di cambiare il finale. Non serviva un Remo che cade in battaglia come un soldato qualsiasi. Serviva un fratello che cadesse per rendere sacra la città. Remo (o Romo, come è chiamato da molti autori) è esistito per questo, per dimostrare ai romani che Roma è stata sempre più importante di qualunque cosa, perfino più dei fratelli e dei romani stessi.

La fondazione

Sospendiamo per qualche pagina il giudizio, è chiaro che dovremo riprenderlo tra un po'. Torniamo a fermarci con Romolo ormai vincitore della gara e detentore del diritto di fondare dove vuole e come vuole la nuova città. È un momento che va vissuto con solennità. Romolo è un grande uomo di comunicazione, sa che l'inizio dell'opera racconta le qualità dell'autore. Romolo vuole che della fondazione di Roma si parli per giorni e per mesi in Etruria e nelle vecchie città latine. Fa venire da Veio, venti chilometri a nord di Roma, sei sacerdoti etruschi perché spieghino a lui e a i suoi àuguri tutte le regole sacre di una fondazione. È quella che oggi sarebbe una perfetta trasmissione televisiva. Questo Romolo cerca. Una diretta tv che spanda il nome della nuova città in un territorio che non la vuole conoscere. Romolo è il regista e il protagonista. Il racconto è semplice, ma è un rito. Lentamente tutto si compie, si completa. Nessuno parla più di Remo, l'importanza del fratello è stata sommersa dall'importanza e dalla sacralità di quello che sta accadendo.

Proviamo a capire. Siamo in una zona da tempo piena di piccoli villaggi, l'antico Septimontium, cioè l'insieme dei vecchi villaggi dei popoli che abitavano i colli. Siccome i colli della storia di Roma non sono mai stati i sette raccontati, in realtà sono molti di più, tutta la zona è un continuo vagare di colli, è possibile sia stata la denominazione del Sepimontium, che significa sette monti, a dare il nome poetico alla città. Intorno al Tevere un colle insegue l'altro. Romolo ha scelto il Palatino. Verso il sud, c'è la Valle Murcia, dove adesso è in pratica il Circo Massimo, una pianura che è un punto d'incontro fra i mercanti degli altri colli. Dove nascerà il Colosseo c'era un lago. Roma era fatta solo da colline e depressioni.

Il Palatino è circondato da villaggi, ma Romolo decide che la vita debba crescere verso sud ovest, cioè verso il fiume e il colle del Campidoglio, l'antica Saturnia, quella fondata dal dio Saturno. Nel mezzo c'è una depressione, il Velabro. È così poco al di sopra del livello del mare, appena sei metri, che basta la piena più innocente del Tevere a sommergerla d'acqua. La chiamano Velabro, è condannata a essere una zona paludosa. Diventerà il Foro. Che infatti significa Fuori Le Mura. Per tenerlo asciutto fu innalzato di due metri. Il Foro diventerà la *piazza* della città, il grande luogo di discussione e d'incontro, l'*agorà* ateniese.

Verso sud, c'è L'Aventino, verso destra la Velia, altra

collina, tenuta misteriosamente fuori dal tracciato originale di Romolo.

Gli Argei

Roma metterà insieme quasi naturalmente la zona geografica che conteneva i 27 sacrari degli argei. Parliamo di territori che si allungavano verso il nord, uno appresso all'altro, inseguendo sacrari dedicati a nuove figure mitiche. Gli argei, secondo Terenzio Varrone, erano i nobili arrivati in Italia al seguito di Ercole, uno dei tre eroi da cui Roma avrebbe avuto origine. Uno è stato Enea, uno Romolo, il fondatore, l'altro Ercole.

Agli argei erano stati dedicati 27 sacrari (piccoli altari) sparsi nei 27 rioni che l'unione di villaggi aveva finito per creare. Le successive modernizzazioni della città tesero a farli scomparire. Circa la metà furono effettivamente riscoperti da Varrone, l'altra metà è stata collocata geograficamente. La divisione del territorio attraverso i sacrari, cioè seguendo una divisione geografico-religiosa originale, sarà la base per l'organizzazione politica della nuova città. Romolo aggiunse tre rioni portando il numero a trenta secondo il metodo decimale che era sconosciuto ai tempi degli argei e che il nuovo re fece invece suo.

Il sacrificio dei vecchi

Legato agli argei era uno dei riti più duri e crudeli di tutta l'antichità, il sacrificio dei vecchi. Sarebbe stato Giove Fatidico a ordinare ai primi abitanti del colle del Campidoglio di sacrificare un anziano per ogni popolo del luogo. Il primo a parlarne è Ovidio, che resta sempre un poeta, molto più innamorato cioè delle proprie convinzioni che della storia, ma che in questo caso ha il merito di confermare un antichissimo sospetto, che appunto agli dei si dedicassero sacrifici umani, e nella fattispecie degli anziani.

È strano come nelle leggende, ma anche nella storia, sia sempre stato accettabile il sacrificio di bambini (anche nelle mura di Roma ne viene sepolto uno come segno augurale), ma non quello dei vecchi. Il rispetto che era dovuto all'età, quindi all'esperienza, alla conoscenza, era molto più potente dell'amore e della tenerezza che si dovevano ai fanciulli. La saggezza dei vecchi sarebbe in sostanza meno ripetibile della gioventù dei ragazzi. Una è acquisita, l'altra è naturale. Difendendo i vecchi, l'uomo difende il proprio bagaglio. Il fanciullo non ha nulla dentro, fuori dalla propria gioventù, quindi è replicabile. Il vecchio può insegnare a vivere a mille giovani, è un soggetto diventato unico.

Andando avanti nella storia, le feste degli argei diventarono due. Erano fondamentalmente due processioni, vere e proprie vie crucis di sacrario in sacrario, la prima il 16-17 marzo, la seconda il 15 maggio. Ma mentre prima il sacrificio era appunto quello di annegare nel fiume un anziano per ogni popolo delle colline, successivamente si imparò a buttare nel Tevere dei pupazzi di giunco.

Ovidio conclude dicendo che questi riti ricordavano un'antichissima tradizione, greca, anzi arcade (come arcade era Evandro, primo abitatore del luogo), quella di essere sepolti nelle acque della nuova terra lasciando fossero le acque a riportare ciascuno alla propria terra.

Qualunque cosa si possa dire dei miti greci e romani, si resta costantemente colpiti dalla facilità con cui riescono a raggiungere il lato favoloso delle cose. Questa del ritorno a casa via fiume e via mare dopo un lungo esilio è di una forza poctica irrcsistibile. Migliaia e migliaia di emigranti italiani in America hanno preteso la stessa cosa non più tardi del secolo scorso. Questa è la vera forza del mito, che è sempre presente. Impossibile e inevitabile. Per questo alla fine vince sempre, perché è credibile. Non vince la verità, vince il verosimile. E così vincendo, diventa verità.

12

L'ALBA DI ROMA

Roma nasce l'undicesimo giorno prima delle calende di maggio, cioè il 21 aprile. Più esattamente, secondo Giovanni Lido, nel terzo anno della sesta Olimpiade, quindi nel 753 avanti Cristo. Secondo altri nel secondo anno dell'ottava Olimpiade, quindi nel 746, ma la prima versione ha avuto più successo. Per merito dell'astronomo Taruzio, sappiamo anche che l'ora della fondazione fu «la seconda prima della terza, con Giove nei Pesci e Saturno, Venere, Marte e Mercurio nello Scorpione, il Sole nel Toro e la Luna nella Bilancia». Secondo altri, il Sole era nel Toro, la Luna nella Vergine, Saturno nella Bilancia, Giove nel Leone, Marte nella Bilancia, Venere nel Toro e Mercurio nell'Ariete.

Cosa significhino queste sovrapposizioni astrali non so dire. Ho chiesto a esperti e mi hanno detto che dietro questi incastri non può esserci che un grande destino, ma è un giudizio dato a posteriori, dopo che il grande destino si era già verificato. Non ci si meravigli comunque se già in epoca molto antica si discuteva di oroscopi. La voglia cominciò in epoca ellenistica, cioè subito dopo l'impero di Alessandro, duecento anni avanti Cristo, quando ci si convinse che tra il momento della nascita e il destino di una persona non potevano che esserci grandi nessi. Era una convinzione mediorientale, ma ebbe grande successo anche in epoca cristiana. Il primo martire cristiano-cristiano, cioè un cristiano ucciso dalla propria chiesta, fu un prete che predicava l'importanza delle costellazioni nella vita di tutti i giorni.

L'altro dato curioso è che nessuno dei calcoli di Taruzio e degli altri astronomi sembrerebbe esatto, Olimpiadi a parte. Seguendo le loro indicazioni viene fuori infatti il 4 ottobre del 754 avanti Cristo. Nessuna congiunzione astrale può configurare la nascita di Roma. Le uniche possibili, per come sono state descritte, risulterebbero essere quelle del 21 aprile del 754, un anno dopo, o il 27 ottobre di quello stesso anno. Fuori tempo massimo. Comunque Roma nasce. E si può anche tentare di ricostruire un calendario affidabile dal modo in cui i fatti hanno attraversato le celebrazioni religiose.

Sempre i Lupercalia

Tutto comincia con i Lupercalia (corsa intorno al Palatino, caccia di Remo ai ladri di bestiame, recupero degli armenti e trionfo sacrilego di Remo che mangia la carne dedicata al dio Fauno). I Lupercalia, nel calendario di dieci mesi della Roma arcaica, cadevano il 15 dicembre. Essendo il rapimento di Remo e il suo trasporto davanti ad Amulio una conseguenza dei fatti avvenuti durante i Lupercalia, è lecito pensare che tutto si sia svolto subito dopo, cioè nella seconda metà di dicembre del 752 avanti Cristo.

È difficile pensare che Romolo e Remo abbiano fatto passare molto tempo nella ricerca dello loro città dopo aver ottenuto il sì di Numitòre. Andrea Carandini e la sua equipe fanno risalire gli auspici sull'Aventino al primo giorno del nuovo anno, cioè il 15 marzo. Otto giorni dopo, Romolo inizia la sua campagna per impadronirsi del Palatino e di tutte le terre in cui ha deciso che dovrà nascere la nuova città.

Si arriva così al 21 aprile e alla festa dei Parilia. Ma andiamo per gradi, proviamo a immaginare tutte le cose che Romolo ha fatto quel giorno e come ha dovuto prepararle nei giorni precedenti. Che sia leggenda o storia, non è successo solo quello che ci è stato tramandato. Romolo non ha solo preso l'aratro e si è fatto un giro intorno al Palatino. È stato qualcosa d'infinitamente più complesso. Perché Romolo ha voluto che lo fosse.

Romolo non voleva una città che fosse un'insieme di case o capanne, non voleva la Remoria di suo fratello. Una città qualunque. Voleva una città convinta della propria diversità. Voleva quella che si chiama *urbs*, cioè un luogo a cui viene conferito uno status particolare perché ha avuto la benedizione di Giove. Per questo tiene fuori molti quartieri che già esistevano, soprattutto a nord, e già avevano i loro sacrari nella processione degli argei. Erano territori, come dire, già battezzati. Mentre Romolo cercava la massima purezza. Romolo metterà quei quartieri dentro la geografia della città, ne farà curie, rioni, ma resteranno fuori dal pomerium, fuori dal solco originale della città. Roma è Roma, il tracciato del suo perimetro deve essere sacro fin da quando nasce. È stato Giove a volere questa santità. Nessuno dovrà mai oltraggiarla e a nessuno dovrà essere offerta impunemente questa possibilità. Pena la morte.

Questo soltanto interessava Romolo: la diversità. Era già il comandante di molte migliaia di uomini, il riferimento di tutti quelli che abitavano le colline intorno e le vallate. Avrebbe potuto accontentarsi. Remo forse lo avrebbe fatto. Avrebbe forse costruito una città guerriera e ambiziosa, ma con quello che cominciava ad esistere Romolo voleva molto di più. Perché sentiva che niente di quello che possedeva aveva una sua dignità, niente aveva una nascita, l'orgoglio di essere se stesso. Romolo costruisce quest'orgoglio pezzo per pezzo.

Le fasi

Per organizzare perfettamente la fondazione, Romolo si rivolge ai sacerdoti etruschi, probabilmente di Veio (che resterà a lungo molto più grande e popolosa di Roma, fino a quattro volte, dunque è giustificato il rispetto di Romolo). Ma non disdegna nemmeno gli insegnamenti dei latini. Alla fine viene fuori un programma estremamente complesso e quasi del tutto sconosciuto. Gli atti di fondazione risultano essere i seguenti:

1) scelta del rito e identificazione del giorno;
2) nuova osservazione degli àuguri effettuata stavolta non più sull'Aventino, ma direttamente sul Palatino e più da vicino sul Cermalo, alla sua base;

3) scavo della fossa di fondazione della città;
4) costruzione dell'altare su cui verrà acceso il primo fuoco regio;
5) proclamazione pubblica dei nomi della città;
6) tracciato del solco e definizione del perimetro;
7) sacrificio (morte) del toro e della vacca che hanno trainato l'aratro;
8) costruzione delle mura e delle tre porte della città;
9) creazione delle tribù e dei rioni (curiae).

Vediamo uno per uno cosa significano questi nove punti.

La data

Sono tutti concordi nel dire che Roma fu fondata il sesto giorno dopo le idi di aprile, cioè l'undicesimo prima delle calende di maggio. Esattamente il 21 aprile. È una data simbolica, ci sono poche possibilità che sia quella corretta, anche perché sappiamo alla fine che Roma nacque per aggregazione continua, secolo dopo secolo, anno dopo anno. Ma dal punto di vista della leggenda è abbastanza normale esista una data esatta di fondazione. Era così per molte colonie greche nell'Italia del Sud. C'è l'esempio spettacolare di Zancle-Messana (Messina) dove ogni anno veniva festeggiata la città con un banchetto pubblico fra tutti gli abitanti, in cui si venivano lasciati liberi due posti, quelli dei due fondatori: Priere di Cuma e Cratamene di Calcide.

Il 21 aprile coincide con la festa di Pales, cioè i Palilia o Parilia, una delle feste più importanti della Roma arcaica. Era un autentico Capodanno dei pastori. Venivano festeggiati i parti di pecore e capre, purificati sia gli animali che gli uomini, si avvicinava il tempo degli abbacchi. Tutto il rischio di un cattivo raccolto che l'anno aveva portato con il passare dei giorni, veniva idealmente cancellato durante i Parilia. La purificazione avveniva in un modo che oggi appare terribile, spargendo il fumo ottenuto dopo aver messo sul fuoco il corpo di un cavallo sciancato (*equus stortus*). Un modo che è difficile non definire barbaro, ma noi siamo gli ultimi che possono meravigliarsi. Tremila anni dopo viviamo ancora ogni giorno mangiando carne di animali domestici, cavalli compresi.

Oltre a questo si spargevano nell'aria ceneri di agnelli e steli di fave bruciati. Gli uomini saltavano sopra i fuochi a piedi nudi purificando a loro volta se stessi. Poi si offrivano agli dei latte e focacce di miglio. Era una vera festa pastorale, un modo di chiudere e riaprire l'anno di lavoro. Pales non era né uomo né donna, era una divinità potente ed incerta. Potrebbe essere stata l'equivalente di Fales, dea della natura presso i falisci, popolo che stava subito a nord di Roma, tra i sabini e gli etruschi.

Potrebbe però essere anche stato che Romolo avesse scelto il giorno della dea Pales per fondare la sua città, perché nei villaggi del Settimonzio, cioè sul Palatino e gli altri colli prima di Roma, si adorava la dea Palatua. Per un popolo che viveva di pastorizia, dove molti di professione facevano i guardiani di armenti per conto dei re e dei signori locali, la dea dei pastori era la massima divinità. È possibile che Romolo abbia voluto contrapporre Pales a Palatua, dando il segno che una storia era finita e ne cominciava un'altra.

Il giorno

La prima cosa da fare nella cerimonia di fondazione, il primo giorno, era anche la più importante e andava fatta appena venuta l'alba: bisognava chiedere a Giove di benedire tutta l'area della città. Per fare questo si doveva specificare al dio quale fosse il territorio della città e quale quello intorno. Giove avrebbe poi risposto mandando di nuovo i suoi uccelli. Era la stessa identica cerimonia augurale che Romolo aveva già fatto quando era andato sull'Aventino per la gara con Remo. Allora il templum in terra, cioè il rettangolo dentro cui deve stare chi chiede gli auspici, era di circa dieci metri di lunghezza e un po' meno di larghezza. Adesso il templum era formato da tutto il perimetro del Palatino. Questa è la prima cosa che andava detta a Giove: il confine della città. Altrimenti Giove non avrebbe saputo su cosa pronunciarsi.

La postazione dell'àugure *(l'auguratorium)* come sempre è al centro del lato opposto rispetto a dove si dovrà guardare. Dovendo Romolo guardare verso il Monte Albano, cioè verso est, l'àugure si metterà ad ovest. Questa operazione si chiamava *effatio*; significa definire a parole quali sono limiti della città, in pratica i quattro angoli del Palatino. Definire quindi virtualmente il *pomerium*, cioè il perimetro della nuova città.

Fatto questo, lo sguardo di Romolo si sposta verso l'orizzonte, arriva fino al Monte Albano. Definisce così non solo il perimetro della città, ma anche l'*ager*, l'intera zona di espansione e competenza.

A questo punto inizia la cerimonia augurale. Romolo si mette ad aspettare, forse con emozione, la benedizione di Giove, che naturalmente poco dopo arriva sotto forma di uno stormo di uccelli.

Adesso tutto il territorio dal Palatino al Monte Albano è stato definito virtualmente (effatus) e benedetto (liberatus). Solo il Palatino viene però anche inaugurato. Con questa cerimonia tutta la zona dentro il pomerio, cioè tutto il colle, diventa come un tempio. Ha avuto l'augurio del dio, è stato benedetto. Solo quella parte di Roma potrà davvero chiamarsi urbs. Il Palatino diventa il cuore sacro della città che nasce e di quello che diventerà.

La fossa

Mentre la festa dei Parilia comincia davanti alla capanna di Romolo (che da questo momento diventa *regia,* cioè casa del re), pochi metri più in là viene scavata una grande fossa detta *mundus,* mondo. È un momento di grande importanza e suggestionc. Tutti i nuovi cittadini si avvicinano e via via buttano nella fossa zolle della propria terra, ma anche frutti o piccoli oggetti personali. Nella fossa cioè avviene la fusione delle cose di ciascun abitante della nuova città. Nasce la nuova comunità, si nascondono le differenze. Attraverso le cose che hanno buttato nella fossa chiamata mundus, tante genti hanno accettato di mescolarsi, di diventare un unico popolo.

È un'idea straordinaria che solo una città giovane poteva inventare. Per questo fondare si diceva *condere*, da cui *nascondere*. Sotto una grande buca di terra, tutti nascondevano mentre si rinnovavano. Cioè si nasconde quello che siamo stati, per rinascere senza più pesi, senza peccati, tutti i nostri grandi progetti macchiati di vita vissuta vengono sacrificati al destino più grande della nuova città.

Pochi metri oltre la fossa, viene costruito un altare e acceso il fuoco regale, simbolo della vita della città. Un fuoco che adesso, dopo che le cose dei cittadini si sono mescolate dentro il mundus, diviene la luce di tutti.

Roma ha tre nomi

Viene nella cerimonia il momento di battezzare la città di darle un nome. E qui arriva una grande sorpresa. I nomi della città sono tre: Roma, Flora e Amore. Roma è il nome politico, quello ufficiale, ma nei riti sacri la città sarà chiamata Flora. Amore è invece il nome segreto, quello che doveva restare tenuto nascosto. Poteva essere pronunciato solo dal Pontefice Massimo.

Perché un nome segreto? Era una forma estrema di protezione. Si pensava che nel nome ci fosse anche il destino della città. Spesso i romani cambiavano nome alle città e ai luoghi, se ritenevano il nome di cattivo auspicio.

Il caso più famoso è quello di Maleventum che diventa Beneventum.

D'altra parte è sul nome da dare alla nuova città che Romolo e Remo cominciano a litigare. Per i romani era molto importante. Senza nome non c'è vita. Per le figlie femmine, il nome veniva gridato dal padre otto giorni dopo la nascita, e nove giorni dopo per i maschi. Era da quel momento che si cominciava a vivere.

Cicerone ricorda inoltre che chi aveva un brutto nome, un nome che ricordasse qualcosa di infausto, non poteva celebrare riti.

Romolo grida dunque i tre nomi della città. Li impone. Lo fa aiutandosi con il lituo, la tromba a forma di bastone. Perché Roma? Le ipotesi sono più di mille. Roma vuol dire tutto. In etrusco significa mammella, nel greco arcaico significava forza; c'era con Enea una troiana che si chiamava Roma. Ma la cosa più evidente è che Roma deriva da Romolus. Forse conviene accettare la soluzione più semplice.

Il solco e l'aratro

Imposto il nome, Romolo si dedica alla parte più pratica della cerimonia, la tracciatura del solco intorno al Palatino. Il rito è etrusco contiene uno straordinario momento sacro. Dove passa l'aratro il confine è benedetto dal dio, è invalicabile, a meno di essere contro le leggi e contro il dio. Cosa non sopportabile. È per questo che il Palatino, l'intero confine dell'urbs, si è voluto fosse benedetto da

Giove. Perché restasse diverso. Questa diversità va ora difesa. Ma non è semplice.

Romolo deve vestirsi intanto del *cinctus gabinus,* cioè di un manto che gli copra anche la testa. È una vera e propria tonaca. È il vestito più semplice e anche il più umile, il più pratico. Così vestito Romolo aggioga a un aratro un toro e una vacca. Non animali speciali, semplicemente forti e bianchi come se ne vedono a decine ancora oggi in qualunque campagna.

È probabile che Romolo cominci il proprio percorso subito a sud della propria capanna, cioè non lontano dal limite sud ovest del rettangolo del Palatino e dello stesso Cermalo, che è la base del colle. Procede in senso antiorario. Mentre l'aratro divide la terra, gli aiutanti di Romolo portano verso l'interno, alla sinistra del solco, la terra mossa. Si viene idealmente a creare una piccola muraglia di terra che dovrà poi essere sostituita dalle mura vere e proprie di una città. Viene tracciato il pomerium, il perimetro della città, il post murum. Tutto quello che sarà dentro, sarà sacro. E viceversa.

C'è un sacrificio che sembra necessario: il toro e la vacca che hanno portato l'aratro devono essere uccisi. È crudele, infatti ci domandiamo ancora adesso da dove derivi questa barbarie, ma non c'è dubbio sia anche una consuetudine. Sacrifica una vacca Cadmo quando fonda Tebe. Sacrifica una scrofa Enea quando fonda Lavinio, sacrificano un toro i sabini quando devono mandare i loro giovani verso la primavera sacra nel Sannio.

Più importante sapere che l'aratro gira in senso antiorario e che quando incontra una delle tre porte previste, alza il vomere. Perché il perimetro è invalicabile, è sacro. Non può essere violato. Si può passare da una porta, non da un punto qualunque del confine, è come ci fossero già le mura. Questa è la *sanctitas*, una parola dietro cui si nasconde qualunque cosa, ma che si può dire significhi quello che è importante per ciascun uomo. Cioè il suo onore, il suo orgoglio, il suo senso della pietà. E il senso stesso della sacralità delle porte. Queste restano fuori dalla maledizione del pomerium, altrimenti non si potrebbe entrare in città. Ma i punti d'ingresso sono tutti quelli dove non è passato l'aratro. Dove l'aratro è passato è già un confine invalicabile.

Di fianco al solco, lungo tutto il perimetro, sono state messe quelle che oggi si chiamano pietre terminali, cioè pietre destinate a rafforzare il percorso originale della città. Ne sono state rivenute molte dall'equipe del professor Carandini durante gli scavi intorno alle mura del Palatino. Venivano gettate sul fondo dello scavo per rinforzare e diversificare il punto del muro originario.

Terminato lo scavo accadeva un'altra di quelle cose terribili che gli antichi facevano quasi con tranquillità, nella convinzione che fossero obblighi richiesti dagli dei. Veniva sacrificata una bambina con un suo corredo di oggetti cari. Ne sono stati trovati risalenti alla metà dell'ottavo secolo avanti Cristo, sempre dal team del professor Carandini.

Le porte dunque erano tre, tre le volte in cui l'aratro si era fermato per lasciare che le cose e gli uomini potessero passare. Due erano certamente a nord della città, Porta Romanula all'angolo nord-est e Porta Mugonia nel pieno centro della parte settentrionale. Più una terza a sud, praticamente corrispondente alla capanna di Romolo, di cui però non si hanno prove archeologiche complete.

I sacrifici umani a ogni compiersi di mura sono purtroppo molto più che un rituale, sono una realtà. Quando intorno al 700 avanti Cristo la città si darà nuove mura, lungo il solco verranno sepolti due uomini e un bambino. Difficile spiegarsi il perché, forse inutile. È un'altra cultura, non esiste né male né bene, solo diversità. Ma pensare che una città si protegga seppellendo qualcuno dei suoi abitanti dentro le mura è un principio duro da accettare. Anche se forse il sacrificio serve a ricordare il mito di Remo, chi cioè ha cercato di andare oltre le mura, oltre il confine di una città, oltre il mondo e se stesso. Ma non ne era capace.

Siamo comunque alla fine del 21 aprile, la fondazione è compiuta. È stata creata e benedetta un'urbs, è stato cioè creato un tempio in terra che non deve riferire a nessun dio, solo a se stesso. Sono stati rispettati tutti i codici di fondazione, quelli cortesi e quelli tragici. È stata in termini pratici costruita una cattedrale a cielo aperto.

Ora si pretende che nasca la città.

Morte di Remo

È a questo punto che Remo muore, quasi inevitabilmente. È la seconda possibilità di morte che i grandi autori antichi gli concedono e stavolta è quella definitiva. La storia è un po' più complessa di come è stata tramandata nelle scuole. Remo si mette davanti al solco che Romolo sta scavando o ha appena finito di scavare. Non è soddisfatto. Perché ha perso tutto, perché il fratello lo ha escluso, perché forse è stato anche ingannato. Ma davanti al solco fa rilievi che sono tecnici. Dice che è troppo stretto, che se le mura saranno costruite con quella grandezza non potranno respingere nessun nemico. Saranno saltate così, con questa facilità. E così dicendo, quasi a dimostrare i suoi argomenti, Remo scavalca il solco, vìola la santità delle mura.

Romolo ricorda al fratello che nessuno può fare questo, a nessuno è dato di violare le mura e restare in vita. Remo però continua nei suoi argomenti e scavalca più volte. Troppo fragile il solco, non c'è sacralità. Per questo Remo insiste a saltare da una parte all'altra, per dimostrarlo.

A questo punto la maggior parte dei commentatori dice che Celerio, un luogotenente, certamente un amico di Romolo, forse il capo dei suoi cavalieri che stava aiutando a tirare l'aratro, piombò su Remo e lo uccise a colpi di vanga sulla testa.

Un'altra versione dice che fu Romolo a uccidere Remo, forse con una lancia, perché Remo prendeva in giro il lavoro del fratello e si mise a scavalcare il solco. In genere però si è sempre preferito proteggere Romolo dal fratricidio.

Il primo a dire chiaramente che il destino di Roma era cominciato con un assassinio fu Cicerone, cinquant'anni appena prima della nascita di Cristo, cioè sei-sette secoli dopo i fatti raccontati dalla saga. Segno che c'era un imbarazzo vero. Gli altri avevano avuto molti secoli e molti sospetti, ma non avevano accusato Romolo.

Cicerone è invece durissimo. Scrive di Romolo: «Non fu così nel caso del re che fondò la città: l'idea della convenienza spinse il suo animo e quando decise che sarebbe stato meglio per lui regnare da solo piuttosto che con un altro, uccise il fratello. Egli dimenticò pietà e umanità per assicurarsi ciò che gli sembrava utile ma non lo era. E tuttavia addusse la scusa dell'onestà, scusa né ragionevole né idonea. Dunque commise un crimine, e sia detto con rispetto di Quirino e Romolo». Cioè, sia detto con rispetto, ma ci furono degli dei assassini. Un vero scisma.

L'uccisione di Remo creò grande impressione. Metà degli uomini che avevano seguito Romolo sul Palatino erano suoi. Avevano assistito alla cerimonia di fondazione con un po' di irrequietezza, ma avevano accettato il nuovo re. Nessuno avrebbe mai potuto nemmeno concepire che un gemello potesse uccidere l'altro. Era un sacrilegio. Né la sanctitas delle mura invocata da Romolo era capita abbastanza da giustificarlo. Molti furono presi dalla rabbia e scatenarono la prima guerra civile di una città nata da un'ora. Ma quella che subito dopo arrivò fu la paura.

E con la paura arrivò la peste, i giovani romani morivano a decine. E dopo ancora il terremoto, e grandi tempeste sulle acque del Tevere. Anche Romolo si spaventò e si convinse che gli dei gli avevano tolto la loro benedizione.

Ci fu grande spavento nella giovane Roma, tanto che fu consigliato a Romolo di andare a Delfi e consultare l'oracolo. Romolo chiese all'oracolo se tutto questo stesse accadendo perché ora regnava da solo. La Pizia gli rispose nel modo semplice e impossibile dell'oracolo: «Se tuo fratello non verrà di nuovo messo sul trono regale, la tua città continuerà ad avere malattie e guerre».

Romolo si rese conto che l'oracolo era contro di lui, ma come poteva essere possibile rimettere un morto sul trono? Difficile far governare Remo assassinato. Poi venne l'idea. Romolo fece costruire una statua d'oro con il volto di Remo e la mise sul trono accanto al suo. E quando era chiamato a prendere decisioni, parlava sempre al plurale, «abbiamo deciso, abbiamo pensato», come se davvero Remo fosse vissuto ancora accanto a lui. È molto probabile che il vezzo dei re, che resiste ancora oggi, di parlare al plurale, derivi proprio da questo modo di governare di Romolo con il plurale maiestatis.

I gemelli di nuovo insieme

L'artifizio funzionò. Tornati virtualmente accanto i gemelli, la rivolta si placò insieme a tutte le altre calamità che avevano colpito Roma. Il fenomeno colpì a tal punto l'immaginazione di Romolo e del suo popolo che fu ordinato ai re delle città vicine sottomesse a Roma, di governare con accanto le statue di Romolo e Remo.

Il senso è evidente. Ai romani era insopportabile l'idea

del fratricidio. Era necessario un'espiazione di Romolo, quasi una limitazione del suo potere, per togliere dal destino della città il peso di quell'assassinio. D'altra parte la fondazione di una grande città doveva avere il suo grande sacrificio. L'uccisione di Remo era stata una necessità attraverso cui erano state cancellate tutte le impurità del passato e si preparava la forza del futuro. Romolo alla fine si è preso il massimo del male e del rischio, ma la città è finalmente pronta per vivere. È riuscito a gestirla.

D'altra parte, non poteva che essere così. Solo Romolo ha l'equilibrio del re. Remo è un grande guerriero eccessivo, un istintivo, un combattente, non un uomo di governo. Remo rappresenta il disordine felice del dio Fauno, Romolo l'ordine e la misura di Giove.

L'inferiorità di Remo era stata annunciata da molti segnali. Ovidio racconta che Rea Silvia, in sogno, vide che la benda di lana con cui si copriva abitualmente la testa, gli era caduta a terra, davanti all'altare della dea Vesta. Dalla benda nacquero due palme, ma la seconda era infinitamente più grande della prima, non smetteva mai di crescere, i suoi rami finirono per coprire tutta la terra. Quella palma era Remo, nessun altro.

Romolo e Remo avevano vissuto in perfetto equilibrio e simbiosi fino al momento dei Lupercalia di pochi mesi prima. È lì che le strade si spezzano, ne abbiamo già molto parlato. Remo, nell'ordine, compie un sacrilegio nei confronti di Fauno perché, da vincitore della corsa, pensa gli spettino le interiora del capro sacrificato che invece spettano al dio.

Remo subisce poi, pochi giorni dopo, l'onta di essere catturato dai pastori di Numitòre. È un forte segnale di imperfezione che segna il suo destino. Un grande eroe non cade nella piccola trappola di un gioco, per pura vanteria.

Remo infine ha una parte quasi secondaria nell'assalto di Romolo ad Albalonga. È Romolo che entra in città, uccide Amulio, libera il nonno Numitòre e perfino Remo stesso. Quando chiederà a Numitòre di poter fondare una città, è già chiaro che gli dei hanno scelto lui. Il ruolo di Remo è sempre più quello di portare Romolo al grande dolore catartico, al sacrificio estremo che purifica. E apre a chi lo compie la strada del dominio.

Il ratto

Pochi mesi dopo la fondazione della città, cominciarono a venir fuori i problemi veri. Roma aveva tutto. Era una città che era stata benedetta da Giove. Aveva da sola scelto il suo templum, cioè la propria terra sacra. La sua sede naturale era il colle Palatino, ma non solo quello. È ormai chiaro che il territorio di Roma e tutto il campo intorno non erano disabitati come vuole la leggenda, Romolo stesso veniva da quei villaggi sui colli. Bisognava però trovare un modo per rendere possibile sia la storia che la favola. Forse questa è la sintesi. Romolo aveva dovuto combattere per avere il controllo del Palatino e della valle che gli girava intorno, per ottenere la pace dei popoli che vivevano sugli altri colli. Erano poche decine di persone per ogni sito, ma erano dovunque. Romolo aveva circondato con mura e legato agli dei solo il territorio perimetro che corre intorno al Palatino. Perché se Roma era anche oltre? Se c'era gente dovunque?

Le risposte, come sempre, sono molte. La più probabile è che quella terra vasta fosse possesso di tre tribù, e una era la tribù di Romolo. Forse Romolo non ha fatto altro che benedire la propria terra, i luoghi dove è cresciuto, ha riconosciuto loro una diversità. Per questo forse esclude dal pomerium tutta la zona del Foro e l'intera valle che è davanti al Palatino. Perché non facevano parte di suoi luoghi, anche se erano una parte importante della città.

Ma il problema vero non tarda a emergere. Ed è di un'importanza elementare, quasi irrisolvibile: mancano le donne, mancano le giovani donne che sono alla base di qualunque società. In effetti nessuno quando va in guerra si cura di quello che conquisterà, di cosa sarà dopo la conquista. Si cura di dove dovrà tornare. Ma qui era stata fondata una nuova città. Serviva un posto dove seppellire i morti, serviva un posto dove onorare gli dei e allevare gli animali. E servivano donne che riproducessero gli abitanti della nuova città. Il problema era molto semplice. Romolo e Remo avevano riprodotto se stessi, bande giovanili forti ed entusiaste, ma tutte uguali a se stesse. Mancava chi riproducesse loro, chi facesse figli, chi desse vita alla guerra. Le uniche donne nella nuova Roma erano quelle albane, già ampiamente sposate, che avevano seguito Romolo dopo che era stata decisa con Numitòre la fondazione della nuova città.

Il problema fu sottovalutato per qualche settimana. Si aspettarono donne che non arrivarono mai, ma le donne dovevano arrivare, volenti o nolenti, o la città sarebbe morta prima di cominciare. Poi la soluzione venne con tutta la sua potenza naturale. Le donne servono per la prosecuzione della specie, ma servono anche per aiutarci a trascorrere tutto il resto del tempo. Non si vive da soli, non è previsto. I giovani banditi di Romolo, divenuti cittadini, sottoposti a leggi che non riguardavano solo la loro nuova città ma l'intero loro mondo, si resero conto che il desiderio sessuale è una fortissima fonte di anarchia.

Romolo capisce in fretta il problema. Comprende che è decisivo. O gli uomini avranno le loro donne alla pari, rispettate e subite, o non ci sarà mai nessuna città. Non solo, ma tutto finirà nell'ammutinamento più bieco, nella peggiore mancanza di gloria. All'alba dei suoi diciotto anni, Romolo si rende conto che non c'è nessun ordine sociale che possa andare contro un semplice bisogno naturale.

Si mette quindi alla ricerca di donne.

Le sabine

Non è per niente semplice. Prima di tutto vengono mandate messaggerie in tutte le città latine cercando alleanze e matrimoni. Si reclamizza la chiara diversità di Roma, il suo essere una città benedetta dagli dei. Ma gli abitanti delle altre città vedono in Roma solo un popolo di giovani razziatori messo insieme per caso, e guidato da un ragazzo senza scrupoli che non ha pensato due volte alle conseguenze derivanti dall'uccidere il suo stesso fratello.

Alcuni rispondono in modo sprezzante. Romolo aveva infatti istituito a Roma il diritto d'asilo. Voleva dire che chi arrivava nella nuova città poteva lasciarsi alle spalle e dimenticare qualunque crimine avesse commesso. Era un modo per popolare la città. Prima delle donne, Romolo aveva infatti cercato gli uomini, i cittadini. Il diritto di asilo riempì Roma di galeotti, ma la riempì.

La forza straordinaria di Romolo è che seppe sempre dare anche ai criminali il senso di giustizia della città, un sentimento comune. Riuscì a farsi seguire con grandi lacune, ma tenne saldo il principio. La forza del diritto romano nasce proprio da questa conturbante mescolanza di provenienze e fermezza.

Ma le città latine, sabine, etrusche, falische, che circondavano Roma, non avevano nessun interesse e nessuna voglia di rinforzare una presenza diversa. Sentivano la forza della nuova città, la differenza dei suoi principi. Il futuro comincia sempre dietro il fastidio di una novità. E Roma era fastidiosa, pretendeva troppo, cercava chiaramente tutto.

Nessuno alla fine diede una donna ai giovani romani. Ci fu anzi chi sprezzantemente rispose agli ambasciatori di Romolo dicendo di mettere il diritto d'asilo anche per le prostitute. Avrebbero certamente riempito di donne la nuova città. Nessuno insomma voleva dare le proprie figlie a giovani uomini che fino ad allora avevano solo rubato il bestiame degli altri o si erano riempiti dell'odore delle pecore che erano stati costretti a gestire per conto di altri. Non erano buoni partiti.

Romolo incassò tutto quello che c'era da sopportare. Pensò anche di dare ai migliori dei suoi un titolo nobiliare (il senato nascerà da questo), nel senso che chi avesse sposato uno dei migliori cittadini di Roma si sarebbe praticamente presa un nobile. Ma nemmeno questo funzionò. La giovane Roma era isolata.

Fu allora che nacque l'idea.

Romolo mandò ambasciatori in tutte le grandi città che circondavano Roma. Invitò i re e la loro gente a grandi feste durante le quali ci sarebbero state spettacolari corse di cavalli. Disse che era stato ritrovato, nascosto sotto la terra, l'altare di un antico dio, Conso. Ci sarebbero stati premi, poeti, attori, giochi. Sarebbe stata una giornata dedicata alla festa e al ringraziamento per aver ritrovato sotto terra un vecchio, splendido altare del dio.

Su chi fosse Conso in realtà, si discute ancora oggi. Alcuni autori classici, come Dionisio e Strabone, dicono fosse lo stesso Nettuno, perché Conso era un qualcosa che stava sotto, veniva dalle profondità, come l'acqua del mare. Conso era in effetti il dio dei consigli segreti. Si ricorreva a lui quando si era nella clandestinità definitiva, la più importante.

Sotto questo aspetto è verosimile che Romolo si sia affidato a Conso quando ha deciso di rapire le donne dei sabini. Conso era il più discreto degli dei, non per niente il suo altare era sottoterra. Le origini risalgono addirittura al tempo di Evandro, quattro secoli prima. Evandro chiamava Conso Poseidone, da qui il nome Nettuno dei Romani. Ma Conso era un consigliere, era qualcosa di più privato di un grande dio del mare. Era un confidente, il dio dei segreti, anche se il suo altare veniva dissotterrato il giorno della sua festa che era infatti dedicata alle corse di cavalli.

C'era, tra le facoltà del dio Conso, quella di capire l'enorme fatica degli animali da tiro, quelli che lavoravano duro, il segreto silenzioso della nuova civiltà che stava crescendo proprio sulla loro forza. Così, per i Consualia, nella festa del dio Conso, si decise presto di far riposare per tutto il giorno i cavalli, gli asini e i muli. Venivano anzi incoronati di fiori e adorati. Era la prima e unica festa che da allora sia mai stata dedicata ad animali domestici. C'è forse qualcosa di più su Conso. In origine forse era il dio dei silos, il suo compito era proteggere il grano che sta sotto terra.

La decisione

Rapire dunque le giovani donne sabine. Ma l'errore sarebbe stato pensare che fosse facile. I sabini era un popolo di guerrieri duri e puri, quasi impensabile far loro uno sgarbo, figurarsi portargli via la maggior parte delle giovani donne. Venivano dal nord di Roma, la loro capitale si chiamava Cures (Passo Corese), molti vivevano ormai sui colli stessi accanto al Palatino. Una forte comunità sabina era già in quel tempo sul Quirinale. Romolo sapeva che una guerra con loro sarebbe stata uno spareggio con la realtà, o vincevi o sparivi. Ma d'altra parte non c'era vita nemmeno nell'assenza di donne.

Romolo aveva sperato di aver messo su qualcosa di desiderabile. Non era così. Pesava moltissimo l'assassinio di Remo oltre a quello di Amulio. Roma era una città che viveva sulle morti dei familiari e che aveva dato asilo ai peggiori delinquenti della zona. Tutti i giochi sacri compiuti per la benedizione della città, non avevano convinto nessuno. Sempre una città di banditi restava. Avrebbero fatto la loro parte nel luccichio della gloria successiva, ma in quel momento, in quella situazione, nessuno si augurava che Roma continuasse a esistere. Dionisio scrive esattamente questo e il messaggio è chiaro: nessuno dei popoli intorno a Roma era amico dei romani.

Romolo ebbe il merito di capire questo passaggio. Come riuscì a tradurlo in pratica non lo sapremo mai. È probabile però abbia avuto l'intuizione felice e finale. Se non posso essere creduto, sarò almeno libero di agire come mi pare.

Plutarco dice che Romolo era di carattere molto bellicoso e che il suo mandare ambasciatori in giro a cercare matrimoni, in realtà nascondeva solo la voglia di rompere con tutti e avere un buon motivo per fare la guerra. Come tutti i giovani re guerrieri di qualunque tempo, aveva una grande fretta di affermarsi. E solo la guerra lo permetteva.

Romolo però era qualcosa di più di quel tipo di re. Aveva anche un senso profondo dell'orizzonte. Sapeva di avere già un esercito molto ben organizzato per una città appena nata, ma sapeva anche di dover tentare una sintesi: rubare le donne ai sabini non per far loro poi solo guerra, ma per cercare di unirsi a loro. I sabini erano conosciuti per la loro ricchezza, la loro forza e civiltà. Portarli dentro Roma in modo onorevole avrebbe significato affermare definitivamente la città.

Per portare a Roma i sabini e gli altri abitanti delle città intorno, Romolo si dette a organizzare dei giochi meravigliosi, mai visti. Non badò a spese. E quando i suoi stessi sudditi cominciarono ad avere dubbi su tutti i soldi che quei giochi costavano, Romolo li ripagò raccontando il suo piano. I giochi servivano non a una festa, ma alla città. Ad avere donne e alleati. Se le donne non c'erano, se nessuno voleva darle, andavano rapite. Il piano era semplice e innaturale. Passava attraverso un semplice diritto di possesso. Tu sei mia perché io ti ho presa. Elementare.

L'uso regolare del rapimento

Non era una grande novità per l'epoca. Quasi sempre i fondatori di città erano solo maschi. Le donne arrivavano dopo, con i vincitori. Il vecchio popolo degli aborigeni da cui nasce la storia di Romolo attraverso Latino ed Enea si era spostato dalle colline del reatino verso il sud con un piccolo gruppo di giovani maschi consacrato alle divinità. La civiltà di quel popolo si espandeva e arrivava dove poteva arrivare quel gruppo di giovani. Qualcosa del genere avevano fatto anche i sanniti in movimento verso la Campania che erano poi diventati il popolo degli opici. O i mamertini che entrarono nelle terre dell'Aspromonte con un gruppo di giovani maschi che veniva dal Sannio.

Anche nel mondo greco l'usanza era costante. Un caso straordinario di somiglianza con Roma (che mostra in fondo come tutto il mondo sia paese) è quello di Mileto. Il fondatore della città, che si chiamava esattamente Mileto, sarebbe stato allattato anche lui da una lupa. Poi giovani nobili ateniesi sarebbero scesi nella regione della Caria per fondare la città, ma non avendo nemmeno loro donne al seguito, rapirono quelle dei paesi intorno uccidendone figli e mariti.

Insomma, non è strano che a fondare una nuova città fossero solo uomini. Perché in genere una nuova città corrisponde a una migrazione e sono sempre gli uomini quelli che partono. È semmai strano che Romolo e i suoi non avessero donne mentre fondavano una città nei luoghi in cui erano sempre vissuti. Credo che questo descriva bene la bassa qualità del popolo di Romolo e la fama ancora peggiore dei suoi selvatici ragazzi.

Il ratto

Vennero tutti i sabini, i più ricchi fra i popoli vicini a Roma, per questo anche i più diffidenti. Ma erano molto curiosi. Da mesi si parlava di cosa stesse facendo la banda di Romolo dentro le mura. C'era grande attenzione, forse anche un po' di timore. In tutti i villaggi intorno non si era parlato d'altro negli ultimi mesi. Non era frequente una storia come quella di Romolo e Remo. L'esposizione, il salvataggio miracoloso, il latte della lupa, la lunga rincorsa verso la vendetta, l'assassinio del fratello gemello. La storia di Romolo correva da mesi di bocca in bocca. Così arrivarono ai giochi popoli interi, i sabini, gli antemnati, i cenini, i crustumini.

I sabini vivevano subito a nord di Roma, ma quasi a ridosso delle capanne del Palatino c'erano quelle di Antemnae, un villaggio a tre chilometri e mezzo da Roma, alla congiunzione fra il Tevere e l'Aniene. Cenina era invece verso sud-est, dove oggi c'è La Rustica. Pochissimo si sa dei crustumini.

Romolo aveva previsto quella curiosità e quella folla. Sapeva che tutti avrebbero portato le loro mogli e le loro figlie. L'ordine per i suoi soldati fu di interessarsi solo delle fanciulle vergini, cioè delle ragazze molto giovani, non delle madri. Se ci fosse stato un affronto verso donne sposate, la risposta sarebbe stata una guerra terminale, fino alla distruzione di una o dell'altra parte. E nemmeno gli dei sarebbero stati d'accordo.

Il rapimento doveva essere finalizzato solo a un prossimo matrimonio.

Il piano

Il piano era che nel mezzo della cerimonia e dei giochi, Romolo si sarebbe tolto la toga rossa, l'avrebbe piegata, poi se la sarebbe rimessa. A quel segnale tutti i soldati avrebbero dovuto sguainare la spada e strappare le giovani donne ai genitori. Non doveva scorrere sangue a meno che non fosse stato assolutamente necessario. Il che significava che era importante il risultato, a qualunque costo. L'ordine era che le ragazze fossero tutte vergini e che tutte fossero rispettate fino almeno al giorno dopo, quando sarebbero state portate alla presenza di Romolo. In fondo nemmeno un rispetto lunghissimo.

Si è poi saputo che i soldati, forse su suggerimento dello stesso Romolo, si erano divisi i compiti di scelta in base al censo. Ai più ricchi le più belle e viceversa. I senatori avevano servi che andavano in cerca delle ragazze più appariscenti. Livio, ma anche Plutarco, raccontano che una ragazza particolarmente bella, quindi molto ambita, era combattuta fra più servi alcuni dei quali gridavano il nome del loro padrone. «A Talassio, a Talassio» gridavano a chi le si avvicinava. Quella ragazza bella era cioè di Talassio e Talassio era il loro padrone.

Da quel matrimonio che regolarmente si compì nacque poi un amore leggendario divenuto simbolo dei matrimoni felici nella città di Roma. Tanto che per oltre mille anni le spose sono state accompagnate all'altare proprio con questo grido: «Talassio-Talassio». Così come in Grecia si gridava a Idomeneo.

Il blitz fu praticamente fulmineo e lasciò sgomenti i sabini e gli altri popoli ospiti. È vero che i giovani romani riuscirono a far prigioniere solo ragazze vergini, nessun onore venne infranto, tranne quello di un'unica donna sposata e di grande bellezza, Ersilia, che fu portata davanti a Romolo come fosse un fatale errore, ma Romolo finì per innamorarsene, viverci insieme e fare con lei due figli.

Le altre erano tutte vergini e furono tirate sapientemente a sorte tra i giovani più audaci tra i senatori e i soldati.

Quante ragazze rapirono i romani il giorno della festa al dio Conso è naturalmente un numero misterioso. Alcuni hanno detto trenta, una per tribù, ma sarebbe stato uno sforzo inutile. Trenta fanciulle avrebbero solo creato il privilegio di pochi e aumentato il desiderio dei tanti. Più verosimile quello che scrive Plutarco per cui le ragazze furono 527, o meglio ancora quello che scrive Giuba, per cui furono 683. Altri dicono addirittura ottocento. Questi sono numeri più congrui per quella che fu una vera e propria azione di guerra.

Romolo non poteva pensare di compiere un gesto di questa forza senza che ci fossero reazioni. Forse non c'erano molti fidanzati già disposti alla vendetta, ma padri nobili e padri guerrieri certamente sì. Era questo il momento che a lui di solito piaceva di più, non la guerra per la guerra, ma le conseguenze di una guerra comunque già vinta. Stavolta rischiò tutto e venne perdonato dagli dei. Come vedremo non vinse completamente, ma evitò di lasciare Roma in mano ai sabini quando l'avevano praticamente conquistata.

I matrimoni

La notte passò molto lenta. I sabini erano venuti disarmati, non poterono che andarsene giurando che sarebbero tornati presto a riprendere le loro donne. I soldati romani rimasero ore e ore davanti al recinto e alle capanne in cui le vergini erano state appoggiate. Il desiderio si sentiva nell'aria come i lamenti delle ragazze. Ma Romolo aveva detto che nessuno doveva toccare le giovani.

Al mattino se le fece portare davanti e spiegò loro che non era successo niente. Non erano state rapite per essere stuprate da dei banditi, ma per diventare le mogli e le prime cittadine di una nuova grande città. Questo tranquillizzo molte ragazze e permise ai giovani romani di poterle avvicinare.

L'offerta di matrimonio riportava un po' tutto dentro la tradizione. Rapire la sposa era un'usanza tutt'altro che infrequente. In molte città greche la cerimonia del matrimonio simulava esattamente il rapimento della sposa. A Sparta era previsto dalle regole di Licurgo che le madri rasassero i capelli alle figlie e le acconciassero come maschi in modo che il rapimento potesse avere più possibilità di andare a buon fine.

In fondo Paride rapisce Elena. Antiope, di bellezza non inferiore a Elena e amata da Zeus sotto forma di satiro, viene rapita e sposata da Epopeo, re di Sicione. Teseo rapisce Elena mentre sta ballando alla festa della dea Artemide. Ma nelle stesse tradizioni arcaiche dei territori in cui nasce Roma, il ratto della donna è quasi un piccolo classico, una cerimonia di iniziazione, l'impresa che segna il passaggio del ragazzo dall'adolescenza a quando diventa uomo. In fondo ancora oggi la *fuitina* ha lo stesso significato, andare oltre un rifiuto, mettere le famiglie davanti al fatto compiuto.

Nella Roma arcaica rapire poteva ancora significare un

modo reale per sposare una donna. Quando Romolo spiega le intenzioni dei romani alle donne sabine, la tensione resta, la violenza anche, ma tutto rientra in una specie di piccola normalità. I matrimoni a Roma erano infatti fondamentalmente di tre tipi.

1) Il più comune era quello chiamato *Confarreatio* e si basava su dei pani di farro offerti a Iuppiter Farreus. Questo perché il farro era la pietanza base della gente normale, il piatto che accompagnava la coppia per tutta la vita.

2) C'era poi l'unione chiamata *coemptio.* Era il matrimonio più articolato, prevedeva che gli sposi si acquistassero uno con l'altro. Serviva alle coppie più abbienti.

3) C'era infine il matrimonio per *usus.* Se una donna rimaneva, volente o nolente, per un anno in casa di un uomo, diventava automaticamente sua moglie. Questo è il punto. Spesso si riteneva il ratto la condizione necessaria per arrivare all'uso. Rapendo una donna non la si sposava, ma il rapimento era spesso propedeutico al matrimonio. Quando si arrivò al matrimonio dei romani con le donne sabine, Romolo dovette pagare le vergini che aveva rapito e ormai aveva reso romane. Le pagò con molta terra, dando a tutto il loro popolo la cittadinanza romana e associando al trono Tito Tazio.

La sorpresa

C'è anche una versione meno conosciuta ma verosimile secondo cui le ragazze rapite erano in piccola quantità sabine. In maggioranza sarebbero state di città latine che stavano a nord di Roma e che per la loro posizione di vicinanza andavano quasi a confondersi con la terra sabina. Le città erano Cenina, Antemnae, Crumisterium e Fidene. Di queste solo Crumisterium era probabilmente albana. Questo spiegherebbe un po' di cose. Prima di tutto la lentezza con cui i sabini reagirono al rapimento. La cura con cui Romolo mandava loro ambascerie per dire che tutto stava rientrando nella normalità, che le donne si stavano tutte sposando, non c'era stato affronto. E soprattutto spiegherebbe il rifiuto dei sabini di aiutare Cenina e le altre città a riprendersi le loro donne.

È probabile che i sabini entrarono in gioco in un secondo tempo, quando tutte le città latine a cui erano state rapite le ragazze vennero sconfitte e in pratica assorbite da Roma. A quel punto i sabini, che distavano una quindicina di chilometri dalla nuova città (Cures metteva insieme Passo Corese e Fara Sabina), si ritrovarono i romani sotto casa e furono costretti a scegliere la guerra. Ma l'avrebbero fatto per un motivo politico, non per il ratto di donne che sarebbero state appunto quasi tutte latine.

Come spesso accade, tutti hanno rivoltato la leggenda come hanno voluto. Alla fine vince sempre il significato generale del mito, il risultato che si voleva affermare. Da tutta la vicenda del rapimento, Roma usciva molto più grande e potente. E Romolo come un grande re. Questo doveva tramandare la saga, di qualunque nazionalità fossero alla fine le donne rapite.

Acrone e Cenina

La prima a ribellarsi a Roma fu Cenina. Quasi certamente la città era in una località che oggi si chiama La Rustica e si trova sul raccordo anulare all'altezza dell'uscita per Napoli. Il suo re si chiamava Acrone, era giovane e molto bellicoso. Il suo nome è greco e questo è abbastanza strano. Probabilmente a raccontare le sue guerre con Roma sono stati per primi storici greci. Era esistito un arciere greco con questo nome che era stato al seguito di Enea e si era, alla sua morte, autoesiliato a Cortona. Acrone vuol dire «ultimo confine», «luogo più alto», un nome importante per il re di una borgata. È però vero che i greci chiamavano re anche i loro consiglieri. È insomma probabile che Acrone fosse un magistrato responsabile della propria terra ma che dipendesse direttamente già da Romolo.

Spazientito dai ritardi dei sabini, con molte donne della sua città in mano ai romani e ormai maritate, Acrone decise di fare da solo. Radunò l'esercito e cominciò a mettere a ferro e fuoco il territorio romano che stava intorno alla città.

A quel tempo abbiamo detto che ognuna delle trenta curie forniva cento soldati e dieci cavalieri, l'intero esercito di Roma era dunque di tremila fanti più trecento cavalieri. Era un ottimo esercito per i tempi. Certamente più forte di quello dei ceninesi. La forza di Cenina stava soprattutto nella decisione e nel coraggio del suo capo. Forse è per questo che quando Romolo raggiunse i ribelli e i due eserciti furono uno di fronte all'altro, decise di dover vincere da solo quella guerra.

Chiamò fuori Acrone e gli propose un duello testa a testa. Difficile da immaginare peraltro. L'arma principale di allora era la lancia a cui si aggiungeva una spada corta, una specie di daga che serviva soprattutto per finire gli avversari già vinti. Non erano armi da duello individuale.

Romolo e Acrone si scontrano davanti alle porte di Cenina. Prima di cominciare il duello, Romolo fa un voto: se avesse battuto Acrone e vinto la guerra, avrebbe fatto costruire un tempio a Giove Feretrio. Guardò verso il cielo, strinse le armi e andò incontro ad Acrone. Vinse in modo così travolgente che riuscì a spogliare l'avversario delle armi. Un vero trionfo, soprattutto un grande onore. Le armi del comandante vinto venivano consacrate al dio ed erano dette *opima*, cioè la massima ricchezza che poteva toccare a un generale. Le spoglie erano opime quando aver battuto da soli il capo nemico era stato determinante per le sorti della guerra.

Romolo capì di aver compiuto un'impresa e non era persona che non sapesse far fruttare queste situazioni. Prima diede l'ordine di assaltare Cenina. Quando l'ebbe rapidamente conquistata, ordinò a tutti i cittadini di bruciare le loro case e di venire a vivere a Roma dove sarebbero stati trattati come gli altri romani.

Poi si dedicò a se stesso. Là dove l'esercito era accampato, tagliò una quercia gigantesca e vi appese le armi di Acrone. Poi si cinse la testa di alloro e si mise la quercia sulla spalla destra. Così addobbato, cominciò a camminare verso Roma cantando un inno di vittoria, rasserenato dal tintinnio delle armi di Acrone che pendevano dalla quercia. Dietro di lui, l'esercito rispondeva ai suoi canti. Ad aspettarli davanti alle mura c'erano centinaia e centinaia di romani che gridavano e applaudivano. Romolo girò per la città, poi piantò la quercia sul Campidoglio dove voleva sorgesse il tempio di Giove Feretrio. Questo portava ufficialmente anche il Campidoglio nella parte viva della città, sia pure fuori le mura, e portava di conseguenza dentro anche il Foro, cioè la strada-vallata che dal Campidoglio arrivava al Palatino.

Fu deciso che solo chi avrebbe spogliato delle armi i comandanti nemici in futuro avrebbe potuto portarle nel tempio. L'impresa doveva essere rispettata e lo fu sempre. Dopo Romolo solo altri due generali ci riuscirono. Cornelio Cosso nel 447, quando sconfisse di persona il re di Veio, l'Etrusco Tolumnio. E Claudio Marcello nel 222, contro il re dei galli Viridomaro.

Antemnae e Crustumerium

Mentre i romani erano impegnati dai ceninesi, si ribellarono contro di loro anche i latini di Antemane. Per questa località siamo sicuri. È l'attuale Forte Antenne, a tre chilometri e mezzo dal Palatino, cioè ancora in pieno centro, prima del grande quartiere Salario, alla confluenza dell'Aniene con il Tevere. Gli antemnesi pensavano che sarebbero stati un diversivo di troppo, ma anche loro erano una piccola città in confronto a Roma. Furono rapidamente battuti e annessi.

Ancora più facili furono i successi su Crustumerium e

probabilmente Fidene, già spaventate dalla facilità con cui Roma aveva travolto gli altri nemici. Floro e Paolo Orosio parlano anche di una guerra con Veio che però non risulta da nessun'altra parte.

Di sicuro, alla fine di queste prime guerre, Romolo aveva raddoppiato abitanti e territorio. Roma era adesso una grande città giovane e ambiziosa, con un esercito di molte migliaia di uomini. Ed era arrivata a un passo dalle capitali sabine.

13

LA GRANDE GUERRA

I sabini erano allora un popolo molto forte e temuto. Si dicevano discendenti degli spartani, questo li spingeva a fare dell'ordine e del coraggio le loro virtù più grandi. Le città sabine non avevano mura che le difendessero. I sabini pensavano di dover difendere da soli le loro città, le mura non potevano sostituire la forza dei soldati. Erano avversari più metodici dei romani, più abituati alla ricchezza e all'onore, meno istintivi, ma soldati formidabili.

Nemmeno Romolo probabilmente voleva una guerra con i sabini. Li aveva blanditi e rassicurati dopo il rapimento, aveva chiesto scusa per aver trasformato un giorno di festa in un'azione criminale, aveva quasi certamente chiesto anche il loro permesso per attaccare Cenina e Antemnae. Si era comportato da perfetto alleato, con nel mezzo il problema di qualche donna sabina che certamente era caduta nella rete. Per molto tempo i sabini avevano accettato i regali e le giustificazioni di Romolo, ma ora non potevano più aspettare. Con la loro solerzia guerriera, il loro doppio gioco, i romani erano arrivati quasi davanti alle loro case. In quell'ultimo anno avevano raddoppiato la terra e preso comunque anche le loro donne. Fidarsi non era più possibile. La loro gente era inquieta, molti non capivano perché si fosse aspettato tanto, perché Roma non fosse stata schiacciata quando non era che una manciata di capanne. Si tennero molte assemblee alla fine delle quali la guerra divenne l'unica soluzione comune.

Venne allestito un grande esercito, forse il più grande che quelle terre avessero mai visto: venticinquemila fanti e mille cavalieri. Ne fu dato il comando a Tito Tazio, re dei curiti, gli abitanti di Cures, la capitale. Cominciò così un lungo periodo di preparazione. Le spie di Romolo parlavano di una macchina da guerra immensa. I sabini avrebbero attaccato Roma per ucciderla, non per vincerla.

Questo spinse Romolo a cercare immediatamente di rispondere. Si cominciò rafforzando le mura del Palatino, rendendole più alte e più larghe. Gli altri colli, cioè l'Aventino e il Campidoglio furono circondati da palizzate. Fu ordinato ai contadini di dormire con le greggi sulle zone più alte di questi colli. Avrebbero così fatto la guardia al Palatino semplicemente vivendo la loro vita di tutti i giorni. Intorno a loro, sparse, guarnigioni di soldati.

Romolo si mise anche a cercare alleati. Suo nonno Numitòre gli mandò molti soldati da Albalonga, più i suoi migliori ingegneri militari (cioè i tecnici addetti alle costruzioni di macchine da guerra), oltre a grandi rifornimenti di cibo e bevandc. Accanto a Romolo scese in campo anche un re etrusco, Lucomon, un guerriero molto conosciuto e stimato; più un re latino, Lucero da Ardea. Alla fine anche l'esercito romano era un grande esercito, ventimila uomini più ottocento cavalieri.

Tarpeia e l'amore

A primavera i sabini mandarono a Roma i propri messaggeri per esigere la restituzione delle donne e il pagamento del danno. Romolo rispose che le donne erano ormai madri e vivevano in pace accanto ai loro uomini. Venissero i sabini e prendessero qualunque altra cosa, Roma sarebbe stata onorata di concederla pur di evitare la guerra contro un popolo così valoroso. Ma nessuno poteva ormai restituire ai sabini quello che era diventato romano.

Tito Tazio mosse dunque l'esercito.

Venendo i sabini dal nord e dal nord-est, Romolo aveva schierato buona parte dell'esercito su due colli in quella direzione, l'Esquilino e il Quirinale. Sull'Esquilino il comando era suo, sul Quirinale era del re etrusco suo alleato.

Il disegno tattico era chiaro. Esquilino e Quirinale sono quasi sulla stessa linea e distano poche centinaia di metri. Coprire quella linea significava proteggere il Palatino da un attacco diretto.

Tito Tazio lo capì molto presto. Tolse l'accampamento di notte e ordinò ai suoi soldati di non perdere tempo in nessuna razzia nei campi romani. Era fondamentale arrivare non visti prima dell'alba nella pianura tra il Campidoglio e il Quirinale. Sapeva che i romani avevano coperto tutti gli accessi diretti alla città. Aveva così deciso di allargare l'esercito verso il Tevere; a quel punto, per marciare su Roma, gli sarebbe stato fondamentale scalare il colle del Campidoglio che era pericoloso ma molto meno custodito dei colli comandati da Romolo e Lucomone. Era insomma una manovra di mezzo accerchiamento.

Tito Tazio si rese però molto presto conto che il Campidoglio era praticamente inespugnabile. Era un intrico di boschi e sentieri, dovunque piccoli ruscelli, tutto molto buio, coperto di selve fittissime su cui in cima sorvegliavano con attenzione i soldati di Spuro Tarpeio, il comandante messo lì da Romolo.

Si narra che Tito Tazio sia rimasto a lungo, sotto la pioggia, nella prima luce del giorno, a guardare questa specie di fortino naturale, rendendosi conto di essere impotente. A quel punto però accadde uno dei tanti misteri della leggenda, un vero e proprio colpo di teatro.

Lungo i sentieri stava scendendo una giovane vestale di nome Tarpeia, figlia del Tarpeio comandante. Stava andando alla fonte a prendere acqua con la sua brocca sulla testa. Di nuovo una vestale, di nuovo una fonte sacra. Di nuovo una straordinaria debolezza, perché Tarpeia, come intravede il biondo Tito Tazio nello splendore del mantello e della sua armatura, impazzisce d'amore. Non riflette che poche ore, il tempo di guardare e riguardare dall'alto il suo amore sabino. Perché in fondo non dovrebbe essere lei a tradire i romani dopo che i romani hanno così volgarmente tradito i sabini rubando le loro figlie? Properzio e Ovidio narrano con dovizia di immaginazione l'avanzare della follia amorosa di Tarpeia. La decisione alla fine è presa, sarà tradimento per amore. Se ne andrà da Roma per partorire da principessa nella casa del re sabino, suo figlio non dovrà uccidere il fratello o succhiare il latte di una lupa.

Manda un'ancella nell'accampamento sabino e chiede un incontro con il re. A Tito Tazio dice come potrà passare indenne lungo i sentieri del Campidoglio, penserà lei a lasciare aperta una porta. Tito Tazio chiede quale ricompensa voglia la ragazza. Tarpeia disse che avrebbe fatto qualunque cosa, a patto che lui acconsentisse a sposarla.

Il re sabino rimase abbastanza sorpreso, ma non ci pensò un attimo. Disse di sì, avrebbe fatto quello che Tarpeia chiedeva purché lei lasciasse la porta aperta. Così andò, così i sabini entrarono dentro il colle, sbaragliarono le difese e poterono apprestarsi ad attaccare frontalmente i romani, prendendo anzi alle spalle i due eserciti di ritorno dall'Esquilino e dal Quirinale.

E Tarpeia? Tristissima fine. Disillusa e sbiadita, venne uccisa e schiacciata sotto gli scudi sabini.

Questa però è solo una versione della leggenda. Non che le altre finiscano meglio, ma ci sono diverse giustificazioni. I romani del resto hanno sempre dato grande importanza alle sconfitte. E non c'è dubbio che la perdita del Campidoglio lo fu. Ma le grandi leggende nascevano proprio per questo, per coprire d'onore la sconfitta e rivalutarla agli occhi popolari. La seconda versione di Tarpeia è comunque perfino peggiore, il tradimento sarebbe avvenuto per soldi. Tarpeia avrebbe infatti chiesto come ricompensa «quello che i sabini portano al loro braccio sinistro». I sabini erano famosi per fare sfoggio di grandi bracciali d'oro, Tarpeia avrebbe puntato a quelli. Con il sottile doppio senso che si usa spesso nel mito, i sabini rispettarono i patti ma non nel modo voluto dalla ragazza.

Al braccio sinistro non portavano solo bracciali ma anche gli scudi. Così, quando ci fu da pagarla, la sommersero sotto i loro scudi.

Ma alla gente che nei secoli ascoltava la favola di Romolo evidentemente non piaceva troppo che Tarpeia fosse una pura traditrice. Così cominciarono a venire fuori versioni che la rivalutavano. Calpurnio Pisone racconta addirittura che Tarpeia fece tutto per ingannare i sabini e avvertire nel frattempo i romani. Scoperta, fu naturalmente uccisa. Plutarco invece spiega che Tarpeia sopravvisse ai sabini e che il secondo re di Roma, Numa Pompilio, la scelse tra le nobildonne romane per consacrare le quattro vestali e istituire il culto di Vesta.

Si disse insomma tutto e il contrario di tutto. Si arrivò perfino a giustificare Tarpeia dicendo che era stata sedotta e abbandonata da Romolo, quindi agiva per vendetta d'amore. Di sicuro alla fine fu spesso celebrata come una divinità del Campidoglio.

È curioso notare che c'è sempre il Campidoglio in queste battaglie silenziose. Nel 390 avanti Cristo, secondo la leggenda, furono le oche a svegliare i soldati dall'arrivo dei Galli. Forse è anche questo il significato di Tarpeia attraverso il tempo. Spiegare, razionalizzare la debolezza romana sul colle e l'importanza strategica di quella postazione. Quando cadeva il Campidoglio, cadeva la città.

La grande battaglia

Presa la fortezza del Campidoglio, Tito Tazio s'impadronì

di gran parte delle provviste romane. A quel punto non aveva più fretta di dare battaglia. Dal colle dominava la vallata dove sarebbe poi stato costruito il Foro e teneva in continuo allarme la gente del Palatino. Nemmeno i romani volevano muoversi, sapevano di essere in posizione di svantaggio. Ma le uscite si fecero sempre più numerose e più forti. Gli eserciti erano troppo vicini per riuscire ad aspettare. Così, quasi nello stesso momento, sabini e romani decisero di risolvere tutto in un scontro frontale, la battaglia più grande che si fosse mai vista in Italia, cinquantamila soldati uno contro l'altro.

Fu davvero uno scontro epico e uno straordinario spettacolo di guerra. Grandi atti di eroismo, molte vittime, continui assalti e altrettanti ripiegamenti. E chi guardava da dentro le mura si sfiniva in grida d'incitamento. Avevano davanti uno spettacolo gigantesco e terribile.

Alla fine della giornata però non ci fu nessun vincitore. Gli eserciti si ritirarono a curare i feriti e seppellire i morti, ma dopo poche ore di sonno la battaglia riprese più violenta di prima.

Romolo si mise al comando della parte destra dell'esercito, a sinistra andò Lucomone, l'alleato etrusco. Nel mezzo Osto Ostilio, il comandante dell'esercito romano. Sia Romolo che Lucomone riuscirono a prendere terreno ai sabini, ma al centro la furia e la forza di Metteo Curzio, il più famoso guerriero dei sabini, stava mettendo a rischio l'intero schieramento. Curzio era instancabile e molto temuto. Di lui si raccontavano gesta epiche, guerre vinte da solo, sconfitte di animali giganteschi. Non aveva paura di niente, sembrava invincibile. Dal centro Curzio cominciò a portare aiuto anche alle sue due ali in difficoltà. Le sorti della battaglia si rovesciarono subito, toccò ai romani andare in difficoltà. Vennero di forza risospinti verso la mura della città.

Romolo fu costretto allora a lasciare la propria posizione e il proprio vantaggio per andare ad aiutare i soldati che Curzio stava travolgendo. Questo rimise in equilibrio la battaglia. I romani, vedendo Romolo in mezzo a loro, riuscirono lentamente a respingere i sabini e a metterli di nuovo in difficoltà. Per qualche momento sembrò che i sabini cominciassero a ritirarsi. Davanti a tutti rimaneva Curzio, che combatteva quasi da solo mantenendo la posizione e permettendo ai suoi di uscire con ordine dalla battaglia.

Ma anche Curzio era allo stremo, aveva ferite su tutto il corpo, aveva perso molto sangue. Si rese conto che avrebbe potuto resistere ancora per poco. Si guardò intorno, a poche centinaia di metri cominciava la palude del Velabro, in quei giorni di piena del Tevere particolarmente alta e infida. Curzio si voltò verso la palude, cavalcò negli acquitrini e, quando fu nel punto dove l'acqua sembrava più alta, si lasciò andare di colpo nel fango. Si sentì il rumore sordo dell'armatura che lo portava a fondo. Nessuno pensò a inseguirlo e nemmeno sarebbe stato possibile. Curzio fu dato per morto. Era impossibile che sopravvivesse nella palude con l'armatura addosso.

Con questa certezza Romolo si scagliò contro i sabini sentendo forte l'odore della vittoria. I suoi lo seguivano e gridavano, i sabini erano in rotta, il Campidoglio sembrava ormai a un passo, pronto per essere riconquistato.

Ma improvvisamente Romolo si fermò, cercò con gli occhi qualcosa come sperduto, poi crollò a terra. Quelli che accorsero lo trovarono con il volto pieno di sangue. Era stato colpito da una grossa pietra, aveva perso i sensi, gli occhi erano fissi contro il cielo che cominciava a scurirsi. Nello stesso momento anche Lucomone fu ferito gravemente al fianco da una lancia e fu costretto ad abbandonare il comando. Fu subito chiaro che Lucomone stava morendo. La ferita era vasta, il sangue usciva troppo velocemente. In pochi attimi i due re al comando dell'esercito romano erano usciti dalla battaglia.

Ma la cosa che spaventò di più i romani fu che nel mezzo delle truppe sabine, terribile e completamente coperto di fango, uno spettro invincibile, era tornato Matteo Curzio.

Sembrava un segno degli dei. I comandanti romani fuori dalla mischia e il comandante sabino resuscitato. I romani, terrorizzati, presero a sbandare. Un gruppo si mise intorno al proprio re, a difenderne il corpo, tutti gli altri cominciarono a correre verso la città. Gridavano di aprire le porte. La battaglia cambiava di nuovo e la stavano vincendo i sabini.

Romolo rimase privo di sensi per una decina di minuti. Quando riprese coscienza era sfinito e stordito. Dionisio di Alicarnasso lo racconta alla lettera come «mezzo morto». Intorno aveva solo soldati romani che fuggivano. Si mise a gridare con il poco fiato che aveva, ma pochi lo ascoltavano, il terrore era ormai troppo grande. Romolo allora guardò verso il cielo e capì che non gli era rimasto altro che pregare. Disse a Giove che Roma era stata fondata perché lui, Giove, lo aveva voluto attraverso i suoi segni; se per gli dei Roma era ancora importante, doveva arrivare un aiuto subito perché i nemici erano ormai dovunque. «Se aiuterai me e la mia gente, proprio qui, nel posto in cui ti sto pregando, io costruirò un grande tempio a Giove Statore perché tutto il mondo sappia che la città è stata salvata dal tuo aiuto». Il miracolo avvenne di nuovo.

Più di Giove poté quasi certamente la sortita di un gruppo di giovani soldati lasciati di riserva dentro la città. Si buttarono con furia sul nemico e riuscirono a respingerlo lontano dalle mura. Mentre gli altri soldati romani, vedendo di nuovo Romolo in mezzo a loro, ripresero a combattere con forza. Incredibilmente, con tantissime perdite, alla fine di quel secondo giorno di battaglia, Roma era salva, i sabini respinti e demoralizzati. Ma le sorti della guerra erano ancora aperte.

L'arrivo delle figlie rapite

È a questo punto che secondo molti autori intervengono le donne sabine rapite ormai più di un anno prima. Con i loro figli appena nati si misero tra i padri e i mariti supplicando che la guerra finisse. «Se non riuscite a sopportare una parentela tra voi, prendetevela con noi, noi siamo la causa di tutto. Per tutte noi sarà meglio morire che rimanere orfane o vedere crescere orfani i nostri figli».

Livio racconta che il gesto commosse sia i soldati che i

generali. «D'improvviso calarono il silenzio e la quiete. Poi i comandanti avanzarono per stipulare l'alleanza». È uno stupendo colpo di teatro, uno di quei momenti che nei miti servono a ricondurre le cose alla ragione, come se ci fosse un tempo per gli errori e uno per i rimedi. Tito Livio è felice di seguire la leggenda, tutto va finalmente a posto. L'oltraggio dei romani, le sorti della guerra, perfino una parte della realtà vera, quella che racconta l'importanza storica dei sabini nella fondazione. Tutto improvvisamente spiegato e conseguente, la storia di Roma può cominciare.

Personalmente penso sia andata diversamente. Non solo nella storia, e questo sarebbe normale, ma anche dentro il mito. Ne parla a lungo Dionisio di Alicarnasso, lo conferma a mio avviso il buon senso comune. Seguiamo Dionisio.

La pace delle donne

Quando la seconda notte di guerra riportò tutti dentro i loro accampamenti, non c'è dubbio che i sabini sentissero più vicina la sconfitta. Infatti i capi si riunirono per decidere fra due ipotesi. Far venire un altro esercito di rinforzo e recuperare almeno in parte le grandi perdite avute; o ritirarsi devastando quanto più potevano il territorio romano sulla strada del ritorno.

Ma anche i romani non avevano certezze. Avevano fermato i sabini, ma non li avevano vinti. Nella migliore delle ipotesi sapevano che tutto il loro territorio, tutti gli animali, le capanne, i campi da Roma alla Sabina, sarebbero stati devastati dalla ritirata del nemico. C'era chi cominciava a sussurrare di restituire le donne ai loro padri e chi voleva cominciare una trattativa di pace. Fatto sta che il giorno venne ma nessuno dei due eserciti aveva fretta di riprendere la guerra. Entrambi aspettavano una risposta, un segno. Gli dei rimasero in silenzio, in compenso arrivarono le donne sabine.

Avevano una leader, si chiamava Ersilia, l'abbiamo già conosciuta all'epoca del ratto. Era una donna sposata, l'unica non vergine caduta nel rapimento. Probabilmente era la madre di una delle ragazze rapite e aveva voluto restare accanto a sua figlia anche a costo di abbandonare il marito. Raccontano fosse una donna bellissima e di grande carisma. Secondo molti autori Romolo si innamorò di lei, la sposò ed ebbe due figli. Per altri Ersilia divenne la moglie di Osto Ostilio, il comandante dell'esercito romano, nonno del futuro re Tullio Ostilio.

Comunque sia, quella mattina Ersilia divenne la donna del destino. Radunò tutte le giovani sabine e propose loro di andare nel campo di Tito Tazio a chiedere la fine della guerra. «Non è possibile continuare a veder uccidere i nostri padri e i nostri mariti. Questa è una guerra che per noi non avrà vincitori, solo lutti».

L'idea piacque molto alle altre giovani. Bisognava però prima dirlo ai loro mariti, ai romani. Così decisero di entrare tutte insieme nella seduta di guerra che Romolo stava tenendo con i suoi consiglieri. Ersilia raccontò il suo piano, chiese che le donne sabine potessero portare con sé i figli avuti con i romani, riteneva fondamentale che i loro padri si rendessero conto che la vita era andata avanti e che si stava combattendo tutti, in fondo, contro se stessi.

L'idea era semplice, aveva intelligenza e sentimento, poteva funzionare. Tornava a parlare di vita. In un anno di regno, Romolo aveva combattuto una guerra dopo l'altra. Contro Cenina, Antemnae, Crustimerium, ora i sabini. Tutte erano sembrate guerre di sopravvivenza inevitabili per una città che nasce. Nello strano automatismo di quelle guerre si era finito per confondere tutto. Romolo lo aveva capito all'inizio, ma lo aveva dimenticato: prendere le donne ai sabini non poteva che avere un risultato, diventare tutti un po' sabini, fondersi gli uni negli altri. La proposta di Ersilia riportava di colpo la storia nel suo luogo naturale. Combattersi con le armi significava davvero uccidere un po' se stessi. Era per forza l'ora della pace.

La differenza fra questa versione e quella di Livio (e della tradizione) sta nel tempo, nella riflessione che Dionisio affida ad Ersilia. Non c'è solo l'impeto, non c'è solo il colpo di teatro. Non fu un gesto improvviso, non fu solo l'emotività di tutti, stanchezza e commozione. Fu una decisione che venne pensata, scambiata, confermata fino a risultare naturale. È una soluzione umana, non mitica.

Dopo che il senato ebbe accettato la proposta di Esilia, le donne andarono a prepararsi. Si vestirono tutte a lutto, alcune portarono con sé i figli appena nati, poi insieme s'incamminarono verso l'accampamento sabino. Pregavano, cantavano nenie, erano una macchia nera su un campo di battaglia dove tutti erano usciti a guardarle.

I soldati si spostavano per farle passare, molte erano figlie, nipoti, fidanzate che non vedevano da un anno. Molti s'inginocchiarono e piansero.

«Cosa vi abbiamo fatto di male?», qui il racconto è di Plutarco, «quale dolore vi abbiamo portato noi che soffriamo ogni giorno sventure terribili? Siamo state rapite con la violenza da quelli che ora ci amano; una volta rapite, siamo state dimenticate da padri e fratelli per così tanto tempo che questo tempo ci ha legato ai nostri nemici. E ora, quando combattono contro la nostra gente, abbiamo paura per loro. E ci fa piangere quando muoiono. Voi infatti non siete venuti a difenderci, a vendicarci contro i colpevoli quando eravamo ancora vergini. Perché allora venite adesso a separarci dai nostri mariti. È tempo di una preghiera di pace: così noi siamo state amate da loro, così voi dovete adesso avere pietà di noi, di quello che ora siamo. E se per caso combatteste contro Roma per altri motivi, è tempo che smettiate. Perché combattete contro i vostri parenti, contro voi stessi?».

Difficile dire di più. Un'emozione fortissima s'impossessò di tutta la valle tra il Campidoglio e il Palatino.

Fu allora che la guerra finì, sabini e romani divennero un solo popolo. E Roma una nazione.

La divisione dello Stato

A metà strada tra Campidoglio e Palatino, su quella che sarebbe diventata la Sacra Via, Romolo e Tito Tazio s'incontrarono e diedero forma a una pace che era già stata decisa. La regola più importante era che romani e sabini sarebbero diventati un popolo solo. Chi voleva avrebbe continuato a vivere a Cures, ma il re Tito Tazio, le famiglie che da lui dipendevano e gran parte della popolazione avrebbero occupato i colli del Campidoglio e del Quirinale (che prende il nome dai quiriti, cioè i sabini di Cures). Romolo e i suoi avrebbero occupato Palatino e Celio, il colle appena più a nord che secondo alcune leggende deve il suo nome al grande alleato etrusco Lucomone, chiamato Cele Vibenna.

Il regno sarebbe stato assolutamente diviso a metà, o meglio condiviso. Romolo e Tito Tazio furono per cinque anni re uguali a tutti gli effetti. Questa parte della leggenda è sempre stata trascurata via via che diventava storia. Più Roma diventava una grande potenza e più Tito Tazio diventava un incidente. In realtà fu un re esattamente come Romolo e gli altri. Quando si parla di sette re di Roma si commette quindi un errore evidente. I re furono otto a tutti gli effetti.

Romolo tenne i suoi cento consiglieri, i patres, i suoi più ricchi e fedeli. Altrettanto fu permesso fare a Tito Tazio. Da qui nacque il senato romano.

La città avrebbe continuato a chiamarsi Roma, ma il suo popolo sarebbe stato chiamato il popolo dei Quiriti, cioè i sabini, quelli di Cures.

I due re non dovevano consultarsi per governare le proprie genti, ma avevano l'obbligo di ricordarsi che insieme facevano un unico popolo. Fu infatti deciso che Romolo e Tito Tazio avrebbero esercitato insieme il comando militare.

Dovendo comunque affrontare anche il caso della guerra, fu deciso che le donne che lo avessero voluto avrebbero potuto vivere con i loro mariti. Oppure tornare nelle famiglie di origine, scelta questa di grande importanza quasi tremila anni fa se solo si pensa che ancora nel 1950 l'adulterio in Italia esisteva solo per la donna. Mantenendo questo dovere riparatorio, si decise che le donne sabino-romane, per legge, sarebbero state esenti da «fatica e servitù», tranne che per la lavorazione della lana.

Può sembrare curioso questo particolare in un momento in cui si precorrevano vertiginosamente i tempi, ma la lavorazione della lana era una vera e propria arte indispensabile, non si poteva scherzarci sopra. Tutto era lana, tutto era tessuto. Era il vero petrolio del tempo. Senza quella scienza, l'uomo era nudo e povero. Non poteva permettere ignoranza o cambi di gestione domestici.

Il luogo dove fu sancito l'accordo fu detto *comitium* perché in latino *comire* significa incontrarsi. Le tribù della città rimasero le tre originarie, così come i trenta rioni (curie). Ma tutto fondamentalmente cambiò. In memoria del trattato, per secoli a Roma rimasero le statue di Romolo e Tito Tazio lungo la *Via Sacra.* Quella di Romolo sul lato del Palatino e quella di Tito Tazio dall'altra parte, *«per chi venga dai rostri»,* come diceva Servio commentando l'*Eneide.*

Un ultimo dato per semplificare una delle unioni più importanti del mondo: deposte le armi, romani e sabini vollero purificarsi con un ramoscello di mirto. La pianta era dove poi sorse il tempio di Venere Cluacina. Infatti gli antichi romani chiamavano *cluere* il purgarsi. Cioè il purificarsi in senso fisico.

14

LA GRANDE MORTE

Romolo e Tito Tazio governarono insieme per cinque anni durante i quali i due re si dedicarono alla costruzione della città. Non ci furono guerre, non ci furono litigi nemmeno tra i due re. Ognuno cercava di rimanere nel proprio territorio, cosa che riusciva meno bene a Romolo che a Tazio. Nel frattempo Roma stava diventando sempre più grande, più bella e importante fra le città latine. Soprattutto si stava sempre più affollando. Venivano da tutte le parti del Lazio per poter vivere a Roma. In pochi anni la città raggiunse la popolazione di Veio pur avendo un territorio cinque volte più piccolo. Questo portò più tardi a un'inevitabile guerra contro la potentissima città etrusca.

I problemi di Tito Tazio cominciarono improvvisamente il giorno in cui alcuni suoi parenti percossero e forse derubarono ambasciatori ufficiali dei Laurenti, cioè della città di Lavinio, una delle grandi madri della storia di Roma. Gli ambasciatori denunciarono ai due re il fatto, politicamente gravissimo, e ottennero soddisfazione da Romolo che intervenne e consegnò loro i colpevoli. Ma Tito Tazio non accettò la decisione di Romolo. I suoi parenti si raccomandarono a lui fino a fargli commettere l'errore che gli fu fatale. Tazio dette via libera all'assalto e alla liberazione dei suoi parenti che stavano per essere portati a Lavinio e imprigionati. Nell'assalto tutti gli ambasciatori laurentini furono uccisi.

Fu un vero incidente di guerra, una straordinaria prepotenza di Tito Tazio, forse il segno che Tazio malsopportava la divisione del regno, in modo molto più pesante di quanto facesse vedere. Lavinio protestò molto, poi la cosa sembrò dimenticata. Ma quando poco tempo dopo i due re si ritrovarono a Lavinio per una cerimonia religiosa, improvvisamente dalla folla uscì un gruppo di sicari che assalirono Tito Tazio e lo uccisero sul posto. Non ci fu praticamente resistenza, la folla inneggiò agli assassini. Avessero voluto, avrebbero potuto tranquillamente uccidere anche Romolo. Era rimasto infatti isolato in mezzo ai laurentini macchiati dal sangue di Tazio. Ma a Romolo nessuno disse niente. Gli fu permesso di uscire, la gente si aprì ordinata al suo passaggio.

Romolo riportò a Roma il corpo straziato di Tito Tazio e lo seppellì con grandi onori sull'Aventino, vicino all'Armilustrium, ma non fece mai niente per punire i suoi assassini. Anzi, quando i laurentini stessi consegnarono a Romolo gli assassini di Tazio, temendo su tutta la loro città la vendetta di Roma, il re rispose di non volerli vedere. Disse anzi che «giustizia era già stata fatta». Tazio aveva meritato il suo linciaggio.

Era stato chiaro fin dall'inizio che Romolo aveva giudicato un errore tutto il comportamento di Tito Tazio nella vicenda. Gli ambasciatori rappresentano i diritti dei popoli, nemmeno tremila anni fa potevano essere uccisi impunemente. Farlo era un'offesa grave. Ma è anche probabile che Romolo fosse stato a conoscenza del piano per uccidere Tito Tazio e non abbia avuto nessuna voglia di fermarlo. Tito Tazio si era eliminato da solo, non poteva essere il suo avversario a salvarlo.

Il comportamento di Romolo non sfuggì nemmeno al suo popolo. Molti lo criticarono per essere stato troppo mite con gli assassini di Tazio, altri dissero apertamente che tanta bontà d'animo nascondeva un ringraziamento di Romolo per gli assassini che gli avevano tolto di mezzo l'avversario.

Le grandi discussioni che si accesero su questo argomento insegnano la diversità della monarchia mista di Roma. Il re non ha poteri assoluti. Qualunque cosa decida e faccia passa sempre attraverso la discussione del suo popolo. Che spesso, anzi, si ribella a tutto quanto ritiene ingiusto.

Quando poco più tardi una pestilenza grave colpì sia Roma che Lavinio, fu gioco facile dare la colpa al doppio gioco di Romolo sulla morte di Tazio. Gli dei non avevano gradito quella specie di tradimento e ora lo facevano sapere con la peste. Romolo fu costretto a ricercare gli assassini di Tito Tazio e stavolta a punirli esemplarmente. La peste naturalmente si fermò.

Gli ultimi anni da tiranno

La morte di Tito Tazio restituì tutto il potere nelle mani di Romolo che ne diventò sempre più geloso. Molti dei suoi rapporti con il popolo, ma anche con il senato, si guastarono. Romolo era diventato insofferente ormai a qualunque controllo, pensava di aver compiuto la strada che lo aveva portato a essere un semidio. Non voleva più essere disturbato mentre governava una città sempre più grande e sempre più potente.

Plutarco sostiene che Romolo avesse ormai una vistosa tendenza alla tirannide, dimostrata dall'istituzione dei trecento *celeres*, cioè i cavalieri addetti alla protezione della sua regale persona. In realtà i celeres sarebbero stati una delle prime invenzioni di Romolo re. Celere si chiamava l'uomo di cui Romolo più si fidava e anche quello che, per alcuni autori, avrebbe ucciso Remo davanti al solco della nuova città.

Sono invece qui curiose le differenze di osservazioni fra Plutarco e Dionisio di Alicarnasso. Il primo dice che la tendenza tirannica di Romolo si manifestava quasi solo contro il senato. Dionisio dice invece l'opposto, che si rivolgeva quasi soltanto contro il popolo. Forse la verità ce la porta Cicerone: per lui Romolo diventa a favore del senato dopo la morte di Tito Tazio.

Tornano le guerre: Fidene

Da solo Romolo si rimette in marcia. Conquista Fidene, nove chilometri dal Palatino, una città gloriosa fondata dal fratello dei fondatori di Nomento e Crustimerio. Sarebbero stati i fidenati a volere la guerra, anche loro preoccupati di venire semplicemente ingoiati dalla forza di Roma, ma Plutarco parla di un colpo di mano di Romolo. La guerra durò due anni, alla fine Fidene divenne colonia romana e le fu lasciata una guarnigione che arrivò forse addirittura a 2500 uomini. Se così fosse davvero, era il segno che la guerra era stata dura e che si temeva la pace quanto la guerra.

Cameria

Anche questa città latina famosa per la sua bellezza guardava con paura all'espansione di Roma. Il suo re puntò sulla sorpresa e sull'aiuto della peste che aveva colpito Roma. Così fece uscire l'esercito a rubare e devastare la campagna romana, convinto che Roma non avrebbe potuto difendersi. Romolo mise però insieme l'esercito e inflisse una sconfitta definitiva ai camerii. Ne uccise seimila a sangue freddo per punizione e ne occupò la città. Ma non la distrusse, ne fece anzi una forte colonia romana insediando coloni in numero doppio rispetto ai camerii che rimanevano in città.

Tra il bottino della guerra fu trovata una splendida quadriga di bronzo che fu portata a Roma e consacrata al dio Efesto. Per sé, Romolo pretese una statua in cui veniva incoronato dalla dea Vittoria ed ebbe il suo secondo trionfo.

Veio

La guerro contro Veio fu la più dura e non fu risolutiva, ma fu quella che fece conquistare grandi estensioni di territorio e alcuni vantaggi di tipo industriale: le saline. Veio era una città molto ben protetta in modo naturale, su una collina di forma quasi triangolare, a poca distanza dalla riva destra del Tevere. La sua ricchezza derivava dal controllo del traffico sul fiume e dalle miniere di sale che erano alla foce. Gli etruschi erano un popolo di commercianti, una nazione con dodici città-stato e poco senso dell'unità. Ogni città era uno stato, ogni città usava le altre per commerciare. Veio era la più grande città nel profondo sud dell'Etruria, tutte le merci etrusche dirette oltre il Tevere passavano da lì. Ed era un commercio (e un controllo) che interessava moltissimo i romani. Romolo mal sopportava i ricchi veienti e alla fine decise che si doveva andare alla *dimicatio ultima*, cioè allo scontro finale, risolutivo.

Veio era ricca, popolosa e aveva molta più tecnologia di Roma. Era circondata da mura alte dai cinque agli otto metri e larghe due. Le pietre erano massicce, quasi tutte di 80 per 50 per 50. Il paese era sopra un altura, quasi inattaccabile. Gli ingegneri di Veio avevano inventato una straordinaria rete di acquedotti sotterranei, ancora oggi si può seguirne il cammino per oltre cinquanta chilometri. Servivano a controllare la forza delle piene e a distribuire l'acqua in modo capillare ed equilibrato durante le siccità. Per ottenere questo, avevano addirittura creato un lago artificiale (nell'ottavo secolo avanti Cristo, quando Romolo viveva ancora nella sua capanna) di un chilometro quadrato, profondo una quindicina di metri e chiuso da una diga lunga almeno trenta, i cui resti sono ancora visibili. Una straordinaria civiltà che ha permesso a Veio di resistere quattro secoli. Cadde solo nel 396 avanti Cristo quando Furio Camillo riuscì a entrare in città proprio dagli acquedotti sotterranei.

In questa prima guerra con Romolo, i veienti vennero schiacciati dai romani. È possibile non pensassero a una vera guerra, non avevano schierato l'esercito. Giravano a bande fra le campagne romane a rubare e a distruggere. Non avevano capito che in questi casi Romolo aveva ormai imparato a reagire subito e in modo durissimo. Si rivolse infatti ai suoi migliori soldati, ai veterani, e con loro marciò su Veio.

Gli etruschi sapevano di avere una città imprendibile ma si rifiutarono di farsi assediare. Uscirono incontro ai romani e furono massacrati. Morirono quattordicimila veienti, alcuni autori (non Plutarco) sostengono che settemila furono uccisi personalmente da Romolo.

Arrivato davanti alla città, Romolo non attaccò né mise l'assedio. Diede ordine di devastare le campagne veienti sulla via del ritorno. Gli etruschi capirono che avevano perso e che il prezzo della pace sarebbe stato molto alto.

Ottennero cento anni di tregua dai romani, ma dovettero abbandonare le saline e tutto il Septem Pagi, un territorio molto esteso a ovest tra Veio e Roma, verso il mare, stretto oggi dalla Magliana e dal Fosso Acquafredda. Raddoppiava quasi il territorio originario delle tre tribù di Roma.

La conquista del Septem Pagi portò un'altra conseguenza: la scoperta del mare. Fino ad allora Roma aveva sempre combattuto popoli dell'interno, non si era mai pensato ad allargarsi verso il mare. Fu la seduzione delle saline di Ostia a far cambiare il vento.

Nonostante questa grande vittoria, il territorio di Roma era ancora di 400 chilometri quadri contro i 580 di Veio.

Il sistema sabino era completamente diverso, molto ingegnoso. Non avevano e non volevano grandi città come Cerveteri, Vulci, Roma, Alba o Lavinio, vivevano in centri molto più piccoli, non estesi più di cinque ettari, ma molto vicini fra loro, massimo otto chilometri di distanza. Era una specie di federazione dove tutti vivevano in quartieri scorporati che dipendevano da Cures, la capitale. Solo più tardi verso la fine del 700 avanti Cristo, i centri sabini si riunirono intorno a tre grossi centri: Cures, Eretum e Nomentum (Mentana). Queste diventarono città con territori da cento chilometri quadrati e tutti posti a dieci chilometri di distanza l'uno dall'altro.

Cenni di diritto privato

Via via che il tempo passava, Romolo approfondì per primo anche il diritto privato nella sua città, in pratica chi potesse fare cosa nella vita di tutti i giorni. Riassumo le cose più importanti e curiose.

Una moglie non poteva lasciare il marito, ma poteva essere ripudiata se tentava di avvelenare i figli; di sostituire le chiavi di casa; oppure naturalmente in caso di adulterio. Si può sorridere sulle prime due cause, ma bisogna sempre ricordare che le leggi difendevano dall'uso. In altre parole, se arriva una legge è perché quel reato è comune. Evidentemente le mogli romane, per qualunque misteriosa ragione, non erano insolite avvelenare i propri figli. Forse perché erano troppi e perché ogni gravidanza era un pericolo serio di morte per la donna che la sosteneva. Più semplicemente perché la depressione del dopo parto esisteva già allora e delitti all'apparenza inspiegabili stavano già diventando casistica. In un mondo duro, dove l'uomo per sei mesi coltivava la propria terra e per gli altri sei faceva la guerra, il peso della famiglia ricadeva tutto sulla donna. Non erano infrequenti casi di cui sentiamo purtroppo parlare anche ai giorni nostri, giovani madri sfinite che arrivavano a uccidere i propri figli. Nella medicina innocente di allora, il veleno era l'arma più usata e sicura. Le erbe confondevano i sintomi, non lasciavano prove. Solo il profondo dolore che fatti del genere esistessero e non abbiano mai finito di esistere. Come fossero del tutto naturali.

Se una moglie veniva ripudiata per altri motivi, per esempio perché il marito si era invaghito di un'altra donna, il coniuge era tenuto a girare parte del proprio patrimonio a lei e parte al Tempio di Demetra. È una legge estremamente interessante e moderna. Per la prima volta si pagava alla donna il danno subìto dall'adulterio del marito. Si rendeva cioè responsabile dell'adulterio l'uomo quasi quanto la donna. Una concezione avanzata di amore di coppia che salta l'intero periodo del Cristianesimo. Demetra è una dea greca illustre, adorata in Sicilia e Campania fino ai margini dell'Etruria, con tante sue particolarità ma due su tutte: è la dea del grano, quindi della fertilità, della vita. Ed è la madre di Persefone, la figlia che le viene rapita dal mondo dei morti e per la cui resurrezione Demetra si batte fino a diventare una donna qualunque. E ottiene alla fine di riavere la figlia almeno per sei mesi l'anno. Persefone torna dalla madre sull'Olimpo segnando anzi l'arrivo della buona stagione, quella della maturazione del grano. Tornerà fra i morti allo spegnersi del sole, all'arrivo dell'inverno. In sostanza Demetra per Romolo rappresenta la madre e la terra. Il marito adultero offende la madre e la terra come bene di tutti, e deve quindi riparare.

Chi ripudiava la propria moglie era tenuto a sacrificare agli dei degli Inferi. A conferma almeno che tradire, ripudiare la propria donna, non era un fatto normale.

Romolo non prevedeva nessuna norma per chi uccideva il proprio padre, nonostante questo fosse il delitto più detestato. Si può pensare non avesse questo tipo di sensibilità perché non aveva mai avuto un padre. Più normale pensare l'opposto: che essendo il parricidio ufficialmente l'omicidio peggiore di qualunque società, era normale condannare semplicemente l'omicidio. Condannando l'omicidio, a maggior ragione si condannava il parricidio. Era insomma di cattivo gusto fare una classifica della gravità di un reato terribile come l'assassinio.

Un'ultima curiosità. Il calendario. Prima di Romolo nel sito di Roma la base è il numero 9, infatti 27 sono i vecchi rioni riferibili agli Argei. Romolo porta alla base della vita romana il numero 10. Dieci sono i mesi dell'anno, per questo settembre, ottobre, novembre e dicembre, cioè il sette, l'otto, il nove e il dieci del nostro calendario con due mesi in più. I mesi hanno 29 o 30 giorni. L'anno di Romolo cominciava a marzo, il capodanno si festeggiava il 15 di quel mese. Finiva invece il 23 dicembre, come il nostro Natale.

Da qui parte la ricerca e l'intuizione di Andrea Carandini, grande storico e archeologo, professore alla Sapienza di Roma, che molte altre volte abbiamo trovato sulla nostra strada. Perché la fine di un anno, di una stagione, quasi a metà del mese, il 23? Sono domande all'apparenza inutili ma sono quelle che fanno fare passi avanti alla storia. Dice Carandini: «Ricordandomi che gli antichi ritenevano che la gravidanza umana durasse 274 giorni, mi sono messo a contare i giorni dall'alba del 15 marzo all'alba del 24 dicembre e ho trovato che sono esattamente 274. Ne ho dedotto che il termine della gravidanza umana simbolica, e quindi il Natale dei romani, cadeva all'alba del 24 dicembre. Quello di Cristo, testimoniato dal quarto secolo, cadrà soltanto un giorno dopo. Fra la fine dell'anno, cioè dal 23 dicembre, e l'inizio della nuova stagione, il 15 di marzo, s'interponeva un periodo caratterizzato dalla sterilità. Infatti prima dell'insorgere delle mestruazioni e nei giorni dopo il parto, la donna è sterile».

15 marzo-24 dicembre, questo è il calendario romuleo, il primo calendario nella storia dell'Occidente che abbia ancora oggi un senso compiuto. E aveva la durata dell'inizio della vita: 274 giorni. Forse ci sono state scoperte più importanti nella storia dell'umanità, ma questa scintilla di Carandini resta straordinaria.

15

LA MORTE IMPOSSIBILE

Dicono tutti che fosse il 7 luglio, un giorno buio nonostante la bella stagione. Qualche secolo più tardi, quel giorno si sarebbe festeggiata una data molto importante: la grande vittoria dei romani sui galli senoni di Brenno, i primi che erano riusciti a prendere la città, la prima vera paura di morire che aveva toccato Roma. Quel giorno Romolo, accigliato e stanco, ormai quasi sessantenne, era alla Palude della Capra, nel Campo Marzio, per passare in rassegna l'esercito. Era nervoso, aveva fretta, sembrava non aver voglia di niente. L'aria era calda e ventosa, oggi si direbbe che c'era vento di scirocco. Grandi nuvole nere passavano e ripassavano su Roma con quella calma che fa sentire gli uomini impotenti.

Non era un giorno normale, lo si sentiva nell'aria, ma pochi erano stati i giorni normali nella vita di Romolo. Solo che negli ultimi anni era cambiato qualcosa. Forse era la vecchiaia. Comandare aiuta a vivere. Romolo aveva già molto più dell'età media del tempo. Forse era il disprezzo che viene dall'abitudine. Guidare un popolo, fondare una grande città, vincere altri popoli, gestire i successi, allargare continuamente i confini, aiuta a non avere stima degli altri. Si finisce solo per ascoltarsi. Gli altri non hanno fatto niente di quello che ha fatto il re, perché dovrebbero aver diritto di parlare, di governare? Un grande re dopo trent'anni di regno sa tutto. E ha noia di tutti perché gli dicono cose che sa già, spesso le ha inventate lui molto tempo prima.

È stato questo che alla fine ha diviso Romolo dalla sua gente, dai suoi senatori. La differenza di qualità, l'abuso del tempo. Quando non si ha più modo d'inventare nuove imprese, si diventa duri con gli altri, insofferenti. Non si ha più la percezione del mondo, si pensa solo che il mondo siamo noi.

Gli antichi romani non erano sudditi facili. I greci avevano la poesia del vivere, un concetto eterno di eroismo. I romani discutevano sempre di greggi, di soldi e di schiave. Sembravano ormai a Romolo così grevi e scontati che non valeva la pena di dare loro conto. Eppure i romani adoravano il loro re, non avevano dimenticato cosa avesse fatto del vecchio villaggio, come lo avesse trasformato, pazzia dopo pazzia, fino a rendere tutti loro ricchi come non avrebbero mai pensato. Nessuno dubitava che il figlio di Marte fosse un re degno del padre, ma non lo capivano più. Aveva insegnato a tutti il bisogno di una via d'uscita, di un governo che avesse sempre un limite, non fosse quello di un uomo solo. Da molto tempo ormai si comportava come se fosse esistito solo lui, Romolo. Non cercava mai il parere del senato, del suo consiglio. Si bastava, come gli dei.

Nella loro piccola avidità, la cosa che i romani avevano cominciato a contestare a Romolo era stato il comportamento con gli assassini di Tito Tazio. Non perché per molto tempo li aveva lasciati impuniti. Ma perché lo aveva fatto gratis, solo per senso politico. Il re non può non essere come i suoi sudditi. Deve ricordarne i lati migliori, ma soprattutto i peggiori, altrimenti non sarà più capito. Il problema era che Romolo non poteva in quel caso far pagare i danni a chi gli aveva risolto un problema. Ma questa era politica, al popolo non interessava. Voleva i soldi.

In una città giovane e in un tempo in cui la vita raramente andava oltre i quarant'anni, tutto era cambiato in fretta. Gli amici e i nemici del re. Pochi di quelli che erano con lui quel 7 luglio nella Palude della Capra gli dovevano ancora davvero qualcosa. Erano i figli dei figli, erano altri ambiziosi come lui che volevano avere la loro parte nel governo della città. E che sentivano ogni volta il disprezzo di Romolo, la sua lontananza, il crescere della sua tirannide.

Questa era una delle accuse più gravi che nel frastuono delle vie di Roma si facevano al re: che pensava da vecchio, era fedele ai suoi veterani, non ascoltava i nuovi patrizi, i nuovi cittadini.

La cosa che fece saltare il banco fu la fine della guerra con Veio. Costò migliaia di morti romani, era stata la guerra di un popolo contro un altro, ma Romolo decise da solo, distribuì la terra ai soldati e restituì gli ostaggi agli etruschi senza consultare il senato come voleva la legge. E in più, come sempre, decise di restituirli gratis. Erano offese gravissime per il senato. Che ci stiamo a fare noi senatori se non abbiamo diritto di parola nemmeno in casi evidenti come questi?

Le questioni di principio nascondono sempre casi personali e questioni di soldi. Quando le due cose si uniscono diventano spesso una rivolta. Romolo non era più adatto a comandare. Era stato un grande soldato, lo era forse ancora, ma non conosceva le esigenze di una nazione moderna. Questi gli argomenti dei congiurati, argomenti sempre attuali, come si può vedere. Gli uomini non cambiano mai, cambiano i mezzi degli uomini, non le loro idee, i loro riferimenti.

Quella mattina

Così quella mattina, mentre Romolo era sul trono e passava in rassegna il suo esercito, improvvisamente dal cielo venne giù il finimondo. Livio parla di trombe d'aria, di vento feroce, di tempeste mai viste. Ognuno andò a ripararsi dove poteva, gli alberi venivano sradicati, il rumore del fiume era diventato altissimo, i tetti delle case tremavano, le cose volavano nell'aria come proiettili. C'è sempre un diluvio vicino alla fine di un mondo.

Ma i pochi che seppero resistere alla tempesta videro una grande nuvola nera scendere fin sulla piazza e avvolgere il trono di Romolo. Quando poco dopo tornò il sereno, il re era scomparso. Livio usa una frase stupenda per senso letterario e sintesi: *nec deinde in terris Romulus fuit.* Da quel momento Romolo non fu più sulla terra.

Alcuni dissero di aver visto i turbini che lo portavano

via, verso il cielo, molti altri lo cercarono dovunque senza mai trovarlo.

Ci fu un lungo silenzio, un disorientamento generale, come sempre quando scompare il capo. Si pensa a lui, ma si pensa soprattutto a cosa succederà a noi senza di lui. *Nec deinde in terris Romulus fuit.* I più giovani cominciarono a interrompere la paura del vuoto inneggiando a Romolo, chiamandolo Dio e figlio di un Dio, re e padre della città. E tutta quella massa di gente in armatura sentì improvvisamente il bisogno di inginocchiarsi e piangere. Chiedevano il suo aiuto, la protezione per Roma e la sua gente, lo pregavano di rimanere con loro benevolo come era sempre stato. Si spalancava intorno a loro il vuoto.

Poi lentamente cominciarono a farsi largo i dubbi. «Io credo che già allora vi sia stato chi sospettava in cuor suo che il re fosse stato trucidato dai senatori», scrive Livio. Dionisio e Plutarco ne sono convinti. È stata una congiura, simile ma più crudele di quella che settecento anni dopo uccise Cesare.

Romolo fu fatto a pezzi. I suoi assassini portarono via ciascuno un pezzo del suo corpo. Si è discusso molto su questo gesto, perché portare via brandelli di corpo? La risposta più semplice è che Romolo doveva sparire, letteralmente, non essere più visto, non si poteva mostrarne il cadavere. Prendere un pezzo di corpo significava poter uscire dall'assassinio nascondendo la propria parte di colpa sotto i vestiti. L'intero corpo del re sarebbe così sparito senza lasciare tracce. Può darsi sia questa la verità, ma sembra troppo semplice, troppo cruenta.

Un'altra risposta è che avendo poi i congiurati sepolto nei propri rioni i pezzi di corpo, abbiano voluto continuare a rendere fertile la terra con il cadavere del padre della città. Che Romolo, anche morto, da sotto la terra, con la sua energia e il suo carisma, avrebbe continuato a far nascere non solo la gloria di Roma, ma anche i raccolti, gli alimenti base della vita come il farro e il fico.

D'altra parte per i romani non era possibile identificare la morte con l'immortalità. Avevano da tempo demitizzato la loro religione. Non poteva esserci un romano immortale perché immortali erano solo gli dei. E Romolo non era un dio. Rimaneva un'unica strada, tenersi il ricordo di Romolo e creare un dio per lui. Due figure separate che però coincidevano. Nacque così la leggenda di Romolo diventato il dio Quirino.

Questo fu possibile grazie all'intervento di un senatore vecchio amico del re, Proculo Giulio, persona molto autorevole. Proculo si presentò all'adunanza del senato il giorno dopo dicendo che «stamani, all'alba, Romolo, sceso improvvisamente dal cielo, mi è apparso. E mi ha detto: "va', annunzia ai romani che è volere dei celesti che la mia Roma sia la capitale del mondo. Coltivino perciò l'arte della guerra, e sappiano e tramandino che nessuna potenza umana potrà resistere alle armi dei romani". Ciò detto, sparì nel cielo».

Giulio Proculo, per altri autori, aggiunge che Romolo gli ha confessato di essere stato rapito dagli dei e di essere diventato dio a sua volta. Vuole essere ricordato col nome di Quirino e chiede che per questo gli sia costruito un tempio sul Quirinale. Cosa che fu fatta.

A queste parole, la gente si calmò. Non aveva perso il suo re, egli avrebbe anzi vegliato su di loro dal cielo. Lo aveva detto il suo vecchio amico senatore Giulio Proculo. Livio chiosa con il suo quieto realismo tutta questa vicenda: «È davvero sorprendente che si sia prestata tanta fede a un uomo che dava una simile notizia. E che tanto si sia subito mitigato nell'esercito e nella plebe il rimpianto di Romolo una volta creatasi la convinzione che era divenuto immortale».

In realtà era successo quello che molte altre volte accadrà nella storia. Per calmare il popolo, gli si erano dette le parole che voleva sentirsi dire. Era un vero problema di ordine nazionale. Tutta la città era disorientata. Dionisio racconta che pochi anni dopo fu istituita il 5 luglio una festa, chiamata Poplifugia, per ricordare quando tutti i cittadini scapparono fuori le mura presi dal panico per la morte di Romolo. Una festa con un cerimoniale inquietante che da solo racconta la follia del momento. La gente si radunava nella Palude della Capra, poi dà lì usciva fuori città gridando a squarciagola i nomi più comuni in città, cioè Lucio, Gaio, Marco o altri, come se tutti si cercassero disperatamente l'un l'altro.

Gli assassini di Romolo sapevano insomma di rischiare moltissimo. Avevano commesso il massimo del Male. Si fosse capito che il re era stato ucciso e trucidato, loro, insieme alla vita, avrebbero perso l'onore, le terre e il resto della famiglia. Per questo fu scelto un senatore ufficialmente amico di Romolo per dire cose che erano poco credibili. Era l'unico che potesse dar loro una sembianza sincera. Giulio Proculo divenne inoltre il primo della Gens Iulia a entrare prepotentemente nella storia di Roma. E ai tempi di Livio, quando le cose furono scritte, la Gens Iulia significava Cesare, il quale era sempre alla ricerca di esempi che nobilitassero le sue non trionfalissime origini.

Perché Quirino?

È una domanda con cento risposte. Non è chiaro quando Quirino nasca, da cosa prenda il suo nome, quali attitudini davvero rappresenti. Di sicuro è un dio antichissimo, il terzo nella triade che in ordine di importanza era composta da Giove, Marte e lui. Davanti a tutti per molto tempo è stato Giano, in coda Vesta, poi tutti gli altri dei. È probabile che, se Giove rappresentava la classe sociale dei sacerdoti e Marte quella dei guerrieri, Quirino fosse il dio degli agricoltori.

Il nome è di origine sabina, viene o dalla città di Cures o dalla parola *curis* che in sabino significava lancia. E d'altra parte, sia nella leggenda che nella storia, il colle del Quirinale è sempre stato un insediamento di genti sabine. Servio lo definisce un «Marte tranquillo», una specie di dio della pace. Nel tempo, con il nome «quiriti», s'identificherà una classe sociale alto-borghese, quasi di cittadini rappresentanti la città che resta sempre, quella che non parte per le guerre. I cosidetti *civili*, parola che per i militari, per i protetti di Marte, era più che un insulto.

Romolo diventa dunque il padre di tutti, si fissa come nume tutelare autentico della città che lui stesso ha fondato. Ersilia, sua moglie, diventerà Hora Quirini. Roma, la città, sarà nel tempo esattamente quella che Romolo aveva promesso: la capitale del mondo.

L'interregno

Dopo la morte del re ci furono molte difficoltà a nominare un sostituto. I romani di stretta osservanza volevano fosse uno dei loro giovani a guidare la città. I sabini chiedevano la stessa cosa forti del fatto che, dopo l'uccisione di Tito Tazio, Romolo aveva governato da solo. Ognuno aveva le sue ragioni, e Roma non era ancora la città che poteva decidere per tutti. Si avvertiva però la necessità di un capo. Era allora come oggi: se un paese si presenta debole, ha molte probabilità di essere attaccato.

Tutti nella Roma del dopo Romolo volevano un capo, ma non sapevano scegliere. È questa l'ultima conseguenza di Romolo, l'invenzione della sostituzione di se stesso.

Nella confusione generale, fu deciso che cento senatori scegliessero dieci decurie, cioè dieci gruppi di senatori. Da questa strana alchimia aritmetica vennero fuori dieci gruppi di dicci persone. Fu deciso che ognuno di questi gruppi, finché non fosse deciso diversamente, avrebbe governato la città a turno per cinque giorni. Dieci persone per volta, con un *primus inter pares* che aveva diritto ai dodici littori e a tutti i segni del comando. Un piccolo re di cinque giorni, in pratica un governo a settimana. Una cosa folle che riassumeva il bisogno di democrazia della nuova città, ma soprattutto la sua impossibilità a gestire il passaggio da una forma quasi individuale di governo a una veramente rappresentativa.

Tutto questo fu chiamato *interregno.* Il nome ha avuto successo con infinite varianti, ma nella fattispecie non ebbe molta fortuna. Il popolo cominciò presto a capire che ogni settimana arrivava sì un governo diverso, ma che si trattava sempre dello stesso gruppo patrizio. Fu facile a quel punto dire che si era perso un padrone per trovarne cento. La gente voleva essere guidata da un re che fosse eletto da tutti, non solo dai senatori. È il tema di fondo della storia di Roma, quasi milleduecento anni, e anche quello della storia dell'uomo, vagamente di più.

Da parte sua il senato, stretto dal numero altissimo dei plebei e dalla cultura stessa delle città-stato, lontana da un'idea di potere assoluto, fu abbastanza felice di concedere al popolo quello che stava comunque per perdere, cioè la capacità di decidere da solo. Fu così raggiunta una convergenza. Si disse che il popolo avrebbe eletto il re, ma che ad approvarlo sarebbe stato il senato.

Quando fu deciso, nessuno aveva né poteva avere coscienza di quello che stava accadendo. E d'altra parte che formula era quella, di quale strana legge elettorale si trattava? Il popolo vota e il senato decide. Ma se il senato non avesse ratificato le decisioni del popolo, cosa sarebbe successo? Come avrebbe risposto il popolo?

Non ci fu risposta, non subito almeno. Il re fu Numa Pompilio, un sabino, come era giusto fosse per equilibrio etnico e politico. Il resto è scivolato via via su se stesso attraverso gli uomini e i secoli, diventando molte cose opposte che hanno insieme costruito la storia del mondo.

Così finisce la grande storia di Romolo. Non so se tutto nacque dall'idea di un uomo o dalla curiosità di tante generazioni, non lo sapremo mai. Ma in fondo alla leggenda è ormai chiaro che non è nemmeno più importante saperlo. Abbiamo inventato Romolo come inventiamo adesso la vita tutti i giorni. Romolo siamo noi, siamo stati tutti suoi figli e suoi padri, che sia esistito o meno. Non ci sono due realtà, siamo sempre e soltanto noi. E questa, alla fine, si chiama storia.

BIBLIOGRAFIA

Géza Alfoldy, *Storia sociale nell'antica Roma*, Il Mulino 1987

Rosa Agizza, *Miti e leggende dell'antica Roma*, Newton & Compton 1986

Klaus Bringmann, *Storia romana*, Il Mulino 1995

Angelo Brerlich, *Tre variazioni romane sul tema delle origini*, Edizioni dell'Ateneo 1995

Angelo Brelich, *Introduzione alla storia delle religioni*, Edizioni dell'Ateneo 1995

Dominique Briquel, *La leggenda di Romolo e il rituale di fondazione di Roma*, 2000

Andrea Carandini, *Archeologia del Mito*, Einaudi 2002

Andrea Carandini, *Remo e Romolo*, Einaudi 2006

Andrea Carandini, *Roma, il primo giorno*, Laterza 2007

Andrea Carandini (a cura di), *La leggenda di Roma 1 e 2*, Valla/Mondadori 2010

Jerome Carcopino, *Vita quotidiana a Roma*, Laterza 1993

Tim J. Cornell, *The beginnings of Rome*, Routledge 1995

M. T. Dalessio, *Cippi iscritti dal clivo Palatino*, Roma 2000

Dionisio di Alicarnasso, Antichità romane

Carlo De Simone, *Il nome del Tevere*, Roma 1975

Geroges Dumezil, *La religione romana arcaica*, Rizzoli 2001

Jean-Louis Flandrin-Massimo Montanari, *Storia dell'alimentazione*, Laterza 1999
Fabrizio Fabbrini, *Translatio Imperii*, Edizioni di Storie e Letteratura 1983
Andrea Frediani, *I grandi generali di Roma antica*, Newton & Compton 2007
Andrea Frediani, *Le grandi battaglie di Roma antica*, Newton & Compton 2007
Roberto Galasso, *Le nozze di Cadmo e Armonia*, Adelphi 1988
Andrea Giardina, *L'uomo romano*, Laterza 1993
Andrea Giardina, *Roma antica*, Laterza 2000
Martin Googman, *Roma e Gerusalemme*, Laterza 2009
Michael Grant, *I greci classici*, Rizzoli 1997
Robert Graves, *I miti greci*, Longanesi 1986
Pierre Grimal, *Dizionario dei miti greci e romani*, Garzanti 1990
K. Kerenyi, *Gli dei e gli eroi della Gracia*, Garzanti 1963
Otto Kiefer, *Vita sessuale nell'antica Roma*, Bompiani 1988
Mario Attilio Levi, *L'Italia antica*, Mondadori 1991
Mario Attilio Levi-Piero Meloni, *Storia romana dagli etruschi a Tedosio Cisalpino*, 1980
Nicole Loraux, *Grecia al femminile*, Laterza 1993
Theodor Mommsen, *Storia di Roma antica*, Sansoni 2001
Ovidio, *Fasti*
Ovidio, *Metamorfosi*
Renato Peroni, *Introduzione alla protostoria italiana*, Laterza 1994
Fabrizio Pesando, *L'Italia antica, primo millennio*, Carocci 2005

Plutarco, *Storia di Romolo*
Guido Rossi, *Il ratto della sabine*, Adelphi 2000
Dario Sabbatucci, *Il mito, il rito e la storia*, Bulzoni 1978
Oreste Sagramola, *Educazione infantile nel mondo antico*, Bolzoni 1980
Antonio Spinosa, *La grande storia di Roma*, Mondadori 2006
Chester G. Starr, *Storia del mondo antico*, Editori riuniti 1997
Tacito, *Annales*
Tito Livio, *Ab urbe condita*, Rizzoli 1982
Otto Wilhelm von Vacano, *Gli Etruschi nel mondo antico*, Cappelli 1970
Jean Pierre Vernant, *L'uomo greco*, Laterza 1991
Virgilio, *Eneide*
Ellen Meiskins Wood, *Contadini, cittadini & schiavi*, Est 1991
Giovanni Zonara, *Annales*

Un grazie particolare a Maria Teresa Dalessio e ai suoi commenti sugli autori classici dentro *La leggenda di Roma* di Andrea Carandini

INDICE DEI NOMI

Ultimi volumi pubblicati

255. Saman Abdul Majid, *I segreti di Saddam*
256. Silverio Corvisieri, *La villeggiatura di Mussolini. Il confino da Bocchini a Berlusconi*
257. Furio Colombo, *L'America di Kennedy*
258. Bernard Lecomte, *Giovanni Paolo II*
259. Paul Theroux, *L'infermiera Wolf e il dottor Sacks*
260. Peter Godman, *I segreti dell'Inquisizione*
261. Nicola Tranfaglia, *La resistibile ascesa di Silvio B. Dieci anni alle prese con la corte dei miracoli* (a cura di Roberto Mastroianni)
262. Leo Sisti, *Caccia a Bin Laden* (2ª ediz.)
263. Nanni Riccobono, *Santi senza Dio*
264. Jean Verdon, *Feste e giochi nel Medioevo*
265. Roberto Grandi, Cristian Vaccari, *Cofferati anch'io*
266. Walden Bello, *Deglobalizzazione. Idee per una nuova economia mondiale*
267. Francesca Longo, Matteo Moder, *Storia della Venezia Giulia: 1918-1998*
268. Alberto Mazzuca, Giancarlo Mazzuca, *La Fiat: da Giovanni a Luca. Un secolo di storia sotto la dinastia Agnelli* (3ª ediz.)
269. Martin Khor, *Proprietà intellettuale, biodiversità e sviluppo sostenibile*
270. Nicoletta Polla-Mattiot, *Riscoprire il silenzio. Arte, musica, poesia, natura fra ascolto e comunicazione* (2ª ediz.)
271. *Roberto Franceschi. Processo di polizia*, a cura di Daniele Biacchessi
272. Jean Daniel, *La prigione ebraica* (2ª ediz.)
273. Gisela Heidenreich, *In nome della razza ariana. Il viaggio di una donna alla ricerca della propria identità*
274. Franco Tatò, *Diario tedesco. La Germania prima e dopo il Muro*
275. *Il braccio legato dietro la schiena. Storie dei giornalisti in guerra,* a cura di Mimmo Cándito

276. Rita Levi-Montalcini, *Tempo di azione*
277. Furio Colombo, *America e libertà. Da Alexis de Tocqueville a George W. Bush* (2ª ediz.)
278. Eric Laurent, *La verità nascosta sull'11 settembre* (2ª ediz.)
279. Laura Bossi, *Storia naturale dell'anima*
280. Claudio Martini, *Cambiare aria al mondo. La sfida dei mutamenti climatici*
281. Giorgio Galli, *Enrico Mattei: petrolio e complotto italiano*
282. Nicola Tranfaglia, *Ma esiste il quarto potere in Italia? Stampa e potere politico nella storia dell'Italia unita*
283. Daniele Biacchessi, *Walter Tobagi. Morte di un giornalista*
284. Antonella Ferrera, *Il Fiore e la Spada. Zen e arti marziali*
285. Marco Tosatti, *Il dizionario di papa Ratzinger. Guida al pontificato*
286. Consiglio dei Diritti Genetici, *La frontiera dell'invisibile. Nutraceutical, nanobiotecnologie, test genetici*
287. Predrag Matvejevic, *Un'Europa maledetta. Sulle persecuzioni degli intellettuali dell'Est*
288. Pietro Folena, Alessandro Genovesi, Paolo Nerozzi, *Senza aggettivi*
289. *Corpi liberati in cerca di storia, di storie. Il Nuovo Sudafrica dieci anni*
dopo l'apartheid, a cura di Itala Vivan
290. Silvana Mazzocchi, *Mi gioco la vita. Mal d'azzardo: storie vere di giocatori estremi* (2ª ediz.)
291 Baltasar Garzón, *Un mondo senza paura*
292. Noam Chomsky, Edward S. Herman, *La Washington connection e il fascismo nel Terzo Mondo* (volume 1)
293. Franco Cuomo, *I dieci. Chi erano gli scienziati italiani che firmarono il Manifesto della razza*
294. Gianni Bonadonna, *Coraggio, ricominciamo. Tornare alla vita dopo un ictus: un medico racconta*, a cura di Giangiacomo Schiavi
295. *La parola contesa tra filosofia e scienza*, a cura di Massimiliano Finazzer Flory

296. Marcella Andreoli, *Il telefonista di Al Qaeda* (2ª ediz.)
297. Maurizio Naldini, *Uomini e Moda. Mezzo secolo di abbigliamento maschile nel racconto di Giuliano Angeli*
298. *Andare a sinistra, perché? Riflessioni sulla grande trasformazione*, a cura di Roberto Mastroianni e Nicola Tranfaglia
299. Giorgio Galli, *Il decennio Moro-Berlinguer. Una rilettura attuale* (2ª ediz.)
300. Jeanne Hersch, *Rischiarare l'oscuro. Autoritratto a viva voce*
301. George Orwell, *Gli anni dell'«Observer»*
302. Jean Daniel, *Ribelli in cerca di una causa. Sommosse nelle periferie francesi*
303. Alain Boureau, *Satana eretico. Nascita della demonologia nell'Occidente medievale (1280-1320)*
304. Monica Zornetta, Danilo Guerretta, *A casa nostra. Cinquant'anni di mafia e criminalità in Veneto*
305. Paola Severini, *Le mogli della Repubblica* (2ª ediz.)
306. Gianni Flamini, *Il bullo del quartiere. L'America alla ricerca di un impero. Cronologia (1979-2006)*
307. Cecilia Brighi, *Il pavone e i generali. Birmania: storie da un Paese in gabbia* (2ª ediz.)
308. Noam Chomsky, Edward S. Herman, *Dopo il cataclisma. L'Indocina del dopoguerra e la ricostruzione dell'ideologia imperiale*
309. Jacques Bainville, *Napoleone* (2ª ediz.)
310. Mario Capanna, *Coscienza globale. Oltre l'irrazionalità moderna* (2ª ediz.)
311. Fiorenzo Toso, *Le lingue della nuova Europa*
312. Ivana Trevisani, *Il velo e lo specchio. Pratiche di bellezza come forma di resistenza agli integralismi*
313. Nicola Tranfaglia, *Un passato scomodo. Fascismo e postfascismo*
314. Antonella Ferrera, Francesco Bruno, *Borderlife. Storie celebri di follia, devianze e tragici destini*
315. Tiziana Ferrario, *Il vento di Kabul. Cronache afghane* (3ª ediz.)
316. Fabio Bacchini, *Persone potenziali e libertà. Il fantasma dell'embrione, l'ombra dell'eugenica*

317. Luce Irigaray, *In tutto il mondo siamo sempre in due. Chiavi per una convivenza universale*
318. András Nagy, *Il caso Bang-Jensen. Ungheria 1956: un Paese lasciato solo*
319. Víctor Ronquillo, *L'inferno di Ciudad Juàrez. La strage di centinaia di donne al confine Messico-Usa*
320. Agostino Lupoli, *Nei limiti della materia. Hobbes e Boyle: materialismo epistemologico, filosofia corpuscolare e dio corporeo*
321. Jean Daniel, *La Guerra e la Pace. Israele-Palestina (cronache 1956-2003)*
322. Enrico Bellavia, Silvana Mazzocchi, *Iddu. La cattura di Bernardo Provenzano* (3ª ediz.)
323. Robert Greene, *Le 33 strategie della guerra*, a cura di Joost Elffers
324. Rita Levi-Montalcini, Pina Tripodi, *Tempo di revisione*
325. Carlos Franqui, *Cuba, la rivoluzione: mito o realtà?*
326. Cristina Marcano, Alberto Barrera Tyszka, *Hugo Chávez, il nuovo Bolívar?*
327. Paul Berman, *Idealisti e potere. La sinistra europea e l'eredità del Sessantotto*
328. Franklin Foer, *Come il calcio spiega il mondo. Teoria improbabile sulla globalizzazione*
329. Angelo Del Boca, *A un passo dalla forca. Atrocità e infamie dell'occupazione italiana della Libia nelle memorie del patriota Mohamed Fekini*
330. Bruno Bartolozzi, Marco Mensurati, *Calciopoli. Collasso e restaurazione di un sistema corrotto*
331. Autori Vari, *Un anno di NLR («New Left Review»)*
332. Enrico Fierro, *«Ammazzàti l'onorevole». L'omicidio Fortugno. Una storia di mafia, politica e ragazzi*
333. Daniele Biacchessi, *Una stella a cinque punte. Le inchieste D'Antona e Biagi e le nuove Br*
334. Zeev Sternhell, *Contro l'Illuminismo. Dal XVIII secolo alla guerra fredda*

335. Carlo Ghezzi e Marica Guiducci, *La strada del lavoro. Fatti e persone nella Cgil, da piazza Fontana all'articolo 18*
336. Giorgio Galli, *Storia del socialismo italiano. Da Turati al dopo Craxi*
337. Tariq Ali, *Rough Music. Il rumore delle bombe*
338. Luce Irigaray, *Oltre i propri confini*
339. Tal Ben-Shahar, *Più felice. Come imparare a essere felici nella vita di ogni giorno*
340. Diego Novelli, Nicola Tranfaglia, *Vite sospese. Le generazioni del terrorismo*
341. Antonello Caporale, *Impuniti. Storie di un sistema incapace, sprecone e felice* (2ª ediz.)
342. Marco Rizzo, *Perché ancora comunisti. Le ragioni di una scelta*
343. Cecilia Brighi, *Il pavone e i generali. Birmania: storie da un Paese in gabbia*
344. Nunzia Penelope, *Vecchi e potenti. Politica, istituzioni, banche, imprese: perché l'Italia è in mano ai settantenni*
345. Alberto Sciortino, *L'Africa in guerra. I conflitti africani e la globalizzazione*
346. Jean Daniel, *Questo straniero che mi assomiglia*
347. Perry Anderson, *Spectrum. Da destra a sinistra nel mondo delle idee*
348. Carlo Flamigni, *Casanova e l'invidia del grembo*
349. Noam Chomsky, *Regole e rappresentazioni. Sei lezioni sul linguaggio*
350. Paolo Berizzi, *Morte a 3 euro. Nuovi schiavi nell'Italia del lavoro*
351. Dariel Alarcón Ramírez, Christophe Dimitri Réveille, Rubén Tamayo, *Benigno, l'ultimo compagno del Che*
352. Francesco Forgione, *'Ndrangheta. Boss, luoghi e affari della mafia più potente al mondo* (2ª ediz.)
353. Giorgio Galli, *I partiti europei. Storia e prospettive dal 1649 a oggi*
354. Gianni Bonadonna con Giangiacomo Schiavi, *Medici umani, pazienti guerrieri. La cura è questa*

355. Enrico Bellavia, Thomas McCarthy, Enrico Messora, Stephen Ogongo, *L'immigrazione che nessuno racconta. L'esperienza di Ghanacoop e l'immigrazione che crea sviluppo*
356. Hemant Mehta, *Ho venduto l'anima su eBay. La fede agli occhi di un ateo*
357. Stefano Agnoli, Giancarlo Pireddu, *Il prezzo da pagare. L'Italia e i conflitti del panorama energetico mondiale*
358. Roberto Tumminelli, *Passate col rosso*
359. Sara Bongiorni, *Un anno senza «Made in China». L'avventura di una famiglia nell'economia globale*
360. Hattie Ellis, *Pianeta pollo. La triste storia del pennuto nel tuo piatto*
361. Andrea Branzi, *Introduzione al design italiano*
362. Anita Engle, *Spie all'ombra della mezzaluna. Il sogno irrealizzato di un unico Stato arabo-ebraico*
363. Patrick Lemoine, *Annoiarsi, che felicità!*
364. Raimondo Bultrini, *Il demone e il Dalai lama. Tra Tibet e Cina, mistica di un triplice delitto*
365. Antonello Caporale, *Mediocri* (2ª ediz.)
366. Norman Mailer, *A proposito di Dio. Una conversazione fuori dal comune*
367. Giuseppina Tripodi con Rita Levi-Montalcini, *La clessidra della vita di Rita Levi-Montalcini*
368. Tariq Ali, *Il duello*
369. Autori Vari, *Un anno di NLR («New Left Review»)*
370. Robert Greene, L'arte della seduzione
371. Pino Nicotri, *Emanuela Orlandi: la verità*
372. Andrea Vianello, *Assurdo Italia. Storie incredibili ma vere di un Paese paradossale*
373. Philippe Legrain, *Immigranti. Perché abbiamo bisogno di loro*
374. Massimo Giannini, *Lo Statista. Il Ventennio berlusconiano tra fascismo e populismo* (2ª ediz.)
375. Anthony Painter, *Obama. Yes We Can*
376. Yehuda Bauer, *Ripensare l'Olocausto*

377. Elettra Aldani, *Passione. Prima, durante, dopo*
378. Mark Lilla, *Il Dio nato morto. Religione, politica e Occidente moderno*
379. Mimmo Cándito, *I reporter di guerra. Storia di un giornalismo difficile, da Hemingway a Internet*
380. Juan Ignacio Siles del Valle, *Gli ultimi giorni del Che*
381. Vincenzo Tessandori, *Qui Brigate Rosse. Il racconto, le voci*
382. Andrea Berrini, *Quattrini. Il romanzo del microcredito*
383. Arturo Varvelli, *L'Italia e l'ascesa di Gheddafi. La cacciata degli italiani, le armi e il petrolio (1969-1974)*
384. Antonio Padellaro, *Io gioco pulito*
385. Rita Levi-Montalcini, *Cronologia di una scoperta*
386. Giorgio Galli, *Stalin e la sinistra: parlarne senza paura*
387. Enzo Boschi, Franco Bordieri, *Terremoti d'Italia. Il rischio sismico, l'allarme degli scienziati, l'indifferenza del potere*
388. Ivano Barberini, *Come vola il calabrone. Cooperazione, etica e sviluppo*
389. Benito Li Vigni, *I predatori dell'oro nero e della finanza globale*
390. *Crimini di pace*, a cura di Franco Basaglia e Franca Basaglia Ongaro
391. Tariq Ali, *I pirati dei Caraibi. Un asse di speranza*
392. Antonello Caporale, *Peccatori. Gli italiani nei dieci comandamenti*
393. Laurence Claes, Walter Vandereycken, *Autolesionismo. Come smettere di farsi del male*
394. Oreste Flamminii Minuto, *«Troppi farabutti». Il conflitto tra stampa e potere in Italia*
395. Jeanne Hersch, *Tempo e Musica*
396. Mario Sconcerti, *Storia delle idee del calcio*
397. John Gray, *La forza oscura. Come la religione ha portato il mondo alla crisi*
398. Gianfilippo Cuneo, Fabio Tamburini, *Wall Street: la stangata. Cosa abbiamo imparato per non perdere più soldi*
399. Francesco Forgione, *Mafia Export. Come 'ndrangheta, Cosa Nostra e camorra hanno colonizzato il mondo* (2ª ediz.)

400. Ottavio Bosello, Roberto Ostuzzi, *Peso e salute. Dimagrire mangiando bene*
401. Isaia Sales, *I preti e i mafiosi. Storia dei rapporti tra mafie e Chiesa cattolica*
402. Carlo Flamigni, *La questione dell'embrione*
403. Gianfranco Mascia, *Il libro viola. Storia del movimento No B-Day*
404. Nicola Tranfaglia, *Populismo autoritario*
405. Mark Lilla, *Il genio avventato*
406. Rita Levi-Montalcini, *Elogio dell'imperfezione*
407. Nicola Fano, *Garibaldi. L'illusione italiana*
408. Giorgio Galli, *Il pensiero politico occidentale. Storia e prospettive*
409. Giorgio Celli, *Le piante non sono angeli. Astuzie, sesso e inganni nel mondo vegetale*
410. Chicco Testa con Patrizia Feletig, *Tornare al nucleare? L'Italia, l'energia, l'ambiente*
411. Leonardo Coen, Renato Vallanzasca, *L'ultima fuga. Quel che resta di una vita da bandito* (3ª ediz.)
412. Ken Saro-Wiwa, *Storia del mio assassinio*
413. Pino Nicotri, *Cronaca criminale. La storia definitiva della Banda della Magliana*
414. Olivier Ameisen, *L'ultimo bicchiere. Come smettere di bere senza sforzi*
415. Marc Bekoff, Jessica Pierce, *Giustizia selvaggia. La vita morale degli animali*
416. Franco Filipponi, Paolo De Simone, Davide Ghinolfi, *Santi o schiavi?*
417. Pap Khouma, *Noi, italiani neri*
418. Turiddo Campaini, *Un'altra vita è possibile*
419. Nicola Tranfaglia, *Carlo Rosselli, e il sogno di una democrazia sociale moderna*
420. Monica Zornetta, *La resa. Ascesa, declino e «pentimento» di Felice Maniero* (2ª ediz.)
421. Grazia Maria Mottola, *Confessioni di uno stalker pentito. Una storia vera*

422. Cecilia Brighi, *L'imperatore e l'elettricista. Il sogno di Dongfang Tienanmen e i giorni del coraggio*
423. Edoardo Razzini, *Se stiamo insieme ci sarà un perché. Come funziona la coppia a come possiamo farla funzionare*
424. Giorgio Celli, *Darwin e i suoi amici*
425. Leonardo Coen, Paolo Colonnello, *Sodoma. Le 120 giornate che hanno distrutto Berlusconi*
426. Michele Smargiassi, Ora che ci penso
427. Margherita Hack, *Il mio infinito. Dio, la vita e l'universo nelle riflessioni di una scienziata atea*
428. Marco Patucchi, Harry Shindler, *La mia guerra non è finita. Storia del soldato inglese che dà pace alla memoria*
429. Roberta De Monticelli, *Dal vivo. Meditazioni e versi sotto le stelle*
430. Patrick Moore, *L'ambientalista ragionevole. Confessioni di un fuoriuscito di Greenpeace*
431. Erasmo D'Angelis, Alberto Irace, *Il valore dell'acqua.* Chi la gestisce, quanta ne consumiamo, e come possiamo salvarla
432. Giovanni Russo, *Carlo Levi segreto*
433. Libera Marta Pennacchi, *Cisterna e i Caetani. Arte e committenza tra Cinquecento e Settecento*
434. Monica Zornetta, Ludwig. Storie di fuoco, sangue, follia
435. Nicola Tranfaglia, Anna Petrozzi, *La colpa*
436. Andrea Mammone, Nicola Tranfaglia, Giuseppe A. Veltri, a cura di, *Un Paese normale? Saggio sull'Italia contemporanea*
437. Armando Massarenti, *Qualcosa di grandioso*
438. Mario Sconcerti, *Romolo*

Stampato nell'ottobre 2011 per conto di
Baldini Castoldi Dalai *editore* S.p.A.
da Ebner & Spiegel GmbH
nello stabilimento di Ulm – Germania